독자의 1초를
아껴주는 정성을
만나보세요!

세상이 아무리 바쁘게 돌아가더라도 책까지 아무렇게나 빨리 만들 수는 없습니다.
인스턴트 식품 같은 책보다 오래 익힌 술이나 장맛이 밴 책을 만들고 싶습니다.
땀 흘리며 일하는 당신을 위해 한 권 한 권 마음을 다해 만들겠습니다.
마지막 페이지에서 만날 새로운 당신을 위해 더 나은 길을 준비하겠습니다.

KB072458

모두의 리눅스

Linux for Everyone

초판 발행 · 2021년 12월 22일
초판 3쇄 발행 · 2024년 1월 15일

지은이 · 미야케 히데아키, 오스미 유스케
옮긴이 · 이동규
발행인 · 이종원
발행처 · (주)도서출판 길벗
출판사 등록일 · 1990년 12월 24일
주소 · 서울시 마포구 월드컵로 10길 56(서교동)
대표 전화 · 02)332-0931 | **팩스** · 02)323-0586
홈페이지 · www.gilbut.co.kr | **이메일** · gilbut@gilbut.co.kr

기획 및 책임편집 · 정지은(je7304@gilbut.co.kr) | **디자인** · 박상희 | **제작** · 이준호, 손일순, 이진혁
마케팅 · 임태호, 전선하, 차명환, 지운집, 박성용 | **영업관리** · 김명자 | **독자지원** · 송혜란, 윤정아, 홍혜진

교정교열 · 김창수 | **전산편집** · 여동일 | **출력 및 인쇄** · 금강인쇄 | **제본** · 금강제본

ISBN 979-11-6521-815-7   93000
(길벗 도서번호 080282)

정가 25,000원

독자의 1초를 아껴주는 정성 길벗출판사

길벗 | IT단행본, IT교육서, 교양&실용서, 경제경영서
길벗스쿨 | 어린이학습, 어린이어학

페이스북 · www.facebook.com/gbitbook
예제 파일 · https://github.com/gilbutITbook/080282

모두의
리눅스

누구나 쉽게 시작하는
리눅스 기초

미야케 히데아키, 오스미 유스케 지음
이동규 옮김

길벗

**베타
테스터의
한마디**

리눅스의 실질적인 사용 방법을 알려주며 실습 위주여서 좋았습니다. 리눅스를 아예 모르는 사람도 따라 할 수 있도록 쉽게 설명하며, 리눅스를 몇 번 써 본 사람에게도 익숙해지면 도움이 될 만한 다양한 명령어를 많이 알려줍니다. 책에서는 우분투를 기준으로 설명합니다. 다른 리눅스 버전으로 실습하는 것도 괜찮지만 책을 전부 따라 하려면 우분투로 실습하는 것을 추천합니다.

실습 환경 Windows 10, VMware Workstation 16 Player, Centos7, VirtualBox 6.1, Ubuntu 20.04

김보련 | UI 개발자

명령어부터 셸 스크립트까지 단어 하나하나 빠짐없이 설명하고 있어 수월하게 이해할 수 있었고, 실습 코드와 결과 또한 책에 담겨 있어서 비교하며 따라 할 수 있었습니다. 코드 하나도 자세히 설명하고 있어서 리눅스를 처음 배우는 분에게 더 적합한 책인 것 같습니다. 책을 꼼꼼히 공부하면 리눅스로 스크립트 작성과 파일/데이터 처리는 쉽게 할 수 있을 겁니다.

실습 환경 Windows 10, VMware Workstation pro16, Ubuntu   **임지연 | 아주대학교 소프트웨어학과**

리눅스를 처음 접하는 사람도 무리 없이 실습하고 진행할 수 있도록 구성된 입문자용 책입니다. 리눅스에서 기초적으로 알아야 하는 전반적인 내용을 모두 다룹니다. 단순히 명령어와 옵션 사용법의 나열이 아니라 실무에서 주의할 점과 자주 사용하는 내용을 콕 집어서 알려주는 점이 좋았습니다. 보통 어떤 명령어의 어떤 옵션이 실제로 많이 사용되는지 잘 알기가 어렵기 때문입니다.

실습 환경 Windows 11, WSL 2 + Ubuntu 20.04 LTS   **이요셉 | 지나가던 IT인**

어렴풋이 알고 있던 개념을 명확히 알 수 있게 되었고, 실습 또한 개념을 이해하기 편했습니다. 리눅스란 세계는 정말 넓은 세상이지만, 책을 따라 하다 보면 리눅스의 세계를 이해할 수 있는 밑거름이 될 수 있을 거라 생각합니다. 서버를 제작하거나 DB 관리하는 분이라면 리눅스를 많이 사용할 텐데 천천히 따라 해보면서 리눅스에 한발 더 나아가는 기회가 되었으면 좋겠습니다.

실습 환경 Windows 10, VMware, Ubuntu 18.04   **류영표 | 인공지능 강사 및 개발자**

이 책은 리눅스를 배우고자 하는 입문자를 위한 리눅스 입문서입니다.

리눅스에 대해서는 모두가 한 번쯤은 들어 봤을 것입니다. 리눅스는 윈도나 macOS 같은 운영 체제 중 하나로, 웹 서비스나 메일 서비스를 제공하는 서버나 가전제품에 임베디드되어 다양한 환경에 사용됩니다. 그리고 오픈 소스 소프트웨어로 무료로 배포되기 때문에 프로그래밍이나 컴퓨터를 학습하는 데 최고의 운영 체제입니다.

책에서는 리눅스를 이제 막 시작하는 입문자를 위해서 리눅스의 기본 조작법부터 설명합니다. 그리고 리눅스의 철학도 함께 설명하고 있습니다. 리눅스는 설치했지만 어떻게 활용해야 할지 모른다면 이 책으로 리눅스를 리눅스답게 사용할 수 있게 될 것입니다.

이미 많은 리눅스 입문서가 시중에 출판되었지만, 이 책은 CLI(Command Line Interface), 즉 키보드를 통한 조작법을 중점적으로 다룹니다. GUI(Graphical User Interface)에서 마우스를 사용하는 조작은 거의 다루지 않습니다. 이는 CLI에서 셸을 활용하는 능력이 리눅스를 사용하는 데 가장 중요한 기초가 되기 때문입니다. 이 책으로 얻을 수 있는 CLI를 다루는 능력은 오랜 시간 동안 여러분의 큰 힘이 되어줄 것입니다. 실제로 필자가 리눅스를 배운 것은 15년 전인데도 당시 배운 CLI 조작법은 요즘에도 다양한 업무에 활용하고 있습니다.

책에서는 주로 우분투(Ubuntu)를 바탕으로 실습하지만, 이 내용들은 어떤 리눅스라도 공통으로 사용되는 기본적인 내용이므로 어떤 리눅스를 사용하더라도 무방합니다. 우분투나 CentOS 같은 배포판들의 차이점보다는 리눅스의 본질적인 부분을 익히는 것이 좋기 때문에 그 부분에 집중합니다.

또한, 리눅스 입문서이기 때문에 리눅스를 서버로 이용할 때의 운영 지식이나 PHP, Ruby 등을 활용한 애플리케이션 개발은 다루지 않습니다. 이 책을 모두 익힌 후 이 내용을 바탕으로 더 깊이 있는 주제를 공부하기 바랍니다. 여러분이 향후 어떤 분야에서 리눅스를 활용하더라도 이 책의 내용은 반드시 도움이 될 거라 생각합니다. 또한, 이 책의 내용을 확실히 이해한다면 향후 학습도 물 흐르듯 자연스럽게 흘러갈 것입니다.

마지막으로 한마디 더 하고 싶습니다. 리눅스는 사용하는 것만으로도 무척 재미있는 도구입니다. 필자도 매일 재미있게 리눅스를 사용하고 있습니다. 따라서 리눅스를 공부한다는 딱딱한 생각보다는 리눅스의 재미를 알게 된다는 가벼운 마음으로 이 책을 읽었으면 합니다. 리눅스를 배우고 익히는 데 이 책이 도움이 되기를 바랍니다.

이 책은 이노우 타카유키 님께서 검수해 주셨으며, 많이 개선되었습니다. 감사의 말씀을 전하고 싶습니다.

2015년 5월

미야케 히데아키, 오스미 유스케

**옮긴이
머리말**

소프트웨어 엔지니어로 일하다 보면 좀 더 빠르고 정확하게 컴퓨터를 다루고 싶은 욕심이 생깁니다. 시간이 곧 돈이며, 때로는 돈보다 더 소중하기 때문에 되도록 단순하고 반복되는 작업에 시간과 에너지를 사용하고 싶지 않기 때문입니다. 리눅스는 이를 위한 최고의 운영 체제입니다. 리눅스를 잘 활용하면 복잡하고 반복되는 작업을 정확하게 컴퓨터에 지시할 수 있습니다. 그래서 많은 엔지니어가 리눅스를 사랑하고 있다고 생각합니다.

이 책은 리눅스 입문서로 기본적인 사용법부터 시작해서 리눅스를 효과적으로 다루기 위해 알아야 하는 내용을 포함하고 있습니다. 이제 막 리눅스를 공부하고자 하는 독자에게 좋은 입문서이며, 리눅스를 사용하고 있지만 아직 효율적으로 사용하고 있지 않은 독자에게도 도움이 될 것입니다. 실용적이고 유용한 내용이 엄선되어 있어 저도 책을 번역하면서 이런 사용법은 미리 알았더라면 참 좋았을 거란 생각을 하기도 했습니다.

1991년 리눅스가 탄생하고 어느덧 30년이 지났습니다. 그동안 리눅스의 위상은 한 번도 내려간 적이 없으며 오히려 계속 높아지고 있습니다. 많은 분야에서 리눅스를 사용하기 시작했고 리눅스를 기반으로 한 파생 기술들이 탄생하였습니다. 따라서 리눅스를 잘 아는 것의 중요성은 나날이 높아지고 있습니다.

리눅스의 방대한 세계를 공부하고 활용하기 위해서는 우선 명령어들을 잘 사용할 줄 알아야 합니다. 개별 명령어의 기초적인 사용법뿐만 아니라 명령어들을 조합하여 고도의 작업을 수행할 수 있어야 합니다. 이 책은 이러한 리눅스 명령어 활용에 초점을 맞추고 있어 독자가 리눅스를 효과적으로 다루는 리눅서가 되도록 안내해 줄 것입니다.

모쪼록 이 책이 여러분의 리눅스 활용도를 높여 소중한 시간을 아끼는 데 일조하게 되었으면 좋겠습니다.

2021년 11월

이동규

이 책에서 크게 세 부분으로 구성하였습니다.

| 리눅스 개요를 알아보고 실습 환경 준비하기 ▶ 1~3장 | 리눅스가 무엇인지 알아보고, 학습에 필요한 리눅스 환경을 준비합니다. 실습 환경이 준비되면 간단한 조작법을 익히고, 맛보기 실습도 해봅니다. |

| 리눅스 기초 배우기 ▶ 4~14장 | 리눅스에서 가장 많이 사용하는 핵심 내용인 파일과 디렉터리, Vim의 사용법, 배시 설정 방법, 접근 권한, 프로세스와 잡, 표준 입출력, 정규 표현식 등을 설명합니다. 각각의 사용법을 알아보고 직접 실습하면서 기본을 탄탄하게 다질 수 있습니다. |

| 셸 스크립트 활용과 버전 관리 경험하기 ▶ 15~20장 | 파일 하나로 여러 상황에 유연하게 대처할 수 있는 셸 스크립트와 직접 만든 다양한 파일의 백업이나 변경 이력을 자동으로 관리해주는 깃과의 연동 방법까지 설명합니다. 리눅스를 좀 더 효율적이고, 손쉽게 사용할 수 있는 기능을 경험할 수 있습니다. |

예제 소스 내려받기& 활용법

이 책에 나오는 예제 소스는 길벗출판사 홈페이지와 깃허브에서 내려받을 수 있습니다.

· 길벗출판사 웹 사이트: www.gilbut.co.kr
· 깃허브(GitHub): https://github.com/gilbutITbook/080282

다운로드 방법

❶ 길벗출판사 홈페이지에서 접속하여 검색 창에 도서명을 검색합니다.

❷ [자료실]로 이동해 예제 파일을 내려받습니다.

❸ 내 PC 〉 다운로드 폴더에 내려받은 파일의 압출을 풀고 예제 파일을 확인합니다.

※ 예제 파일에는 장별 실습에 필요한 명령어가 텍스트 파일로 담겨 있습니다. 필요한 경우에만 복사하여 실습할 때 사용하세요. 가능하면 책을 보며 직접 입력하여 실습하는 것을 권장합니다.

목차

베타 테스터의 한마디 · 4 | 지은이 머리말 · 5 | 옮긴이 머리말 · 6 | 이 책의 구성과 활용법 · 7

1장 리눅스 첫 걸음 015

1.1 리눅스란 016

1.2 리눅스 환경 준비 018

1.3 로그인, 로그아웃, 종료 034

2장 셸이란 무엇인가 045

2.1 셸과 명령어 046

2.2 프롬프트 050

2.3 셸 종류 052

2.4 어떤 셸을 선택해야 할까 054

2.5 터미널이란 057

3장 셸을 능숙하게 다루는 방법 061

3.1 커맨드 라인 편집 062

3.2 셸을 사용하면서 만날 수 있는 문제 068

3.3 자동 완성 기능 070

3.4 명령 이력 072

4장 파일과 디렉터리   077

4.1 리눅스는 파일로 구성된다 078

4.2 리눅스의 디렉터리 구조 079

4.3 절대 경로와 상대 경로 084

4.4 디렉터리 이동 085

4.5 ls 명령어 089

4.6 명령어의 옵션 094

5장 파일 조작의 기본   099

5.1 mkdir 명령어: 디렉터리 만들기 100

5.2 touch 명령어: 파일 만들기 102

5.3 rm과 rmdir: 파일과 디렉터리 삭제하기 103

5.4 cat 명령어: 파일 내용 출력하기 106

5.5 less 명령어: 스크롤 표시하기 110

5.6 cp 명령어: 파일과 디렉터리 복사하기 113

5.7 mv 명령어: 파일 이동하기 116

5.8 ln 명령어: 링크 만들기 118

6장 파일 검색 및 명령어 사용법   125

6.1 파일을 찾는 방법 126

6.2 명령어 사용법 확인하기 134

6.3 명령어 검색 141

6.4 한글 문서와 영어 문서 143

7장   텍스트 에디터   145

7.1 텍스트 파일과 바이너리 파일   146

7.2 Vim: 기본 에디터   148

7.3 파일 열기와 저장하기   151

7.4 Vim 파일 편집   153

7.5 효율적인 커서 이동   157

7.6 자르기, 복사하기, 붙여넣기   160

7.7 그 외의 조작   162

7.8 검색과 치환   164

7.9 도움말과 공식 문서   166

8장   배시 설정   169

8.1 alias   170

8.2 배시의 옵션   173

8.3 셸 변수   175

8.4 환경 변수   181

8.5 배시 설정 파일   184

9장   퍼미션과 슈퍼 사용자   191

9.1 파일의 소유자와 소유 그룹   192

9.2 파일의 퍼미션   193

9.3 슈퍼 사용자   202

10장 **프로세스와 잡** **211**

10.1 프로세스란 212

10.2 잡 216

10.3 잡과 프로세스의 종료 224

11장 **표준 입출력과 파이프라인** **229**

11.1 표준 입력, 표준 출력, 표준 에러 출력 230

11.2 리다이렉션 231

11.3 파이프라인 241

11.4 필터 명령어 244

12장 **텍스트 처리** **251**

12.1 wc 명령어: 바이트 수, 단어 수, 행 수 세기 252

12.2 sort 명령어: 행 단위로 정렬하기 253

12.3 uniq 명령어: 중복 제거하기 258

12.4 cut 명령어: 입력의 일부 추출하기 262

12.5 tr 명령어: 문자 교환과 삭제하기 264

12.6 tail 명령어: 마지막 부분 출력하기 267

12.7 diff 명령어: 차이 출력하기 269

13장 정규 표현식 · · · 275

13.1 grep 명령어와 정규 표현식 276

13.2 임의의 문자를 지정하는 메타 문자 279

13.3 위치를 지정하는 메타 문자 282

13.4 반복을 지정하는 메타 문자 284

13.5 그 외의 메타 문자 289

13.6 정규 표현식 사용하기 290

14장 고도의 텍스트 처리 · · · 293

14.1 sed 명령어: 스트림 에디터 294

14.2 awk 명령어: 패턴 검색 및 처리 언어 306

15장 셸 스크립트 작성 · · · 317

15.1 셸 스크립트란 318

15.2 셸 선택 319

15.3 셸 스크립트 작성 320

15.4 셸 스크립트 실행 형식 322

15.5 셸 스크립트 배치 329

16장 셸 스크립트의 기초 지식 · · · 335

16.1 셸 스크립트의 기본 336

16.2 변수 339

16.3 쿼팅 **343**

16.4 명령어 치환 **344**

16.5 위치 파라미터 **346**

16.6 제어 구조 **351**

16.7 셸 함수 **374**

17장 셸 스크립트 활용하기 **381**

17.1 셸 스크립트 활용하기 **382**

17.2 연습 1: 일기 작성 셸 스크립트 만들기 **383**

17.3 연습 2: 파일 목록 출력하기 **385**

17.4 연습 3: 검색 명령어 만들기 **400**

18장 아카이브와 압축 **415**

18.1 아카이브와 압축 **416**

18.2 tar 명령어: 파일 아카이브하기 **416**

18.3 gzip 명령어: 파일 압축하기 **422**

18.4 bzip2 명령어: 파일 압축하기 **427**

18.5 zip 명령어: 파일 아카이브와 압축하기 **429**

19장 버전 관리 시스템 **435**

19.1 버전 관리 시스템이란 **436**

19.2 깃 설치와 초기 설정 **437**

19.3 기본적인 사용법 **439**

19.4 작업 트리와 인덱스 ⋯⋯⋯⋯⋯⋯⋯⋯⋯⋯⋯⋯⋯⋯ 449

19.5 커밋 단위와 인덱스 ⋯⋯⋯⋯⋯⋯⋯⋯⋯⋯⋯⋯⋯⋯ 452

19.6 실수했을 때 복구하기 ⋯⋯⋯⋯⋯⋯⋯⋯⋯⋯⋯⋯ 453

19.7 브랜치 ⋯⋯⋯⋯⋯⋯⋯⋯⋯⋯⋯⋯⋯⋯⋯⋯⋯⋯⋯ 455

19.8 리포지터리의 백업 작성 ⋯⋯⋯⋯⋯⋯⋯⋯⋯⋯⋯ 461

19.9 2인 이상의 작업 ⋯⋯⋯⋯⋯⋯⋯⋯⋯⋯⋯⋯⋯⋯⋯ 464

19.10 충돌 해결 ⋯⋯⋯⋯⋯⋯⋯⋯⋯⋯⋯⋯⋯⋯⋯⋯⋯ 468

19.11 깃 매뉴얼 ⋯⋯⋯⋯⋯⋯⋯⋯⋯⋯⋯⋯⋯⋯⋯⋯⋯ 470

20장 소프트웨어 패키지　473

20.1 패키지와 리포지터리 ⋯⋯⋯⋯⋯⋯⋯⋯⋯⋯⋯⋯⋯ 474

20.2 yum 명령어: 패키지 관리(CentOS) ⋯⋯⋯⋯⋯⋯⋯ 475

20.3 apt로 패키지 관리(우분투) ⋯⋯⋯⋯⋯⋯⋯⋯⋯⋯ 482

부록　489

A.1 원격 로그인과 SSH ⋯⋯⋯⋯⋯⋯⋯⋯⋯⋯⋯⋯⋯⋯ 490

A.2 info 도큐먼트 ⋯⋯⋯⋯⋯⋯⋯⋯⋯⋯⋯⋯⋯⋯⋯⋯ 494

A.3 참고 문헌 ⋯⋯⋯⋯⋯⋯⋯⋯⋯⋯⋯⋯⋯⋯⋯⋯⋯⋯ 503

찾아보기 ⋯⋯⋯⋯⋯⋯⋯⋯⋯⋯⋯⋯⋯⋯⋯⋯⋯⋯⋯⋯⋯ 504

## 1장

리눅스 첫 걸음

이 장에서는 리눅스에 대한 기본 지식과 실습 환경을 구축하는 방법에 대해 알아볼 것입니다. 실습 환경이 준비되면 리눅스에 로그인하고 로그아웃하는 간단한 기본 조작 방법도 알아보겠습니다.

리눅스에 익숙해지려면 책을 읽는 것만으로는 부족합니다. 직접 명령어를 입력하고 그 결과를 확인해 보는 것이 매우 중요합니다. 특히 에러가 발생하더라도 그 원인을 파악하는 일련의 과정을 통해 리눅스에 좀 더 익숙해질 수 있습니다. 따라서 리눅스 실습 환경이 아직 준비되지 않았다면 이 장의 내용을 따라서 리눅스 환경을 반드시 구축해 보기 바랍니다.

여러분은 대부분 윈도나 맥을 사용해 본 적이 있을 것입니다. 리눅스도 이들과 비슷한 운영 체제입니다. 즉, 컴퓨터라는 하드웨어에서 다양한 애플리케이션을 돌리기 위한 기본 소프트웨어입니다. 하지만 리눅스는 일반적인 데스크톱뿐 아니라 임베디드, 서버 등 다양한 분야에서 널리 사용되고 있습니다.

이 장에서는 리눅스의 특징을 비롯한 기초 지식 그리고 리눅스 환경을 구축하는 방법에 대해 알아봅니다. 이미 로그인 가능한 리눅스 환경을 갖추었다면 가볍게 읽고 넘어가도 괜찮습니다.

리눅스를 공부할 때 가장 중요한 것은 사용 방법에 익숙해지는 것입니다. 따라서 이 책에서는 리눅스의 역사나 운영 체제에 관한 내용은 자세히 다루지 않습니다.

 ## 1 리눅스의 장점

리눅스는 다음과 같은 특징이 있으며 특히 서버용 운영 체제로 많이 사용됩니다.

- 오픈 소스로, 누구나 자유롭게 무료로 사용할 수 있습니다.
- 높은 품질의 다양한 소프트웨어를 리눅스에서 돌릴 수 있습니다(아파치 http 서버나 MySQL 데이터베이스 등).
- 전 세계에서 많이 사용되고 있는 만큼 신뢰성이 높습니다.
- 스크립트를 통해 많은 부분을 자동화할 수 있어 운영에 편리합니다.

여러분이 평소에 자주 사용하는 웹 서비스들도 대부분 리눅스에서 돌아가고 있습니다.

브라우저에서 요청을 받아들이는 웹 서버, 비즈니스 로직을 수행하는 애플리케이션 서버, 데이터를 저장하는 데이터베이스의 운영 체제로 리눅스를 사용하는 것이 일반적이기 때문입니다. 따라서 IT 엔지니어라면 필수적으로 리눅스를 다룰 줄 알아야 하며 컴퓨터를 공부하는 학생들이라면 일찍부터 리눅스에 익숙해지는 것이 좋습니다.

또한, 리눅스는 다음과 같은 이유로 프로그래밍 학습 환경으로도 많이 사용됩니다.

- 개발 환경 구축이 용이하며 비용이 발생하지 않습니다.
- 오픈 소스여서 운영 체제의 내부 동작을 확인할 수 있습니다.

리눅스는 오픈 소스라 컴퓨터를 깊게 공부하기에 좋습니다. 그런데 일반적으로 많이 사용되는 윈도에서는 소스 코드가 공개되어 있지 않아 메모리 관리나 네트워크와 관련한 내부 동작을 파악하는 데 한계가 있습니다. 하지만 리눅스는 직접 소스 코드를 보면서 구체적인 동작을 파악할 수 있습니다. 그리고 코드를 수정하면서 다양한 실험을 할 수 있다는 것도 리눅스의 커다란 매력입니다.

마지막으로 강조하고 싶은 것은 리눅스가 **매우 편리하고 재미있다는** 점입니다. 이 책을 통해 리눅스의 재미를 알게 되기를 바랍니다.

 ## 리눅스의 단점

리눅스도 단점이 있습니다. 리눅스는 윈도나 맥보다 상용 애플리케이션이 많지 않습니다. 특히 마이크로소프트의 워드나 엑셀 파일을 편집하려면 리브레오피스(LibreOffice) 같은 프로그램을 사용해야 합니다. 또한, 이미지, 음악, 영상 등 멀티미디어를 편집하는 소프트웨어도 부족합니다.

그리고 한글 대응이 부족한 것도 리눅스의 단점입니다.

- 공식 문서나 도움말이 영어로만 되어 있을 수 있습니다.
- 소프트웨어에 따라 한글 문자가 깨지기도 합니다.

리눅스가 영어권에서 만들어졌기 때문에 영어는 피할 수 없습니다. 그나마 다행인 것은 공식 문서나 도움말에 어려운 영어가 사용되지 않아서 높은 수준의 영어 실력이 필요하지는 않다는 점입니다. 다만 영어로 된 문서를 읽는 것이 부담되지 않도록 익숙해져야 합니다.

배포판이란

리눅스 환경을 준비하기에 앞서 먼저 어떤 배포판을 사용할지 정해야 합니다. 여기서 배포판이란 무엇을 의미할까요?

지금까지 리눅스란 용어를 사용했는데 원래 '리눅스'란 '리눅스 커널'만을 의미하는 용어입니다. 커널이란 운영 체제의 중심에서 하드웨어를 제어하는 역할을 담당하는 소프트웨어를 말하며 사용자가 사용하는 도구나 애플리케이션은 포함되지 않습니다.

이러한 리눅스 커널과 함께 기본적인 명령어와 애플리케이션을 묶어서 사용자가 바로 사용할 수 있게 패키징한 것이 **넓은 의미의 리눅스**입니다. 그리고 이것이 바로 **리눅스 배포판**입니다.

현재 일반적으로 리눅스라고 하면 넓은 의미의 리눅스를 의미하며, 이 책에서도 같은 의미로 사용하겠습니다. 그리고 커널을 가리킬 때는 '리눅스 커널'이라고 명시적으로 표현하겠습니다.

리눅스 배포판은 무척 다양한데, 대표적으로 레드햇(Red Hat) 계열과 데비안(Debian) 계열이 있습니다.

표 1-1 리눅스 배포판의 종류

계열	배포판
레드햇(Red Hat) 계열	Red Hat Enterprise Linux, CentOS, Fedora
데비안(Debian) 계열	Debian GNU/Linux, Ubuntu

이 책은 데비안 계열의 우분투(Ubuntu)를 사용합니다. 우분투는 편의성이 좋아 인기가 무척 많은 배포판입니다. 하지만 이 책은 특정 배포판에 종속되지 않는 내용을 다루기 때문에 여러분이 선호하는 다른 배포판을 선택해도 무방합니다.

2 가상화 소프트웨어 위의 리눅스 환경

리눅스를 익히려면 실습을 하면서 그 동작을 확인해 보아야 합니다. 그래서 여기서는 리눅스를 실습할 수 있는 환경을 구축하는 방법에 대해 알아보겠습니다.

리눅스를 설치하는 첫 번째 방법은 리눅스를 컴퓨터에 직접 설치하는 것입니다. 이를테면 윈도가 설치된 컴퓨터의 하드 디스크를 분할하여 리눅스를 추가로 설치하는 것입니다. 그런데 이는 간단한 작업이 아니며 자칫 잘못하면 현재 환경이 망가질 수도 있습니다. 따라서 여기서는 가상화 소프트웨어를 사용해 컴퓨터에 가상 컴퓨터, 즉 가상 머신에 리눅스 환경을 구축해 보겠습니다.

그림 1-1 가상화 소프트웨어의 개념

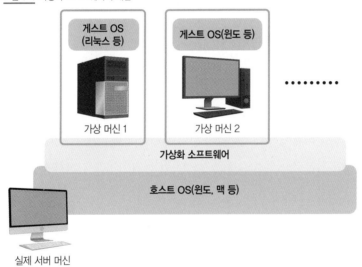

가상화 소프트웨어를 돌리는 OS를 호스트 OS, 가상화 소프트웨어에 의해 만들어진 가상의 OS를 게스트 OS라고 합니다. 가상화 소프트웨어를 사용하면 게스트 OS를 재설치하거나 복사하는 것이 무척 간단합니다. 리눅스를 공부하다 보면 익숙하지 않아 종종 실수를 하므로 처음부터 새로 다시 시작하고 싶을 때가 많습니다. 이때 가상화 소프트웨어를 사용하고 있다면 쉽게 재시작할 수 있습니다.

가상화 소프트웨어 중에서는 오라클이 제공하는 **오라클 VM 버추얼박스**(Oracle VM VirtualBox)가 유명합니다. 오픈 소스로 무료로 사용할 수 있으며 윈도나 macOS에서도 잘 작동합니다.

이 책에서는 버추얼박스에 우분투를 설치할 것입니다. 이미 리눅스 환경을 갖추었다면 이 부분을 건너뛰어도 됩니다.

다음과 같은 순서로 설치를 진행합니다.

1 | 오라클 VM 버추얼박스 설치하기

2 | 우분투 이미지 파일 내려받기

3 | 버추얼박스로 가상 머신 만들기

4 | 가상 머신에 우분투 설치하기

이 책의 실습 환경은 다음과 같습니다.

표 1-2 이 책의 실습 환경

역할	제품명과 버전
호스트 OS	Windows 10 Pro
가상화 소프트웨어	Oracle VM VirtualBox 6.1.18
리눅스 배포판	Ubuntu(20.04.1)

참고로 버추얼박스나 우분투의 버전이 업데이트되어 설치 화면이나 메뉴가 책의 내용과 다소 다를 수 있습니다. 하지만 기본적인 설치 흐름은 같으니 이 책의 내용을 참고하여 설치해 보기 바랍니다.

③ 버추얼박스 설치하기

❶ 먼저 가상화 소프트웨어인 오라클 VM 버추얼박스를 내려받습니다. 홈페이지에 접속하면 쉽게 다운로드 페이지를 찾을 수 있습니다.

Oracle VM VirtualBox

URL https://www.virtualbox.org

그림 1-2 버추얼박스 내려받기 1

② 운영 체제에 맞는 설치 파일을 내려받습니다.

그림 1-3 버추얼박스 내려받기 2

VirtualBox 6.1.18 platform packages

- ⤷Windows hosts
- ⤷OS X hosts
- Linux distributions
- ⤷Solaris hosts
- ⤷Solaris 11 IPS hosts

③ 내려받은 파일을 실행하고 첫 화면이 나오면 Next를 클릭합니다.

그림 1-4 버추얼박스 설치하기 1

❹ 설치 경로를 선택하는 화면이 나옵니다. 기본값으로 두고 Next를 클릭합니다.

그림 1-5 버추얼박스 설치하기 2

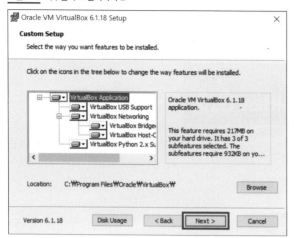

❺ 옵션을 선택하는 화면이 나옵니다. 마찬가지로 기본값으로 두고 Next를 클릭합니다.

그림 1-6 버추얼박스 설치하기 3

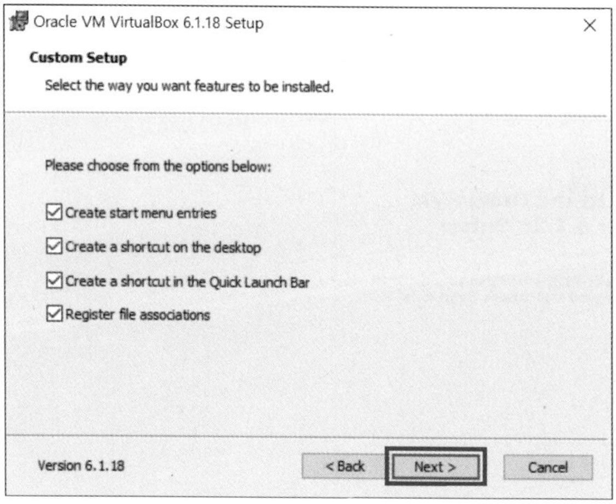

6 네트워크 어댑터의 설치 여부를 물어보는 화면입니다. Yes를 클릭합니다.

그림 1-7 버추얼박스 설치하기 4

7 Install을 클릭하여 설치를 시작합니다.

그림 1-8 버추얼박스 설치하기 5

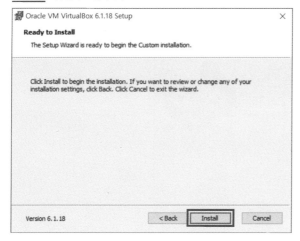

8 Finish를 클릭하여 설치를 완료합니다.

그림 1-9 버추얼박스 설치하기 6

9 설치가 완료되면 다음과 같이 한글화된 소프트웨어의 모습을 확인할 수 있습니다.

그림 1-10 버추얼박스 관리자

> TIP
>
> 버추얼박스의 웹 페이지와 설치 파일은 영어로 되어 있지만 소프트웨어 자체는 한글로 되어 있습니다.

4 **우분투 이미지 파일 내려받기**

이어서 우분투 이미지 파일(ISO 파일)을 내려받겠습니다. ISO 파일이란 CD나 DVD 등 디스크를 파일로 만든 것으로 버추얼박스에서는 이러한 디스크 이미지 파일을 사용해서 물리적 디스크 없이 운영 체제를 설치하는 것이 가능합니다.

① 다음 우분투 공식 페이지에서 이미지 파일을 내려받을 수 있습니다.

Ubuntu

URL https://ubuntu.com/

그림 1-11 우분투 이미지 파일 내려받기 1

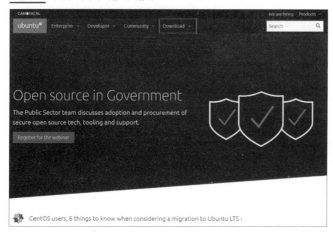

② Download 〉 Ubuntu Desktop에서 **20.04 LTS**를 클릭하면 자동으로 ISO 이미지를 내려받습니다. 참고로 이 책의 실습 파일은 ubuntu-20.04.1-desktop-amd64.iso입니다.

그림 1-12 우분투 이미지 파일 내려받기 2

5 **버추얼박스에서 가상 머신 만들기**

이어서 버추얼박스를 사용해 가상 머신을 만듭니다. 버추얼박스를 시작하면 버추얼박스 관리자 화면이 나옵니다(그림 1-10).

❶ 화면 상단에서 **새로 만들기**를 클릭합니다.

그림 1-13 가상 머신 만들기 1

❷ 가상 머신의 이름은 Ubuntu, 종류는 Linux, 버전은 Ubuntu(64bit)를 선택한 후 **다음**을 클릭합니다.

그림 1-14 가상 머신 만들기 2

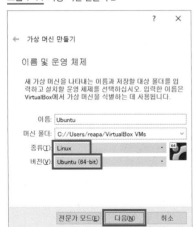

❸ 가상 머신에 할당할 메모리를 설정합니다. **적어도 1024MB(1GB) 정도를 할당하는 것이 좋습니다.** 메모리 크기를 설정하고 **다음**을 클릭합니다.

그림 1-15 가상 머신 만들기 3

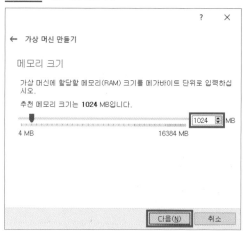

❹ 이이서 하드 디스크에서 **지금 새 가상 하드 디스크 만들기**를 선택하고 **만들기**를 클릭합니다.

그림 1-16 가상 머신 만들기 4

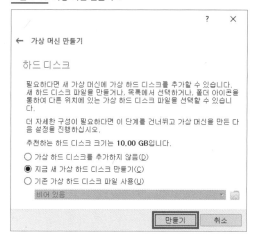

⑤ 하드 디스크 파일 종류에서는 기본값인 VDI(VirtualBox 디스크 이미지)를 선택하고 **다음**을 클릭합니다.

그림 1-17 가상 머신 만들기 5

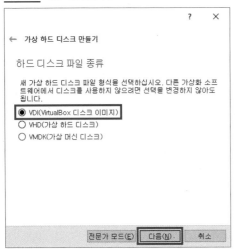

⑥ **동적 할당**을 선택하고 **다음**을 클릭합니다.

그림 1-18 가상 머신 만들기 6

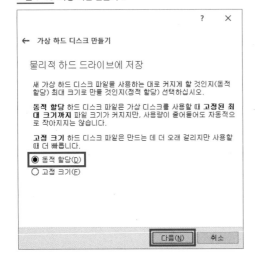

7 파일의 위치 및 크기에서는 **10GB 정도**를 할당합니다. **만들기**를 클릭합니다.

그림 1-19 가상 머신 만들기 7

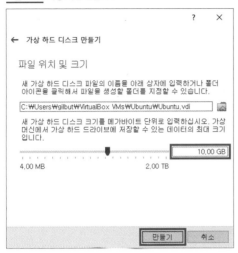

8 버추얼박스 관리자 왼쪽에 새로 만든 가상 머신이 생겼습니다. **시작**을 클릭하여 가상 머신을 시작합니다.

그림 1-20 가상 머신 만들기 8

⑨ 그러면 다음과 같이 시동 하드 디스크 선택 화면이 표시됩니다. 오른쪽의 **파일 아이콘**을 클릭해 앞서 내려받은 ISO 파일을 선택하고 **시작**을 클릭합니다.

그림 1-21 시동 디스크 선택

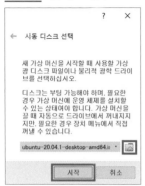

6 우분투 설치하기

이제 ISO 이미지로 우분투 설치 파일이 시작됩니다.

① 다음과 같은 선택 화면이 표시됩니다. 여기서 언어는 **한국어**를 선택한 뒤 Ubuntu **설치**를 클릭합니다.

그림 1-22 우분투 설치하기

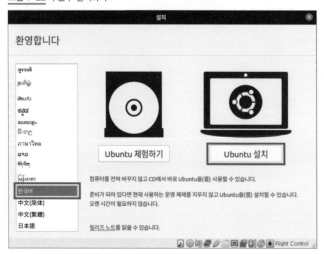

잠깐만요

여기서 한 가지 주의할 점은 가상 머신의 창을 한 번 클릭하면 가상 머신의 OS에 마우스와 키보드 제어권이 넘어가서 그때부터 마우스와 키보드 입력 모두가 가상 머신에 전달된다는 것입니다. 이때 윈도에서는 오른쪽 `Ctrl`, macOS에서는 왼쪽 `Command`를 누르면 제어권을 다시 가져올 수 있습니다. 그리고 다시 가상 머신을 조작하고 싶은 때는 가상 머신의 창 안쪽을 클릭하면 됩니다.

키보드 레이아웃 설정

❷ 먼저 키보드 레이아웃 설정 화면이 표시됩니다. 여러분의 키보드에 맞는 키보드 레이아웃을 선택하면 됩니다. 보통 English나 Korean에 해당할 것입니다. 키보드 레이아웃 감지 버튼을 눌러서 찾을 수도 있습니다. **계속하기**를 클릭합니다.

그림 1-23 키보드 레이아웃 설정하기

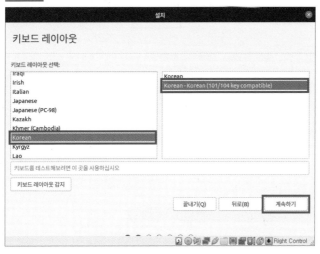

업데이트 및 기타 소프트웨어

❸ 이어서 업데이트 및 기타 소프트웨어 화면이 표시됩니다. 여기서는 **일반 설치**와 Ubuntu **설치 중 업데이트 다운로드**를 선택하고 **계속하기**를 클릭합니다.

<u>그림 1-24</u> 업데이트 및 기타 소프트웨어

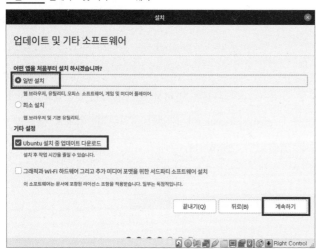

설치 형식

❹ 설치 형식에서는 **디스크를 지우고 Ubuntu 설치**를 선택합니다. 모든 파일이 삭제된다는 경고가 있지만 가상 머신이니 걱정하지 않아도 됩니다. 이어서 **지금 설치**를 클릭합니다.

<u>그림 1-25</u> 설치 형식

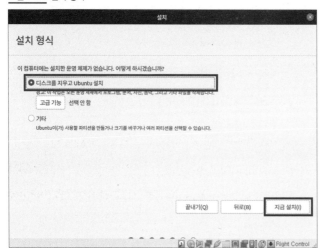

⑤ 파티션 포맷 여부를 물으면 **계속하기**를 클릭하여 진행합니다.

그림 1-26 파티션 포맷

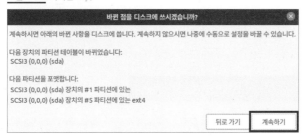

⑥ 거주 지역을 확인하고 **계속하기**를 클릭합니다.

그림 1-27 거주 지역 확인

사용자 설정

❼ **이름, 컴퓨터 이름, 사용자 이름**과 **암호**를 입력하고 **계속하기**를 클릭합니다. 여기서 설정한 암호는 반드시 기억해야 합니다.

그림 1-28 사용자 설정

이제 설치가 완료되기를 기다리면 됩니다. 설치가 완료되면 **지금 다시 시작**을 눌러 재시작합니다.

1.3 로그인, 로그아웃, 종료

LINUX FOR EVERYONE

 로그인

리눅스를 사용하려면 먼저 로그인해야 합니다. 리눅스는 여러 사용자가 동시에 사용하는 것을 전제로 하는 시스템이어서 로그인으로 어떤 사용자인지를 리눅스에 전달하게 됩니다.

그림 1-29 GUI 기반의 로그인 화면

그림 1-30 콘솔 기반의 로그인 화면

실습 환경에 따라서는 앞 그림들과 같은 GUI 기반의 로그인 화면이 아니라 콘솔 기반의 로그인 화면이 표시되기도 합니다. 이 책에서 소개한 방법대로 설치를 진행하면 GUI 기반의 로그인 화면이 나타납니다. 두 화면 모두 로그인을 수행한다는 점에서 동일합니다. **설치할 때 설정했던 사용자 이름과 암호를 입력해 로그인해 보세요.**

사용자 이름을 클릭한 뒤 **암호**를 입력하고 Enter 를 누릅니다.

그림 1-31 GUI 기반에서 로그인하기

콘솔 기반에서 로그인할 때 패스워드를 입력하면 화면에서는 다음과 같이 아무것도 표시되지 않습니다.

● 콘솔 기반에서 로그인하기

```
localhost login: ldk
Password:
```

이는 모니터 화면을 통해 암호 길이 같은 정보가 유출되는 것을 방지하기 위해서입니다. 아무런 문자가 표시되지 않아도 당황하지 말고 암호를 잘 입력한 뒤 Enter 를 누르세요.

로그인이 완료하면 다음과 같이 셸이 작동하여 프롬프트($)가 표시됩니다.

● 프롬프트 표시

```
ldk@ldk-VirtualBox:~$
```

여기서 셸이라는 용어가 등장했는데 셸에 관한 자세한 내용은 2장에서 설명하겠습니다. 그리고 프롬프트에 표시된 문자열은 다소 다를 수 있습니다.

GUI에서는 로그인 후 데스크톱 화면이 표시됩니다. 마우스를 사용해 **프로그램 표시 〉 터미널**을 클릭합니다(배포판에 따라 메뉴의 경로는 다를 수 있습니다).

그림 1-32 GUI 로그인 후 프로그램 표시 화면

그러면 콘솔 로그인과 동일하게 셸이 작동하여 프롬프트가 표시됩니다.

그림 1-33 GUI 로그인 후 터미널 실행

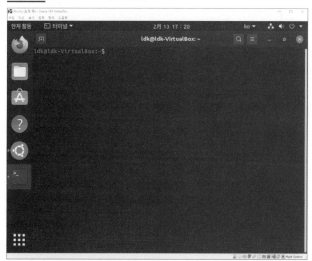

이 책은 기본적으로 GUI 환경이 아니라 문자를 입력하는 방식인 터미널에서 실습을 진행합니다.

 GUI와 CLI

그래픽 기반과 텍스트 기반, 두 가지 로그인 방식을 알아봤습니다. 이어서 그래픽 유저 인터페이스(GUI)와 커맨드 라인 인터페이스(CLI)도 알아봅시다.

GUI란 화면상에 보이는 아이콘, 창, 메뉴 등을 마우스나 터치패드로 클릭하여 컴퓨터에 명령을 내리는 인터페이스를 말합니다. 윈도나 맥을 사용한다면 쉽게 볼 수 있는 인터페이스입니다.

한편 CLI란 키보드로 명령어를 입력하고 결과가 문자열로 출력되는 인터페이스를 말합니다. 예를 들어 파일 a.txt를 b.txt로 복사하는 경우를 생각해 봅시다. GUI에서는 마우스로 파일 아이콘을 클릭한 뒤 **마우스 오른쪽** 버튼을 눌러 **복사** 메뉴를 선택합니다. CLI에서는 cp라는 명령어를 다음과 같이 입력하면 됩니다.

● CLI에서 파일 복사

```
$ cp a.txt b.txt
```

GUI에 익숙한 사람이 처음 CLI를 접하면 불편할 수 있습니다. 하지만 익숙해지면 CLI가 GUI보다 훨씬 편리합니다. 현역 엔지니어들도 대부분 CLI에 익숙합니다.

이 책의 실습은 전부 CLI를 사용합니다. 책에서 CLI를 추천하는 이유는 (1) 작업 효율이 높고, (2) GUI 조작 방법을 외워도 크게 의미가 없으며, (3) 프로그램 실행에 유리하고, (4) 자동화에 유리하기 때문입니다. 각 이유에 대해 좀 더 자세히 살펴보겠습니다.

높은 작업 효율

예를 들어 어떤 디렉터리에서 이름이 a로 시작하는 파일을 전부 선택하는 경우를 생각해 봅시다. GUI에서는 파일 이름을 눈으로 확인하면서 조심스레 선택해야 합니다. 파일이 10개 정도면 어렵지 않지만, 100개, 10,000개라면 결코 쉬운 일이 아닙니다.

하지만 리눅스의 CLI에서는 a*라고 쓰면 a로 시작하는 파일을 전부 선택할 수 있습니다. 다음은 ls라는 명령어를 사용하여 a로 시작하는 모든 파일을 출력하는 예입니다.

● 대상 파일을 지정하여 명령어 실행

```
$ ls a*
```

이처럼 CLI를 사용하면 파일 이름을 눈으로 하나하나 확인해야 하는 수고나 빠뜨리는 실수를 방지할 수 있습니다. 즉, 작업의 효율을 높일 수 있습니다.

GUI의 작업 순서를 암기하는 것은 무의미

GUI의 조작 방법을 익혀도 크게 의미가 없는 이유를 알아봅시다.

현재 대부분의 리눅스가 GUI 환경을 제공하는데, GUI의 버튼이나 메뉴를 클릭하면 내부적으로는 명령어가 실행되거나 설정 파일이 변경됩니다. 즉, GUI는 CLI를 보기 좋게 감싼 것에 불과합니다. 따라서 CLI를 배우는 것이 더 본질에 가까우며 오랫동안 사용할 수 있는 지식입니다.

GUI는 비교적 자주 변하기 때문에 '메뉴 A를 선택한 뒤 B 버튼을 클릭한다' 같은 방식으로 기능을 익혀 봤자 몇 년이 지나면 쓸모없는 지식이 될 수 있습니다. 이는 리눅스뿐만 아니라 윈도나 macOS에서도 자주 생기는 일이지요.

하지만 리눅스의 CLI를 다루는 기술은 10년 전에 쓰인 책이 여전히 유용한 경우가 종종 있습니다. 이 책으로 리눅스의 CLI를 익히면 오랫동안 도움이 될 것입니다.

프로그램 간 연동

리눅스에서는 작은 프로그램들을 서로 연결해 좀 더 크고 복잡한 동작을 실행합니다. 대표적으로 프로그램의 입출력을 서로 주고받을 수 있는 파이프(|)라는 기능이 있습니다.

● 파이프의 예

```
$ grep "abc" sample.txt | sort
```

앞 예는 grep과 sort라는 두 명령어를 연결해 sample.txt에서 abc라는 문자열을 검색한 뒤, 그 결과를 정렬하여 출력하라고 지시하고 있습니다. grep과 sort 두 명령어를 파이프(|)로 연결한 것입니다. 또한, 15장에서 소개하는 셸 스크립트를 사용하면 다양한 로직으로 프로그램을 연결할 수 있습니다.

한편 GUI에서는 이와 같은 프로그램 간의 입출력 연동이 어렵습니다. 따라서 CLI를 사용하면 GUI보다 풍부하고 강력한 기능을 구사할 수 있습니다.

처리 자동화

CLI에서는 실행할 명령어들을 파일에 기록해 놓고 일괄로 실행하는 것이 가능합니다. 따라서 자주 사용하는 명령어의 흐름을 파일에 기록해 두면 쉽고 정확하게 실행하는 것이 가능합니다.

그런데 GUI에서는 반복되는 작업을 말 그대로 직접 반복해야 합니다. 아무리 마우스를 빠르게 움직여도 빠르고 정확하게 실행하는 CLI의 자동화에 견줄 수는 없습니다.

또한, 앞서 설명했듯이 프로그램 간 연동이 쉬우므로 여러 명령어를 조합해 자기만의 명령어를 만들어 자동화할 수 있습니다. 이것이 CLI의 가장 큰 장점입니다.

CLI는 다소 딱딱해 보일 수 있지만 한번 익숙해지면 리눅스를 쉽고 재미있게 다룰 수 있습니다.

 3 로그아웃

로그인의 반대가 로그아웃입니다. 이는 리눅스에게 작업이 끝났다고 알리는 작별 인사와 같습니다. 작업이 끝난 뒤에도 로그아웃하지 않는 것은 좋지 않습니다. 컴퓨터 자원이 불필요하게 사용되며, 누군가가 몰래 계정을 탈취할 수도 있기 때문입니다.

CLI로 로그인했다면 다음과 같이 **exit 명령어**를 사용하여 로그아웃합니다. 다음 예에서는 exit를 입력한 뒤 Enter를 누르면 됩니다.

◉ 로그아웃

```
$ exit
```

원래 exit 명령어는 셸을 종료하는 명령어지만, 셸이 종료되면 자동적으로 로그아웃됩니다. 이와는 별도로 logout이란 명령어가 있는데 이 명령어는 현재 셸이 로그인 셸이어야만 동작합니다.

◉ logout 명령어로는 셸을 종료할 수 없다

```
$ logout
bash: logout: 로그인 셸이 아님: 'exit'를 사용하세요
```

따라서 logout 명령어보다는 exit 명령어를 사용하는 것이 좋습니다. 여기서 언급한 로그인 셸이나 exit 명령어는 2장에서 자세히 다룹니다.

GUI의 터미널에서 exit 명령어를 실행하면 터미널만 종료될 뿐 로그아웃은 되지 않습니다. 이는 터미널이 로그인 셸이 아니기 때문입니다. GUI에서는 메뉴를 통해 로그아웃해야 합니다. 우분투에서는 화면 우측 상단의 **로그아웃**을 누르면 됩니다.

그림 1-34 GUI 기반에서 로그아웃하기

로그아웃을 해도 단지 사용자 한 명이 사용을 종료한 것이라 리눅스는 계속 작동합니다. 로그인과 로그아웃을 익숙해질 때까지 반복해 보기 바랍니다.

 4 셧다운

컴퓨터의 전원을 끄려고 OS를 완전히 정지시키는 것을 셧다운이라고 합니다. 컴퓨터 전원을 끄기 전에는 반드시 운영 체제를 정상적으로 종료하는 것이 좋습니다. 여러 프로그램이 백그라운드에서 돌아가고 있기 때문입니다.

리눅스를 셧다운하려면 **shutdown 명령어**를 사용합니다. 이 명령어를 실행하기 위해서는 슈퍼 사용자(root user)로 전환해야 하는데, 전환하는 방법은 다음과 같습니다.

● 슈퍼 사용자로 전환하기

```
ldk@ldk-VirtualBox:~$ sudo su -
[sudo] ldk의 암호:
root@ldk-VirtualBox:~#
```

슈퍼 사용자가 되면 프롬프트의 기호가 $에서 #로 바뀝니다. 이 상태에서 다음과 같이

shutdown 명령어를 입력하면 됩니다. 여기서 -h 옵션은 전원을 끄는 것을 의미합니다.

◉ 셧다운 실행

```
# shutdown -h now
```

다음과 같이 -r 옵션을 주면 재부팅(reboot)합니다.

◉ 재부팅 실행

```
# shutdown -r now
```

환경에 따라서는 다음과 같은 에러가 표시될 수 있습니다.

◉ shutdown 명령어의 에러

```
# shutdown -h now
-bash: shutdown: 명령어를 찾을 수 없습니다
```

> **NOTE**
> 이와 같은 에러가 나는 이유는 명령어를 찾는 위치가 저장된 환경 변수 PATH에 shutdown 명령어가 있는 /sbin 디렉터리가 등록되어 있지 않기 때문입니다. 따라서 다음과 같이 전체 경로를 입력하거나 PATH에 /sbin 디렉터리를 등록하면 됩니다.

이때는 다음과 같이 /sbin/shutdown이라고 입력하면 됩니다.

◉ shutdown 명령어의 전체 경로 입력

```
# /sbin/shutdown -h now
```

-h나 -r 옵션 뒤에는 몇 분 후에 셧다운할지를 지정할 수도 있습니다. 보통은 앞 예처럼 now
를 지정해서 곧바로 셧다운을 실행합니다.

리눅스와 셧다운

윈도나 macOS 같은 데스크톱을 사용할 때는 작업을 완료했으면 셧다운하고 전원을 끄는 것이 일반적입니다. 하지만 리눅스에서는 로그아웃은 하지만 셧다운은 하지 않는 경우가 흔합니다. 특히 서비스를 제공하는 리눅스 서버는 몇 년 동안 셧다운하지 않기도 합니다. 장비의 유지보수나 장애 대응과 같은 경우에만 제한적으로 셧다운합니다.

여기서는 학습 차원에서 셧다운 명령어를 배웠지만, 실무에서는 가볍게 할 수 있는 일이 아님을 기억하세요.

터미널 설정

리눅스 CLI를 사용하다 보면 터미널 에뮬레이터[1]를 장시간 사용하게 됩니다. 터미널 에뮬레이터를 사용할 때 설정하면 좋은 몇 가지 옵션을 소개하겠습니다.

먼저 폰트의 종류와 크기를 설정합니다. CLI에서는 모든 것이 문자로 표현되므로 읽기 쉬운 폰트와 크기를 사용하는 것이 작업에 도움이 됩니다. 폰트에 따라서는 l와 1(알파벳 소문자와 숫자 1), o와 0(알파벳 소문자와 숫자 0)을 쉽게 구분할 수 있습니다.

글자색과 배경색도 중요합니다. ls 명령어나 git 명령어는 다양한 글자색으로 결과를 출력합니다. 배경이 검은색이면 파란색 글씨는 보기 힘들 수 있습니다. 따라서 조금 연한 파란색으로 바꾸는 게 좋습니다. 그리고 터미널 에뮬레이터에 따라서는 배경색을 투명하게 할 수도 있습니다.

그리고 작동 시 창의 크기를 설정하는 것도 가능합니다. 그러면 매번 화면 크기를 조정하지 않아도 되어 편리합니다.

이외에도 다양한 설정이 가능하니 취향에 맞게 바꿔 보기 바랍니다.

---

1 **역주** 컴퓨터의 입출력만을 담당하는 하드웨어인 터미널을 소프트웨어로 구현한 것입니다. 2.5절에서 자세히 설명합니다.

마무리 이 장에서는 리눅스의 기초 지식과 실습 환경을 구축하는 방법에 대해 알아봤습니다.

다음 장으로 넘어가기 전에 반드시 여러분의 컴퓨터에 리눅스 환경이 설치되어 다음과 같은 프롬프트를 마주하게 되기를 바랍니다.

```
ldk@ldk-VirtualBox:~$
```

참고로 이 프롬프트에서 ldk와 ldk-VirtualBox는 각각 사용자 이름과 호스트 이름입니다. 따라서 접속한 리눅스의 환경에 따라 다르게 표시됩니다.

그러면 다음 장에서는 프롬프트에서 어떠한 조작이 가능한지 알아보겠습니다.

## 2장

셸이란 무엇인가

이 장에서는 리눅스를 다룰 때 반드시 사용해야 하는 셸에 대한 기초 지식을 배우고 간단한 실습도 해 보겠습니다.

윈도나 맥 같은 운영 체제에서는 마우스로 컴퓨터를 조작합니다. 하지만 리눅스는 키보드로 명령어를 입력하는 방식을 더 많이 사용합니다. 이때 리눅스와 사용자를 연결하는 것이 바로 셸입니다. 셸은 종류가 다양하지만, 이 책에서는 배시(bash) 셸을 사용합니다.

리눅스에 로그인했다면 곧바로 명령어를 입력해 봅시다. 다음과 같이 $ 기호 뒤에 date 명령어를 입력하고 Enter 를 눌러 보세요.

● date 명령어 실행

```
ldk@ldk-VirtualBox:~$ date
2021. 02. 13. (토) 21:52:59 KST
```

현재 날짜와 시간이 출력되었습니다. date 명령어는 현재 시간을 출력하거나 설정하는 명령어입니다.

다른 명령어도 사용해 봅시다. echo 명령어는 인자로 지정한 문자열을 출력합니다. 여기서는 인자로 Hello를 지정해 보겠습니다.

● echo 명령어 실행

```
ldk@ldk-VirtualBox:~$ echo Hello
Hello
```

이외에도 명령어가 다양합니다. 처음 설치할 때부터 수십 개 이상의 명령어가 포함되어 있습니다. 이 모든 명령어를 외울 필요는 없습니다. 필수적인 명령어들을 익힌 뒤에 필요할 때마다 하나씩 익히면 됩니다.

그리고 필요한 작업에 딱 맞는 명령어가 없다면 기존 명령어들을 조합하여 사용하면 됩니다. 리눅스는 단순한 명령어들을 조합하여 복잡한 작업을 처리할 수 있도록 설계되었습니다.

1 에러에 대해서

존재하지 않는 명령어를 입력하면 어떻게 될까요? 예를 들어 abcxyz라는 명령어를 입력해 봅시다.

◉ 에러 메시지의 예

```
ldk@ldk-VirtualBox:~$ abcxyz
abcxyz: 명령을 찾을 수 없습니다
```

에러 메시지가 출력되었습니다. abcxyz라는 명령어가 없어서 찾을 수 없다는 메시지입니다. 영문 리눅스에서는 다음과 같이 표시됩니다.

◉ 영문 환경에서의 에러 메시지

```
ldk@ldk-VirtualBox:~$ abcxyz
abcxyz: command not found
```

리눅스 환경에서 실습하다 보면 오타 등으로 인해 다양한 에러를 만나게 될 것입니다. 에러를 만나면 당황하지 말고 침착하게 표시된 에러 메시지를 읽으면서 원인을 파악해 보기 바랍니다. 에러 메시지에는 에러가 발생한 원인에 대한 실마리가 담겨 있습니다.

에러 메시지를 잘 읽고 그 내용에 맞게 잘 대처하는 것이 리눅스를 익히는 데 매우 중요한 자세입니다.

2 셸의 역할과 리눅스 커널

이 장의 목표는 셸이 무엇인지를 알아보는 것입니다. 이를 위해 리눅스 내부에서 명령어가 실행되는 과정을 살펴보겠습니다.

앞서 date나 echo 같은 명령어를 실행해 보았습니다. 이때 리눅스의 내부에서는 다음과 같은 일이 일어납니다.

1 | 키보드로 입력한 date 문자열을 받아들입니다.

2 | date 명령어를 찾습니다.

3 | 발견한 명령어를 실행합니다.

4 | 실행한 결과로 얻은 문자열을 화면에 표시합니다.

이 중에서 **3번은 리눅스의 본체인 커널이 수행합니다.** 커널은 운영 체제의 중심에서 CPU나 메모리 같은 하드웨어를 관리하면서 명령어를 실행하고 프로세스를 관리합니다.

그림 2-1 리눅스 커널과 하드웨어

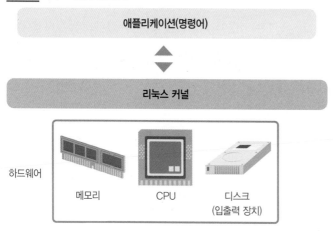

앞서 사용자는 date라는 문자열을 키보드로 입력하고 Enter를 눌렀습니다. 하지만 엄밀히 말하면 사용자가 직접 리눅스 커널을 조작한 것은 아닙니다.

리눅스에서는 사용자가 커널을 직접 조작할 수 없게 되어 있기 때문에 둘 사이에서 명령어를 받아들이고 커널의 실행 결과를 출력하는 소프트웨어가 필요합니다. 이 역할을 수행하는 소프트웨어가 바로 셸입니다. 즉, **셸은 커널의 인터페이스에 해당합니다.**

앞 예에서는 사용자가 셸에 date 문자열을 입력합니다. 그러면 셸은 date 명령어를 찾아서 리눅스 커널에게 실행을 의뢰합니다. 리눅스 커널이 명령을 실행하면 셸은 그 결과를 전달받아 사용자의 화면에 출력합니다.

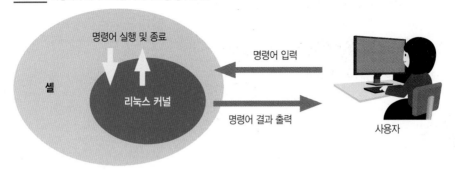
그림 2-2 사용자와 리눅스 커널 사이의 소통 창구인 셸

이처럼 셸은 리눅스 커널을 감싸는 역할을 담당합니다. 조개 껍질(shell)이라는 이름도 커널을 감싸 보호하기 때문에 붙여졌다고 볼 수 있습니다. 또한, 셸은 사용자의 의뢰를 받아서 커널에 전달하므로 메신저 혹은 비서라고 볼 수도 있습니다.

리눅스를 다룰 때는 기본적으로 셸을 사용해야 합니다. 이 책에서 소개하는 모든 내용도 셸을 기반으로 합니다. **따라서 리눅스를 잘 다루기 위해서는 셸을 잘 알아야 합니다.**

 ## 왜 커널과 셸은 나뉘어져 있을까

여기까지 읽으면서 왜 커널 안에 셸이 들어가 있지 않고 분리되어 있는지 궁금할 수 있습니다. 이는 셸과 커널을 분리하면 다음과 같은 이점이 있기 때문입니다.

- 커널을 바꾸지 않고 셸만 바꿀 수 있습니다.
- 리눅스 외 OS(FreeBSD, NetBSD, Solaris 등)를 사용할 때도 셸만 이식하면 똑같이 사용할 수 있습니다.
- 셸을 사용할 때 에러가 발생하거나 지나치게 높은 부하가 발생해도 본체인 리눅스 커널에 미치는 영향을 최소한으로 줄일 수 있습니다.

'한 프로그램에 너무 많은 기능을 넣지 않는다'는 것이 리눅스의 기본 철학입니다. 보통 한 프로그램에 기능을 많이 넣기보다는 적절히 분리하는 것이 좋은 설계 철학입니다.

2.2 프롬프트

앞서 명령어를 입력할 때 다음과 같은 문자열을 보았을 겁니다.

그림 2-3 프롬프트

이를 **셸의 프롬프트(prompt)**라 합니다. 프롬프트는 사용자에게 어떤 결정을 내리도록 한다는 의미입니다. 즉, 셸이 사용자에게 명령어를 받아들일 준비가 되었음을 나타낸다고 보면 됩니다.

그림 2-3에서 ldk는 사용자 이름, ldk-VirtualBox는 호스트 이름입니다. 여러분의 실습 환경에서는 다른 문자열이 보일 것입니다. 셸의 프롬프트는 커스터마이징할 수 있는데 우분투에서는 기본적으로 다음과 같이 표시됩니다.

● 우분투 프롬프트

```
user@hostname:~$
```

프롬프트를 커스터마이징하는 방법은 8장에서 다룹니다.

 프롬프트 기호

지금부터 프롬프트를 표시할 때는 다음과 같이 짧게 $만을 표시하겠습니다.

● 일반 사용자의 프롬프트

```
$ <명령어>
```

또한, 일반 사용자가 아니라 슈퍼 사용자일 때에는 프롬프트를 #로 표시하겠습니다. 슈퍼 사용자와 root는 9장에서 다룹니다.

● 슈퍼 사용자의 프롬프트

```
# <명령어>
```

이처럼 **일반 사용자는 $, 슈퍼 사용자(root)는 #**로 프롬프트를 표시하는 것은 이 책뿐만 아니라 리눅스 공식 문서에서도 사용되고 있습니다.

② 로그인 셸

리눅스에 로그인하면 셸이 사용자를 반기며 입력을 대기합니다. 이는 사용자가 로그인할 때 리눅스가 자동으로 셸을 시작하기 때문입니다. 이렇게 **로그인 후 처음으로 시작되는 셸을 로그인 셸이라 부릅니다.**

자신이 사용하고 있는 로그인 셸을 확인하는 방법은 다음과 같습니다.

● 로그인 셸 확인하기

```
$ echo $SHELL
/bin/bash
```

/bin 디렉터리에 있는 bash가 바로 로그인 셸입니다. 리눅스에서는 별도로 지정하지 않으면 bash가 로그인 셸로 시작합니다. 이외의 다른 셸은 2.3절에서 설명하겠습니다.

③ 대화형 조작과 셸 스크립트

지금까지 명령어를 입력하고 그 결과를 보면서 셸을 사용했습니다. 이처럼 명령어를 직접 입력하고 그 결과를 확인하는 조작 방식을 대화형(인터렉티브) 방식이라 합니다.

이에 반해 실행하고 싶은 명령어들을 미리 파일에 기록하고 그 파일을 셸에 넘겨주는 방식으로 명령을 수행할 수도 있습니다. 이렇게 **일련의 명령어 흐름을 기술한 파일을 셸 스크립트라고 합니다.** 예를 들면 다음과 같습니다.

● **코드 2-1** 셸 스크립트의 예

```
#!/bin/ sh

today =$( date '+%d')
if [ $ today -eq 20 ]; then
    echo "오늘은 20일입니다. 출근 일자를 확인해주세요"
fi
```

아직 설명하지 않은 문법과 기호가 있지만, 지금 단계에서는 명령어를 파일에 나열하고 조건에 따라 실행 흐름을 바꿀 수 있다고만 알아 둡니다.

셸 스크립트는 '작은 프로그램(명령어)을 조합해 복잡한 처리를 수행한다'는 리눅스의 철학이 담긴 강력한 도구입니다. 셸 스크립트를 능숙하게 다루게 되는 것이 이 책의 목표이기도 합니다.

셸 스크립트를 익히려면 먼저 셸에 대한 기본 지식을 갖추어야 합니다. 이 책에서는 먼저 셸의 대화형 조작 방식을 배우고 15장부터 셸 스크립트를 본격적으로 다루겠습니다.

2.3 셸 종류

LINUX FOR EVERYONE

앞서 로그인 셸이 배시(bash)인 것을 확인했습니다. 리눅스에서는 배시 외에도 다양한 셸을 사용할 수 있습니다. 모든 셸이 그림 2-2처럼 커널과 사용자의 인터페이스 역할을 수행합니다. 하지만 작성된 시대나 개발자의 철학에 따라 특징이 다릅니다.

셸 종류는 무척 다양하니 여기서는 대표적인 것만 소개하겠습니다.

1 sh

AT&T 벨 연구소의 스티븐 본(Steven Bourne)이 만들어서 본 셸(혹은 B셸)이라고도 불리며, 아주 오래전에 만들어진 셸입니다. 리눅스뿐만 아니라 FreeBSD나 Solaris, HP-UX, AIX 등 여러 운영 체제에서 사용할 수 있습니다.

sh는 긴 역사를 통해 표준 셸의 지위를 가지고 있으며, 현재도 셸 스크립트를 작성할 때는 sh를 사용하는 것이 일반적입니다. 하지만 오래된 셸이라 기능이 적고 특히 대화형에서 사용하기에는 불편합니다. 따라서 로그인 셸로 사용되는 경우는 거의 없습니다.

2 csh

csh도 무척 오래된 셸 중 하나로 C셸이라 불립니다. sh보다 대화형 조작에 편리한 기능을 갖추고 있어 인기가 많았습니다. 하지만 셸 문법이 sh와 크게 달라 셸 스크립트 작성에는 적합하지 않습니다.

현재는 csh의 뒤를 잇는 tcsh가 나와 많이 사용하지 않습니다.

3 bash

sh를 바탕으로 기능이 추가된 셸입니다. sh와 호환성이 있어 sh를 대체할 수 있습니다. 또한, 대화형 조작에 필요한 기능을 갖추고 있어 많은 리눅스에서 기본 로그인 셸로 사용하고 있습니다. 셸 스크립트를 작성하는 데도 적합합니다.

4 tsch

csh에 이어 개발된 C셸 계열의 셸입니다. 대화형 조작에 편리한 기능을 많이 갖추고 있지만, csh와 마찬가지로 셸 스크립트에는 적합하지 않습니다. 참고로 tcsh 등 C셸 계열에서는 일반 사용자 프롬프트가 $이 아닌 %입니다.

● C셸 계열의 일반 사용자 프롬프트 기호는 %

```
ldk@ifreebsd:/ % echo $SHELL
/bin/tcsh
```

tcsh는 현재 FreeBSD의 로그인 셸로 사용되고 있지만, 사용자는 점점 줄고 있습니다. 맥도 버전 10.2(Jaguar)전까지는 기본 로그인 셸로 tcsh를 사용했습니다.

5 zsh

비교적 최근에 개발된 셸로, bash와 tcsh의 기능에 독자적인 기능이 추가되었습니다. 무척 다양한 기능을 갖추고 있어 매뉴얼만 17개 섹션에 달합니다.

모든 기능을 익히는 데 시간이 걸리지만, 익숙해지면 작업 효율을 크게 높일 수 있습니다. 다만, 초보자가 바로 시작하기에는 다소 어려울 수 있습니다.

2.4 어떤 셸을 선택해야 할까   LINUX FOR EVERYONE

다양한 셸에 대해 알아봤는데, 그러면 어떤 셸을 선택하는 것이 좋을까요?

결론부터 말하자면, 배시 셸을 추천합니다. 그래서 이 책도 배시 셸을 기준으로 했습니다. 배시 셸을 추천하는 이유는 다음과 같은 이점이 있기 때문입니다.

- 리눅스의 기본 로그인 셸로 사용되고 있어 활용도가 높습니다.
- 대화형 셸과 셸 스크립트 양쪽 모두에 적합합니다.
- sh와 호환성이 있어 기존 sh 셸 스크립트를 그대로 사용할 수 있습니다.
- 리눅스 외에도 FreeBSD, Solaris, macOS X 등의 환경에서 사용할 수 있습니다.
- 사용자가 많아 관련 정보를 얻기 쉽습니다.

sh도 중요한 셸입니다. 오랫동안 널리 사용되어서 sh로 작성된 셸 스크립트도 많고, 이 때문에 현재도 sh가 사용되고 있습니다. 리눅스가 시작되면 sh의 셸 스크립트가 실행되며, 명령인 줄 알았지만 실은 sh 셸 스크립트인 경우도 있습니다.

반대로 csh나 tcsh 같은 C셸 계열은 셸 스크립트와 관련된 기능이 부족해 특별한 이유가 없다면 사용하지 않는 것이 좋습니다. 대화형 셸의 기능은 zsh가 훨씬 더 뛰어나서 굳이 tcsh를 배우지 않아도 됩니다.

 # 일시적으로 셸 바꾸기

커널과 셸의 관계를 설명하면서, 사용할 셸을 바꿀 수 있다고 했습니다. 이번에는 셸을 바꾸는 실습을 해 보겠습니다.

셸도 하나의 명령어에 불과하므로 사용하고 싶은 셸 이름을 입력하고 실행만 하면 됩니다. 여기서는 리눅스에 기본으로 포함된 sh 셸을 사용해 보겠습니다.

◉ 현재 사용 중인 셸을 sh로 변경

```
ldk@ldk-VirtualBox:~$ sh
$
```

sh 셸이 기동해 프롬프트가 $로 바뀌었습니다. 이어서 bash를 실행하겠습니다.

◉ sh로 바꾼 상태에서 bash 실행

```
$ bash
ldk@ldk-VirtualBox:~$
```

다시 원래 셸로 돌아간 것처럼 보이지만, 실은 bash→sh→bash를 기동한 상태입니다(그림 2-4). 즉, 셸 위에 셸이 중첩되어 실행된 것입니다.

그림 2-4 로그인 셸과 별도의 셸 실행

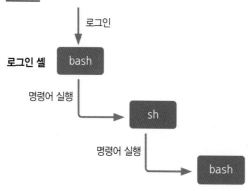

이렇게 셸 위에서 기동한 셸은 로그인 셸이 아닌 일반 셸(비로그인 셸)입니다. 그래서 다음과 같이 logout 명령어로 로그아웃하려고 하면 에러가 발생합니다.

⊙ 비로그인 셸에서는 logout 명령어로 종료할 수 없다

```
ldk@ldk-VirtualBox:~$ logout
bash: logout: 로그인 셸이 아님: 'exit'를 사용하세요
```

비로그인 셸에서 빠져나오려면 1장에서 살펴본 것처럼 exit 명령어를 사용해야 합니다. 원래의 배시 셸로 돌아오려면 exit를 두 번 입력해야 합니다.

⊙ exit 명령어로 비로그인 셸에서 벗어나기

```
ldk@ldk-VirtualBox:~$ exit
exit
$ exit
ldk@ldk-VirtualBox:~$
```

이제 로그인 셸로 돌아왔습니다. 이처럼 로그인 셸에서 다른 셸을 사용하다가 다시 로그인 셸로 돌아오는 것이 가능합니다.

로그인 셸 자체를 변경하려면 cshs 명령어를 사용합니다. 하지만 이 명령어를 잘못 사용하면 로그인이 안 되는 문제가 발생할 수 있어 이 책에서는 다루지 않습니다. 특별한 이유가 없다면 로그인 셸은 기본으로 설정된 bash를 사용하는 것이 좋습니다.

2.5 터미널이란

마지막으로 터미널과 셸의 관계를 알아보겠습니다. 둘 다 사용자가 리눅스를 다룰 때 직접적으로 다루므로 헷갈리기 쉽습니다.

터미널이란 컴퓨터의 입출력만을 담당하는 전용 하드웨어를 말합니다. 입력 장치인 키보드와 출력 장치인 모니터로 구성됩니다. 데이터 센터에는 간혹 입출력 기능만 갖춘 간이 단말기(dumb terminal)가 있습니다.

하지만 현재 리눅스를 다룰 때 하드웨어 터미널을 사용하는 경우는 거의 없습니다. 대신에 소프트웨어로 구현한 터미널 에뮬레이터가 사용됩니다. 터미널 에뮬레이터는 리눅스, 윈도, 맥 등에서 애플리케이션으로 동작합니다.

그림 2-5 윈도에서 터미널 에뮬레이터를 통해 리눅스 머신 조작

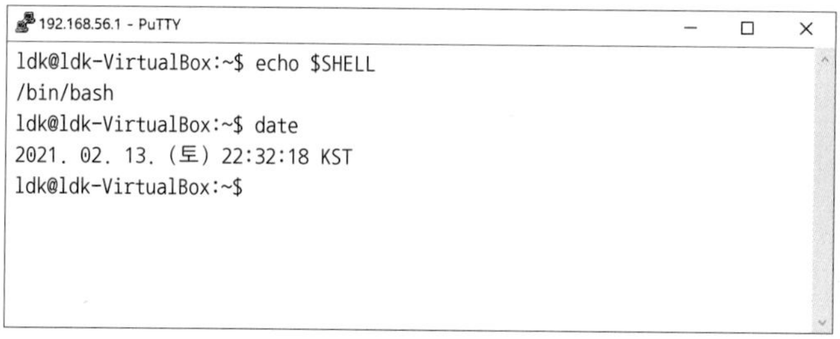

```
192.168.56.1 - PuTTY                                    —    □    ×
ldk@ldk-VirtualBox:~$ echo $SHELL
/bin/bash
ldk@ldk-VirtualBox:~$ date
2021. 02. 13. (토) 22:32:18 KST
ldk@ldk-VirtualBox:~$
```

그림 2-5는 윈도에서 터미널 에뮬레이터를 기동해 리눅스를 다루는 모습입니다. 터미널 에뮬레이터는 물리적인 터미널처럼 입출력을 위한 인터페이스를 제공합니다. 요즘에는 터미널이라고 하면 이러한 터미널 에뮬레이터를 말하는 경우가 많습니다.

운영 체제별로 터미널 에뮬레이터가 다양한데, 대표적으로 다음과 같습니다. 모두 풍부한 기능을 갖추고 있어 널리 사용되고 있습니다.

표 2-1 주요 터미널 에뮬레이터

운영 체제	터미널 에뮬레이터
Windows	PuTTY, Tera Term
macOS X	terminal, iTerm2
Linux	GNOME Terminal, Konsole

터미널과 셸

터미널 에뮬레이터와 셸은 완전히 다른 소프트웨어이니 혼동하면 안 됩니다. 예를 들어 윈도에서 리눅스로 원격 로그인하면(**부록 A.1 원격 로그인과 SSH** 참고하세요) 터미널 에뮬레이터는 윈도 머신에서 돌아가며, 셸은 리눅스 머신에서 돌아갑니다.

그림 2-6 터미널 에뮬레이터에서 셸이 기동

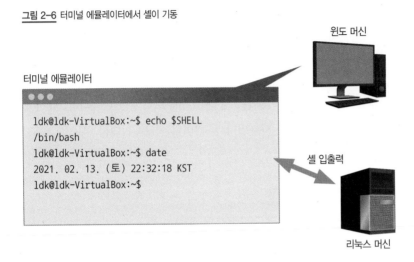

터미널 에뮬레이터는 입출력 화면을 제공만 하는 소프트웨어입니다. 앞 그림과 같이 리눅스 머신에서 돌아가는 셸의 입출력을 제공하는 소프트웨어가 바로 터미널 에뮬레이터입니다.

소프트웨어 라이선스   column

여기서는 리눅스와 소프트웨어 라이선스를 알아보겠습니다.

소프트웨어 라이선스라고 하면 '동시에 몇 대에 설치 가능', '무단 복제 및 배포 금지' 같은 제한 사항이 떠오를 것입니다.

리눅스 같은 오픈 소스 소프트웨어도 사용자가 지켜야 할 사항이 있습니다. 하지만 일반적인 유료 소프트웨어와는 다소 다른 형태의 라이선스를 가집니다.

구체적으로 리눅스 커널은 GNU GPL이라는 라이선스를 채택하고 있습니다. 이 라이선스에 따라 사용자가 프로그램을 무료로 사용할 수 있으며 복제하거나 변경해서 프로그램을 자유롭게 배포할 수 있습니다. 하지만 GNU GPL을 채용한 소프트웨어를 복제하거나 변경해서 배포할 때는 반드시 동일한 라이선스(GNU GPL)로 배포해야 하며, 이때 파생물의 소스 코드도 함께 배포해야 합니다.

리눅스를 사용하는 개인에게는 이러한 라이선스가 무척 자유롭게 느껴지지만, GNU GPL은 파생물의 소스 코드도 공개해야 한다는 강력한 제약이 있으므로 소스 코드를 공개하고 싶지 않은 기업은 주의해야 합니다.

GNU GPL보다 관용적인 라이선스로는 Apache, BSD, MIT가 있습니다. 이들은 GNU GPL처럼 프로그램의 복제나 변경이 가능할 뿐만 아니라 소스 코드를 공개하지 않고도 파생물을 배포할 수 있습니다.

혼자서 학습한다면 리눅스의 라이선스를 신경 쓰지 않아도 되지만, 제삼자에게 배포할 때는 주의해야 합니다.

마무리 이 장에서는 셸의 역할과 기초적인 사용 방법을 알아봤습니다. 다음 장에서는 셸을 효율적으로 다루는 방법을 알아보겠습니다.

MEMO

## 3장

셸을 능숙하게 다루는 방법

리눅스를 잘 다루려면 다양한 명령어에 익숙해져야 합니다. GUI에서는 메뉴나 아이콘을 클릭하면 되지만, CLI에서는 명령어를 직접 입력해야 합니다. 명령어를 직접 입력한다고 하니 "왠지 힘들어", "무엇을 입력해야 할지 모르겠어"라고 할지도 모르겠습니다. 하지만 걱정하지 않아도 됩니다. 이를 위해 셸에는 명령어 입력을 돕는 효율적인 기능이 있습니다. 이를 활용하면 명령어를 전부 일일이 입력하지 않아도 쉽게 명령어를 찾아 완성할 수 있습니다.

본격적으로 리눅스를 배우기 전에 셸의 편리한 기능들을 익혀 두면 여러분의 작업 시간이 상당히 단축됩니다.

셀에서 프롬프트 기호($) 뒤에 명령어를 입력하는 부분을 **커맨드 라인**(행)이라고 합니다.

그림 3-1 프롬프트와 커맨드 라인

커맨드 라인을 사용하다 보면 잘못 입력한 문자를 고치거나 이전에 사용한 명령어를 재사용하고 싶은 경우가 빈번하게 발생합니다. bash를 비롯한 셸들은 이를 위한 편리한 편집 기능이 꽤 많이 있습니다.

이 장에서는 셸의 편리한 편집 기능 중에서 활용도가 특히 높은 커서 이동 방법과 문자 삭제 방법을 알아보겠습니다. 이 두 기능만 잘 활용해도 작업 효율이 무척 높아집니다.

 커서 이동

먼저 기본 조작이라고 할 수 있는 커서 이동부터 연습해 봅시다. 커맨드 라인에서 그림 3-2와 같이 입력한 뒤 Enter 를 누르지 않은 상태에서 시작하겠습니다.

그림 3-2 오타 정정

```
$ echo Hllo
```

Hello라고 입력하려 했지만 Hllo가 입력된 상황입니다. 커서를 이동하여 H 뒤에 e를 입력해 봅시다.

지금 커서가 마지막에 위치해 있기 때문에 먼저 커서를 앞으로 옮겨야 합니다. Ctrl 를 누르고 b 를 눌러 커서를 이동합니다.

그림 3-3 Ctrl + b 로 커서를 뒤로 이동

```
$ echo Hllo
```

커서가 한 문자 뒤로 이동했습니다. Ctrl + b 를 2번 더 누른 뒤 e를 입력합니다.

그림 3-4 커서 이동 및 문자 삽입

```
$ echo Hello
```

오타를 수정했으니 Enter 를 눌러서 명령을 실행해 봅시다.

● 커맨드 라인 수정 후 명령 실행

```
$ echo Hello
Hello
```

Hello가 출력되었습니다. 커서를 앞으로 옮기고 싶다면 Ctrl + f 를 누르면 됩니다. b 는 backward, f 는 forward의 약자입니다.

당연히 방향키로 커서를 옮길 수 있습니다. 그런데 보통 방향키는 키보드 구석에 있어서 작업 효율이 조금 떨어집니다. 따라서 방향키가 아니라 **Ctrl로 커서를 이동하는 데 익숙해져야 합니다.** 리눅스를 다룰 때는 아예 방향키가 없다고 생각하고 조작하는 것이 좋습니다.

 2 Ctrl **사용법**

리눅스를 다루다 보면 Ctrl 를 많이 사용하게 됩니다. 이 책에서는 Ctrl 를 누른 채 b 를 누르는 것을 Ctrl + b 로 표기하겠습니다. 일부 리눅스 관련 문서에서는 이를 c – b 로 표기하기도 합니다.

Ctrl + b 는 Ctrl 를 누른 채 b 를 누르는 것이므로 보통 Ctrl 를 누른 상태에서 필요한 만큼 b 를 누르는 방식으로 사용합니다. 즉, 3칸을 옮기려면 매번 Ctrl 를 누르는 것이 아니라 처음 한 번 누른 뒤 b 만 반복해 누르면 됩니다.

커서를 처음과 끝으로 이동

커서를 한 문자씩 이동하는 방법을 배웠습니다. 이번에는 커서를 한 번에 맨 앞이나 맨 뒤로 이동하는 방법을 알아보겠습니다.

그림 3-5 맨 첫 글자에 오타가 있는 경우

```
$ cho Hello
```

위 예는 실수로 echo 명령어를 cho라고 입력한 경우입니다. Ctrl + b 를 반복해서 맨 앞으로 이동해도 되지만, Ctrl + a 를 입력하면 한 번에 커서를 맨 앞으로 이동할 수 있습니다.

그림 3-6 Ctrl + a 로 커서를 맨 앞으로 이동

```
$ cho Hello
```

커서를 맨 앞으로 이동한 뒤 e문자를 입력합니다. 이와 반대로 커서를 맨 뒤로 보내려면 Ctrl + e 를 입력하면 됩니다.

참고로 명령을 실행하려고 Enter 를 누를 때 커서가 어디에 있어도 상관없습니다. 즉, 실행하려고 일부러 커서를 맨 끝으로 이동하지 않아도 됩니다.

지금까지 살펴본 커서 이동 단축키를 정리하면 다음과 같습니다.

표 3-1 커서 이동 단축키

단축키	내용
Ctrl + b	커서를 한 문자 뒤로 이동합니다.
Ctrl + f	커서를 한 문자 앞으로 이동합니다.
Ctrl + a	커서를 맨 앞으로 이동합니다.
Ctrl + e	커서를 맨 뒤로 이동합니다.

익숙해질 때까지 연습해 보기 바랍니다.

4 단어 단위로 커서 이동

기본적인 커서 이동에 익숙해졌다면 조금 더 유용한 조작법을 소개하겠습니다. 한 문자씩이 아니라 단어 단위로 커서를 이동하는 방법입니다.

표 3-2 단어 단위 커서 이동

단축키	내용
Meta + b	한 단어 뒤로 이동합니다.
Meta + f	한 단어 앞으로 이동합니다.

여기서 Meta는 일반적인 키보드에서 다음 키에 해당합니다.

- Esc
- Alt

여기서 Esc는 Ctrl처럼 누른 채로 조작하는 것이 아니라 누르고 뗀 뒤에 조작하는 방식입니다. 그리고 일부 터미널 에뮬레이터에서는 Alt를 Meta로 설정해야 합니다.

그림 3-7 단어 단위 커서 이동

```
$ echo Hello World
```

그림 3-7과 같이 입력하고 커서가 맨 끝에 있는 상태에서 Meta + b를 입력해 보세요.

그림 3-8 한 단어 앞으로 커서 이동

```
$ echo Hello World
```

한 번에 World의 W로 커서가 이동한 것을 알 수 있습니다. 한 번 더 Meta + b를 입력하면 Hello의 H로 이동합니다. 반대로 한 단어 앞으로 이동하려면 Meta + f를 입력합니다.

한 문자씩 커서를 이동시키는 Ctrl + b와 Ctrl + f에서 Ctrl를 Meta로 바꾸면 단어 단위로 이동시킨다고 외우면 됩니다. 이를 잘 활용하면 좀 더 빠르게 커맨드 라인을 편집할 수 있습니다.

5 문자 삭제

이번에는 잘못 입력한 문자를 지우는 방법을 알아보겠습니다. 다음 표에 정리한 바와 같이 문자 하나를 지우는 기능뿐만 아니라 단어 단위로 지우는 기능도 있습니다.

표 3-3 문자나 단어를 삭제하는 단축키

단축키	내용
BackSpace 혹은 Ctrl + h	커서 위치 기준으로 뒤에 있는 한 문자를 삭제합니다.
Delete 혹은 Ctrl + d	커서 위치의 한 문자를 삭제합니다.
Ctrl + w	커서 뒤에 공백이 나오기 전까지 있는 문자들(단어)을 삭제합니다.

커맨드 라인에서 문자를 지우는 방법을 알아보겠습니다.

그림 3-9 커맨드 라인 준비

```
$ echo Hello World
```

그림 3-9의 상태에서 Backspace 를 누르면 다음과 같이 문자가 하나 지워집니다.

그림 3-10 문자 하나 삭제

```
$ echo Hello Worl
```

또한, Backspace 대신에 Ctrl + h 를 입력해도 동일하게 삭제됩니다. Ctrl + h 는 기본적인 타이핑 자세에서 쉽게 입력할 수 있어 매우 편리하지만, 키보드나 터미널 에뮬레이터의 설정에 따라 사용할 수 없는 경우도 있습니다.

Delete 나 Ctrl + d 로도 지울 수 있는데, 이때는 Backspace 와 달리 커서 앞에 있는 문자가 아니라 커서에 있는 문자가 삭제됩니다. 그리고 커맨드 라인에 아무것도 입력하지 않은 상태에서 Ctrl + d 를 입력하면 bash가 로그아웃됩니다.

한 문자가 아니라 한 단어를 지우려면 Ctrl + w 를 사용합니다. 그러면 커서 앞에 있는 문자부터 공백을 만날 때까지 문자열을 한 번에 지웁니다. 그래서 그림 3-9에서 Ctrl + w 를 누르면 World가 한꺼번에 지워집니다.

그림 3-11 단어 삭제

```
$ echo Hello █
```

Ctrl + w 는 커맨드 라인을 빠르게 편집할 때 자주 사용됩니다.

 6 자르기와 붙여넣기

이번에는 자르기와 붙여넣기를 알아보겠습니다.

표 3-4 자르기와 붙여넣기 단축키

단축키	내용
Ctrl + k	커서의 위치에서 끝까지 삭제합니다.
Ctrl + u	커서의 위치에서 커맨드 라인의 첫 문자까지 삭제합니다.
Ctrl + y	마지막으로 지운 내용을 삽입합니다.

Ctrl + k 와 Ctrl + u 는 커맨드 라인의 내용을 한꺼번에 지울 때 사용합니다. 예를 들어 커서가 맨 마지막 글자에 있을 때 Ctrl + u 를 입력하면 전체 입력 내용을 한꺼번에 삭제됩니다.

이렇게 삭제한 내용은 셸에 기록되어 나중에 활용할 수 있습니다. 즉, Ctrl + k 나 Ctrl + u 는 단순히 삭제가 아니라 자르기에 해당하는 단축키입니다. 윈도나 macOS에서는 자르고 붙이기를 cut & paste라고 표현하지만, bash에서는 붙이기(paste)를 양크(yank)라고 합니다.

다음과 같이 명령을 입력한 뒤 Ctrl + u 를 눌러 전체를 지웁니다. 이어서 Ctrl + y 를 입력하면 다시 복원됩니다.

● 자르기와 붙여넣기

```
$ echo Hello World      ← 명령 입력 후 Enter 를 누르기 전에 Ctrl + u 입력
$                       ← 커맨드 라인이 지워짐. 이어서 Ctrl + y 입력
$ echo Hello World      ← 자른 내용이 붙여짐(yank)
```

Ctrl로 셸을 사용하다 보면 키보드 입력이 안 되거나 프롬프트가 동작하지 않는 듯한 상태일 때가 있습니다. 아직 셸에 익숙하지 않다면 무언가 큰 장애가 일어난 거라 생각하기 쉽지만, 실은 작은 입력 실수에 불과한 경우가 많습니다. 그러면 여기서는 어떤 문제가 발생하는지 알아보겠습니다.

 키보드 입력이 안 되는 경우

갑자기 키보드 입력이 화면에 표시되지 않을 때에는 화면에 표시하는 것을 잠그는 Ctrl + s를 눌렀을 가능성이 있습니다. **Ctrl + q를 누르면 화면 표시 잠금이 해제됩니다.**

표 3-5 화면 표시 잠금 및 해제

단축키	내용
Ctrl + s	화면 표시를 잠급니다.
Ctrl + q	화면 표시 잠금을 해제합니다.

Ctrl + s로 출력을 잠가도 문자열은 계속 입력됩니다. 화면에 아무것도 표시되지 않는다고 아무 문자나 입력하지 말고 침착하게 Ctrl + q를 눌러 보세요.

 실행한 명령이 종료하지 않아 프롬프트가 뜨지 않는 경우

리눅스의 일부 명령은 실행한 뒤 명시적으로 종료하지 않으면 계속 실행 상태에 있습니다. 이러한 명령을 실행하면 프롬프트로 돌아오지 않기 때문에 직접 종료해야 합니다. **실행 중인 명령을 강제 종료하려면 Ctrl + c를 누릅니다.**

● Ctrl + c 로 종료

```
$ ping 192.168.2.67
PING 192. 168. 2. 67 (192. 168. 2. 67) 56( 84) bytes of data.
64 bytes from 192. 168. 2. 67: icmp_ seq = 1 ttl = 64 time = 0. 016 ms
64 bytes from 192. 168. 2. 67: icmp_ seq = 2 ttl = 64 time = 0. 042 ms
^C                    ← 여기서 Ctrl + c 를 입력
--- 192. 168. 2. 67 ping statistics ---
2 packets transmitted, 2 received, 0% packet loss, time 999 ms
rtt min/ avg/ max/ mdev = 0. 016/ 0. 029/ 0. 042/ 0. 013 ms
$
```

위 예에서는 네트워크 연결을 확인하는 명령어인 ping을 사용했습니다. 이 명령어는 1초에 1번씩 네트워크 접속을 무한히 확인하기 때문에 두 번 출력된 시점에서 Ctrl + c 를 눌러 종료했습니다. **^C**라고 표시된 부분이 Ctrl + c 를 누른 부분입니다. 이처럼 셸에서는 **Ctrl 를 ^로 표시**하기도 합니다.

Ctrl + c 는 실행한 명령을 도중에 멈추거나 프로그램의 동작이 이상해서 강제 종료하는 경우에 사용합니다. 그러면 프로그램이 멈추고 셸의 프롬프트가 표시됩니다.

또한, 커맨드 라인에서 명령을 입력하다가 Ctrl + c 를 누르면 새로운 커맨드 라인으로 넘어갈 수 있습니다.

● Ctrl + c 로 새로운 커맨드 라인으로 넘어가기

```
$ echo Hello    ← 입력 중에 처음부터 새롭게 입력하고 싶다면 Ctrl + c 를 입력
$               ← 새로운 커맨드 라인이 시작됨
```

③ 프롬프트의 문자가 깨지는 경우

이미지 파일 같은 바이너리 파일을 셸에서 출력하면 프롬프트의 문자가 깨지는 경우가 있습니다. 이때에는 화면을 지우는 Ctrl + l 을 입력합니다.

표 3-6 화면 삭제

단축키	내용
Ctrl + l	화면을 삭제합니다.

Ctrl + l은 화면에 표시되는 내용을 전부 지우고 커서를 화면 좌측 상단으로 이동시킵니다. clear 명령어와 동일한 기능을 수행합니다. 불필요한 정보를 지워서 화면을 깨끗하게 만들고 싶을 때 사용합니다.

Ctrl + l을 입력해도 여전히 문자가 깨진다면 reset 명령어를 사용합니다. reset은 이름 그대로 터미널을 초기화하는 명령어로 터미널의 표시에 문제가 있을 때 사용합니다. 그래도 문제가 계속된다면 일단 로그아웃한 뒤 다시 로그인하면 해결되는 경우가 많습니다.

3.3 자동 완성 기능

CLI 환경에서 명령을 실행하려면 명령어를 키보드로 직접 입력해야 합니다. 그런데 매번 명령어를 입력하는 건 귀찮고 오타가 생길 수도 있습니다.

이를 위해 배시에는 자동 완성 기능이 있습니다. 이 기능은 명령어의 처음 몇 글자만 입력하면 자동으로 완성해 줍니다. 자동 완성 기능을 사용하면 리눅스를 다루는 속도가 한층 빨라집니다.

배시의 자동 완성 기능은 Tab 을 사용합니다. 직접 사용해 봅시다. 2장에서 사용한 echo 명령어에서 ec만을 입력하고 Tab 을 눌러 보기 바랍니다.

● 탭 키로 명령어 자동 완성

```
$ ec        ← 여기까지 입력하고 Tab 입력
$ echo      ← echo가 자동 완성
```

ec까지만 입력한 상태에서 Tab 을 누르니 echo가 자동 완성되었습니다.

ec로 시작하는 명령어가 echo밖에 없으므로 자연스럽게 자동 완성이 되었습니다. 후보가 여러 개라면 어떻게 될까요? 다음과 같이 e까지만 입력하고 Tab 을 눌러 보죠.

◉ 후보가 여러 개인 경우

```
$ e      ← 여기서 Tab 을 입력하면 벨이 울릴 뿐 자동 완성되지 않음
```

터미널의 설정에 따라 다르지만 보통 경고음(벨이 울린다고 표현합니다)이 울리고 자동 완성이 동작하지 않습니다. 이는 자동 완성될 후보가 많다라는 bash의 메시지입니다. 여기서 한 번 더 Tab 을 눌러 보세요. 즉, e를 입력하고 Tab 을 2회 연속 누르면 됩니다.

◉ 후보 일람 표시

```
$ e        ← 여기서 Tab 을 두 번 입력
e2freefrag   echo   era_invalidate
e2fsck       egrep  esac
e2image      eject  ethtool
... 생략 ...
```

이번에는 명령어 목록이 출력되었습니다. 전부 e로 시작하는 명령어들입니다. 출력된 목록을 참고해서 명령어를 입력합니다. 예를 들어 egrep이라는 명령어를 입력하려면 eg까지 입력하고 Tab 을 누릅니다.

◉ 후보 목록을 참고로 명령어 입력

```
$ eg       ← 여기까지 입력하고 Tab 입력
$ egrep    ← egrep이 자동으로 표시됨
```

eg로 시작하는 명령어는 하나밖에 없으므로 egrep이 자동 완성되었습니다.

이처럼 후보를 확인하면서 **자동 완성 기능을 사용하면 명령어를 외우거나 전부 입력하지 않아도 됩니다.** 또한, 오타 걱정도 덜 수 있습니다.

이렇게 편리한 자동 완성 기능은 명령어뿐만 아니라 파일 이름에도 적용할 수 있습니다. 이는 4장에서 살펴보겠습니다.

리눅스를 사용하다 보면 이전에 실행한 커맨드 라인을 다시 실행하고 싶은 경우가 자주 생깁니다. 혹은 이전에 실행한 명령을 조금 수정해서 실행하고 싶은 경우도 있습니다.

bash는 한 번 입력한 커맨드 라인을 기록해 둡니다. 이러한 **명령 이력 기능을 활용하면 이전에 입력한 명령들을 다시 불러올 수 있습니다.**

명령 이력의 사용법은 다음 표와 같습니다. 이외에도 다양한 기능이 있지만, 다음 세 가지 기능을 먼저 익히는 것이 좋습니다.

표 3-7 명령 이력 관련 단축키

단축키	내용
Ctrl + p 혹은 ↑	바로 전 명령으로 이동합니다.
Ctrl + n 혹은 ↓	다음 명령으로 이동합니다.
Ctrl + r	이력을 검색합니다.

Ctrl + p와 Ctrl + n으로 이력 목록을 이동합니다. p는 previous의 약자이고, n은 next의 약자입니다. 특히 Ctrl + p는 자주 사용되는데, 방금 실행한 명령을 다시 불러옵니다.

예를 들어 echo 명령어를 실행하려다가 다음과 같이 cho라고 잘못 입력했다고 생각해 봅시다.

● 명령어 이름이 틀린 경우

```
$ cho Hello
명령어 'cho' 을(를) 찾을 수 없습니다.
$
```

이때 Ctrl + p를 입력하면 다음과 같이 방금 전에 입력한 커맨드 라인이 복원됩니다.

● 방금 전에 입력한 커맨드 라인 복원

```
$ cho Hello      ← Ctrl + p로 복원
```

그러면 Ctrl + a 로 커서를 맨 앞으로 이동한 뒤 문자 e를 입력하면 됩니다. 이처럼 명령 이력은 직전에 입력한 명령을 재활용할 수 있어 무척 편리합니다. Ctrl + p 를 반복해서 입력하면 그 이전에 입력한 명령으로 복원하는 것도 가능합니다. 명령 이력을 위아래로 움직일 때는 방향키를 사용해도 되지만, 되도록 손의 이동을 줄이기 위해 Ctrl + p 와 Ctrl + n 을 사용하는 것이 좋습니다.

 명령 이력 검색

명령 이력을 Ctrl + p 나 Ctrl + n 으로 하나씩 찾는 것은 비효율적입니다. 이때 Ctrl + r 을 입력하면 명령 이력을 검색할 수 있습니다.

셸에서 Ctrl + r 을 입력하면 프롬프트가 다음과 같이 증분 검색이라는 모드로 변경됩니다.

● 명령한 이력 검색 프롬프트

```
(reverse-i-search)`':
```

증분 검색은 문자를 하나 입력할 때마다 이력을 검색합니다. 즉, 검색할 문자를 전부 입력한 뒤 Enter 를 누르지 않아도 문자를 입력할 때마다 자동으로 검색 결과가 바뀝니다.

예를 들어 e를 입력해 봅시다. 지금까지 입력한 명령한 이력에 따라 다르게 출력될 것입니다. 여기서는 env라는 명령어가 표시되었습니다.

● 문자를 하나씩 입력할 때마다 검색 결과 갱신

```
(reverse-i-search)`e': env
```

이어서 c를 입력해 봅시다. 그러면 명령한 이력에서 ec가 포함된 커맨드 라인이 검색됩니다.

그림 3-12 증분 검색

명령한 이력에서 echo Hello가 검색되었습니다. 여기서 한 번 더 Ctrl + r을 입력하면 이전 검색 결과로 이동합니다. 현재 검색 결과를 그대로 실행하고 싶다면 Enter를 누르고, 수정하려면 Esc를 누르면 됩니다.

Ctrl + r로 증분 검색하는 방법을 다음 표에 정리했습니다.

표 3-8 증분 검색

단축키	내용
(문자 입력)	문자를 하나씩 입력할 때마다 검색을 수행합니다.
Ctrl + r	한 개 이전의 검색 결과로 이동합니다.
Enter	현재 검색 결과를 실행합니다.
Esc	현재 검색 결과를 실행하지 않은 채 커맨드 라인으로 복귀합니다.
Ctrl + g	검색 결과를 지우고 프롬프트로 복귀합니다.

증분 검색은 익숙해지면 매우 편리한 기능입니다. 지금까지 입력한 명령어들을 꼭 연습해 보세요.

문자 코드

컴퓨터 내부에서는 문자열이 전부 바이트 열(숫자)로 표현됩니다. 이때 어떤 문자가 어떤 숫자로 대응되는지를 정의한 것이 바로 문자 코드입니다.

예를 들어 ASCII라는 문자 코드에서는 알파벳 a를 16진수의 61로 대응합니다. man ascii를 입력하면 ASCII 코드를 자세히 확인할 수 있습니다. man 명령어로 ASCII의 매뉴얼이 표시되지 않는다면 20장의 내용을 참고하여 CentOS에서는 man-pages, 우분투에서는 manpanges를 설치해 보기 바랍니다.

ASCII 코드는 알파벳, 기호, 제어 문자에 대한 7비트(bit) 코드 체계입니다. 하지만 7비트로는 128 문자밖에 표현하지 못하므로 한글과 같은 언어를 위해서는 ASCII가 아닌 다른 문자 코드가 필요합니다.

리눅스에서 한글을 다룰 때는 EUC-KR이란 문자 코드가 사용되었지만, 이제는 Unicode(UTF-8)가 표준으로 사용되고 있습니다. 그래서 대부분의 리눅스 배포판에서 언어를 한글로 선택하면 UTF-8이 설정됩니다. 지금부터 리눅스를 시작한다면 UTF-8을 사용하면 됩니다.

현재 어떤 문자 코드가 사용되는지 확인하려면 환경 변수인 LANG 값을 확인하면 됩니다. 셸에서 printenv 명령어를 입력해 환경 변수 LANG 값을 확인해 보기 바랍니다. 한국어가 UTF-8로 설정되어 있으면 LANG=ko_KR.UTF-8이라고 나옵니다.

문자 코드를 변환하려면 iconv 명령어를 사용하면 됩니다. 예를 들어 EUC-KR로 작성된 텍스트 파일을 UTF-8으로 변환하고 싶다면 다음과 같이 -f(FROM)에 EUC-KR을, -t(TO)에 UTF-8을 지정하면 됩니다.

```
iconv -f EUC-KR -t UTF-8 〈파일 이름〉
```

마무리 　이 장에서는 셸을 효율적으로 다룰 수 있는 편리한 기능들을 알아봤습니다. 마우스나 방향키를 사용하지 않는 것이 처음에는 어색할 수 있지만 익숙해지면 훨씬 빠르게 리눅스를 다룰 수 있습니다. 충분히 연습해서 효율적으로 리눅스를 다룰 수 있기를 바랍니다.

## 4장

파일과 디렉터리

이 장에서는 리눅스가 어떤 파일들로 구성되어 있는지, 리눅스에서 파일 위치를 어떻게 표현하는지 등과 같은 파일에 대한 기초 지식을 알아봅니다. 그리고 후반부에는 디렉터리를 이동하는 cd 명령어나 파일 목록을 출력하는 ls 명령어의 사용법도 알아보겠습니다.

리눅스에서는 파일을 다루는 지식이 무척 중요하니 이 장의 내용을 확실히 익히기 바랍니다.

리눅스는 파일로 구성됩니다. 먼저 정보(데이터), 이를테면 문서, 이미지, 영상, 프로그램 등이 파일로 보존됩니다. 이는 윈도나 맥에서도 마찬가지니 쉽게 이해될 것입니다.

또한 리눅스에서는 사용자의 데이터뿐만 아니라 시스템을 구성하는 장치조차도 파일로 다룹니다. 예를 들어 하드 디스크, 키보드, 프린터 같은 입출력 장치를 전부 파일로 다룹니다. 심지어 리눅스 커널도 파일이고 시스템 설정도 파일에 기록됩니다.

즉, **리눅스에서는 모든 것을 파일로 다루기 때문에** 파일 조작 방법을 익히는 것이 중요합니다. 이 장에서는 리눅스에서 파일을 다루는 방법을 살펴보겠습니다.

 디렉터리란

파일의 개수가 많아지면 종류별로 분류하는 것이 좋습니다. **여러 개의 파일을 담아서 정리할 수 있는 것이 디렉터리입니다.** 윈도나 맥의 폴더 개념과 동일합니다.

그림 4-1 디렉터리와 파일의 예

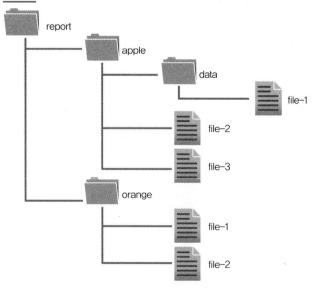

그림 4-1은 보고서를 정리한 디렉터리의 예입니다. report라는 디렉터리 안에 apple과 orange 라는 디렉터리가 있고, apple 디렉터리 안에는 data라는 디렉터리가 있습니다.

디렉터리 안에 있는 디렉터리를 서브 디렉터리 혹은 자식 디렉터리라고 부릅니다. 반대로 어떤 디렉터리 위에 있는 디렉터리를 부모 디렉터리라고 합니다. 그림 4-1에서는 apple 디 렉터리의 부모 디렉터리가 report 디렉터리이며, data 디렉터리는 자식 디렉터리입니다.

4.2 리눅스의 디렉터리 구조 LINUX FOR EVERYONE

다음 그림은 일반적인 리눅스의 디렉터리 구조를 표현한 것입니다. 이외에도 많은 디렉터리 가 있겠지만 중요한 것만 표시했습니다.

그림 4-2 리눅스의 주요 디렉터리

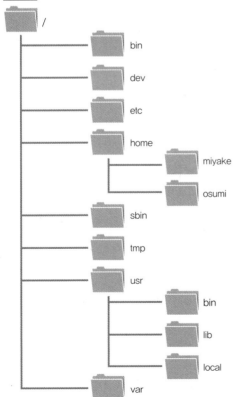

맨 위에 있는 / 디렉터리를 **루트 디렉터리**라 합니다. 모든 파일과 디렉터리의 부모를 찾아 올라가면 루트 디렉터리에 도달하게 됩니다.

루트 디렉터리 아래에 디렉터리와 파일이 있는 계층 구조를 트리 혹은 디렉터리 트리라고 합니다. 루트를 뿌리라고 생각하고 그 아래에 파일이나 디렉터리를 잎이라고 생각하면 나무와 흡사하다는 것을 알 수 있습니다.

 PATH

그림 4-2에 있는 특정 파일을 '루트 디렉터리 아래의 usr 디렉터리 아래의 bin 디렉터리 아래에 있는 perl이라는 파일'이라고 표기하는 건 무척 비효율적입니다. 그래서 다음과 같이 디렉터리 사이에 /(슬래시)를 넣어 /usr/bin/perl과 같이 표기합니다. 그리고 이를 해당 파일에 대한 **경로(path)**라고 합니다.

경로에서 디렉터리를 구분하기 위해 사용하는 문자로 리눅스에서는 /를 사용하고, 윈도에서는 보통 ₩를 사용합니다.

 윈도와의 차이

윈도도 리눅스와 비슷한 디렉터리 트리 구조를 가집니다. 하지만 윈도에서는 물리 디스크가 2개 있다면 디렉터리 트리도 2개입니다. **하지만 리눅스에서는 언제나 시스템 전체에 단 하나의 트리만 가지게 됩니다.**

리눅스에서는 디스크가 여러 개 있을 때 루트 디렉터리의 어딘가에 해당 디스크의 디렉터리가 연결됩니다. 이렇게 디스크의 디렉터리를 연결하는 것을 마운트라 합니다.

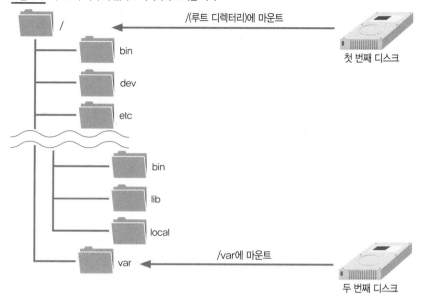
그림 4-3 디스크가 여러 개 있어도 디렉터리 트리는 하나

/(루트 디렉터리)에 마운트

첫 번째 디스크

/var에 마운트

두 번째 디스크

그림은 /에 첫 번째 디스크가 마운트되었고, /var에 두 번째 디스크가 마운트된 예입니다. 물리 디스크는 2개이지만 디렉터리 트리는 1개입니다. 이는 윈도만 사용해 온 사람이 리눅스를 사용할 때 헷갈리기 쉬운 부분이니 주의하기 바랍니다.

 각 디렉터리의 역할

이번에는 리눅스의 주요 디렉터리를 골라 그 역할을 소개하겠습니다. 디렉터리의 구조는 배포판마다 다소 다릅니다. 따라서 여기서는 대부분의 배포판에서 동일하게 볼 수 있는 대표적인 디렉커리만을 소개하겠습니다.

리눅스의 디렉터리 구조는 FHS(Filesystem Hierarchy Standard)라는 표준 사양을 따릅니다. 자세한 내용은 다음 웹 페이지에서 PDF 파일을 내려받아 참고하면 됩니다.

Filesystem Hierarchy Standard
URL http://www.pathname.com/fhs/

/bin

일반 사용자 및 관리자가 사용하는 명령어의 실행 파일이 배치되어 있는 디렉터리입니다. /bin는 특히 시스템과 관련된 중요도가 높은 명령어를 포함하고 있습니다.

/dev

디바이스 파일이 배치되어 있는 디렉터리입니다. 디바이스 파일이란 디스크나 키보드 등 하드웨어를 다루기 위한 특수 파일입니다.

/etc

리눅스에서 돌아가는 다양한 애플리케이션의 설정 파일이 /etc 아래에 배치됩니다. 애플리케이션뿐만 아니라 리눅스 자체의 설정 파일도 이곳에 있습니다. 따라서 리눅스를 운영하고 관리할 때 무척 중요한 디렉터리입니다.

/home

사용자별로 할당되는 홈 디렉터리가 배치되는 디렉터리입니다. 홈 디렉터리란 사용자별로 할당되는 개인용 디렉터리를 말합니다. 사용자 이름이 디렉터리 이름으로 사용됩니다. 예를 들어 사용자 이름이 ldk라면 사용자의 홈 디렉터리는 /home/ldk가 됩니다. 사용자는 홈 디렉터리 안에서 자유롭게 파일이나 디렉터리를 작성해 작업할 수 있습니다.

/sbin

/bin와 비슷하게 실행 파일을 포함하는 디렉터리입니다. 그런데 이 디렉터리에는 관리자용 명령어가 포함되어 있습니다. 예를 들어 1장에서 소개한 시스템을 종료시키는 shutdown 명령어가 이 안에 있습니다.

/tmp

임시 파일이 들어 있는 디렉터리입니다. 애플리케이션 실행 중 임시로 작업 결과를 파일로 보존할 때 보통 이 디렉터리에 저장합니다. 정기적으로 이 디렉터리 안의 파일을 삭제하도록 설정된 배포판도 있으므로 중요한 파일을 /tmp에 보관하면 안 됩니다.

/usr

설치한 애플리케이션의 실행 파일, 문서, 라이브러리 등이 이 디렉터리에 포함됩니다. /usr 아래에는 bin, sbin, etc 등이 있어 루트 디렉터리와 구조가 비슷합니다.

/var

변화하는(variable) 데이터를 저장하기 위한 디렉터리입니다. 애플리케이션 실행 중에 만들어진 데이터나 로그, 메일 등이 이곳에 저장됩니다. /var에는 많은 파일이 기록되므로 용량이 부족해질 수도 있으니 시스템을 관리할 때 주의해야 합니다.

4 현재 디렉터리와 pwd

리눅스를 사용하다 보면 많은 디렉터리를 이동하면서 작업하게 됩니다. 이때 **현재 위치한 디렉터리를 현재 디렉터리, 영어로 current directory 혹은 working directory**라고 합니다. 이 책에서는 현재 디렉터리라고 부르겠습니다.

리눅스에 로그인한 직후에는 사용자의 홈 디렉터리에서 시작합니다. 현재 디렉터리를 표시하는 명령어인 pwd로 확인해 보겠습니다.

◉ pwd 명령어로 현재 디렉터리 출력

```
$ pwd
/home/ldk
```

ldk 사용자는 로그인 후 /home/ldk에 있습니다. 현재 디렉터리를 바꾸려면 4.4절에서 설명할 cd 명령어를 사용합니다.

셸에서 파일을 다룰 때는 현재 디렉터리가 기준이 됩니다. 따라서 작업하기 전에 먼저 pwd로 현재 디렉터리의 위치를 확인하는 것이 좋습니다. 그러면 엉뚱한 파일에 작업하는 실수를 줄일 수 있습니다.

리눅스에서 디렉터리나 파일의 위치를 표시하는 두 가지 방법을 알아보겠습니다.

 1 절대 경로

앞서 예로 들었던 /usr/bin/perl처럼 **루트 디렉터리부터 해당 파일에 이르는 경로를 표시하는 것을** **절대 경로**라 합니다.

절대 경로는 해당 파일의 위치를 명확하게 나타내지만, 디렉터리의 깊이가 깊으면 경로가 너무 길어진다는 문제가 있습니다. 또한, 시스템별로 절대 경로가 달라서 여러 시스템에서 사용하기에는 무리가 있습니다.

 2 상대 경로

현재 디렉터리의 위치를 기준으로 표기하는 경로를 상대 경로라고 합니다. 다음 그림으로 설명하겠습니다.

그림 4-4 절대 경로와 상대 경로

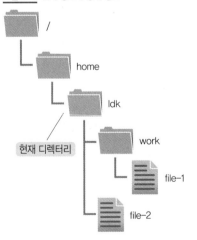

상대 경로	절대 경로
../../	/
..	/home
.	/home/ldk
work 혹은 ./work	/home/ldk/work
work/file-1 혹은 ./work/file-1	/home/ldk/work/file-1
file-2 혹은 ./file-2	/home/ldk/file-2

그림에서 현재 디렉터리는 /home/ldk입니다. 상대 경로를 사용한다면 현재 디렉터리 안에 있는 file-2는 간단히 file-2로 지정하면 됩니다. 그리고 서브 디렉터리 work 안에 있는 file-1은 work/file-1과 같이 지정하면 됩니다.

그리고 상대 경로를 사용할 때는 특수 디렉터리인 .와 ..를 사용할 수 있습니다.

.는 현재 디렉터리를 뜻합니다. 현재 디렉터리에 있는 파일 file-2의 위치를 좀 더 명확하게 표기하기 위해 ./file-2라고 표기할 수 있습니다.

..는 부모 디렉터리를 의미합니다. 즉, 현재 디렉터리의 위에 있는 디렉터리를 지정하기 위해 사용합니다. ..를 연속해서 사용하면 부모 디렉터리 위의 부모 디렉터리를 나타냅니다. 가령 ../../../../는 현재 디렉터리를 기준으로 4개 위의 디렉터리를 뜻합니다. 그리고 ../miyake라고 하면 부모 디렉터리 아래의 miyake를 뜻합니다.

4.4 디렉터리 이동

LINUX FOR EVERYONE

리눅스의 디렉터리 구조와 표기법을 알아봤으니 이제 디렉터리를 이동하는 실습을 해보겠습니다. 다음 명령어 3개를 사용할 것입니다.

표 4-1 디렉터리 이동과 확인 명령어

명령어	기능
pwd	현재 디렉터리 출력
cd	현재 디렉터리 변경
ls	디렉터리 안의 파일을 출력

먼저 **pwd 명령어**로 현재 디렉터리를 확인합니다.

◉ 현재 디렉터리 확인

```
$ pwd
/home/ldk
```

현재 디렉터리와 cd 명령어

cd 명령어로 현재 디렉터리를 바꿀 수 있습니다. /usr 디렉터리로 이동해 보겠습니다.

◉ /usr로 이동

```
$ cd /usr
```

cd 명령어는 명령어 뒤에 지정한 디렉터리로 이동합니다. 이때 명령어 뒤에 스페이스로 구분하여 전달하는 문자열을 **커맨드 라인 인자**라 합니다. 명령어에 따라 여러 개의 인자를 받거나 옵션을 지정하는 것이 가능합니다.

그림 4-5 명령어와 커맨드 라인 인자

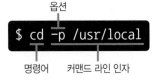

cd 명령어를 실행했을 때 "현재 디렉터리가 변경되었습니다"와 같은 메시지는 출력되지 않습니다. 리눅스에서는 성공한 명령어에 대해 아무런 메시지도 출력하지 않는 것이 보통입니다. 앞서 /usr 디렉터리로 이동한 것이 잘 수행되었는지 pwd 명령어로 확인해 봅시다.

◉ /usr 디렉터리로 이동한 것을 확인

```
$ pwd
/usr
```

그럼 /usr 디렉터리에는 어떤 파일이 있는지 살펴보겠습니다. 디렉터리 안의 파일 목록을 출력하는 명령어로 ls가 있습니다. 다음과 같이 인자를 지정하지 않고 ls를 실행하면 현재 디렉터리 안에 있는 파일 목록을 출력합니다.

● ls 명령어로 현재 디렉터리의 파일과 디렉터리를 출력

```
$ ls
bin     include  lib32  libexec  local  share
games   lib      lib64  libx32   sbin   src
```

/usr 안에 있는 파일과 디렉터리가 출력되었습니다. 여기서 /usr의 서브 디렉터리인 lib로 이동하겠습니다.

● lib 디렉터리로 이동

```
$ cd lib
```

위 예에서는 상대 경로로 디렉터리를 지정하였습니다. 절대 경로를 사용한다면 /usr 안에 lib가 있으므로 cd /usr/lib와 같이 입력하면 됩니다. 어떤 표기법을 사용해도 똑같이 /usr/lib로 이동합니다.

● /usr/lib 디렉터리로 이동한 것을 확인

```
$ pwd
/usr/lib
```

다시 /usr 디렉터리로 이동하기 위해서는 cd /usr를 실행하거나 다음과 같이 ..를 사용해서 한 단계 위로 이동하는 것이 가능합니다.

```
cd /usr     ← 절대 경로 지정
cd ..       ← 상대 경로 지정
```

 ## 2 탭 키를 눌러 자동 완성

3장에서 배운 **탭 키를 통한 자동 완성 기능**은 명령어뿐만 아니라 경로에도 사용할 수 있습니다. 예를 들어 /usr/local로 이동하는 경우를 생각해 보겠습니다.

먼저 cd /u까지 입력하고 Tab 을 눌러 봅니다.

● 경로 자동 완성 예1

```
$ cd /u        ← 여기서 Tab 입력
$ cd /usr/     ← 자동 완성
```

경로가 자동 완성되어 /usr이 자동으로 입력되었습니다.

이어서 /usr/에 이어 lo까지 입력한 뒤 Tab 을 입력하면 /usr/local이 자동으로 채워집니다.

● 경로 자동 완성 예2

```
$ cd /usr/lo       ← 여기서 Tab 입력
$ cd /usr/local/   ← 자동 완성
```

이대로 Enter 를 누르면 /usr/local로 이동합니다. 이처럼 Tab 으로 편리하게 경로를 완성할 수 있습니다.

3 홈 디렉터리와 틸드

이번에는 홈 디렉터리로 이동하는 방법을 알아보겠습니다.

홈 디렉터리는 자주 방문해야 하는 디렉터리인 만큼 쉽게 돌아갈 수 있는 방법이 있습니다. **다음과 같이 아무런 인자를 쓰지 않은 채 cd 명령어를 실행하면 홈 디렉터리로 이동**합니다.

● 홈 디렉터리로 이동

```
$ pwd
/usr/lib
$ cd
$ pwd
/home/ldk
```

~(틸드)를 사용해도 홈 디렉터리로 이동합니다.

● ~로 홈 디렉터리로 이동

```
$ cd ~
```

커맨드 라인에서 틸드는 셸에 의해 사용자의 홈 디렉터리 경로(위 예에서는 /home/ldk)로 치환됩니다. 셸의 이러한 기능을 **틸드 확장**이라 합니다.

틸드 확장을 사용하면 다음과 같이 홈 디렉터리의 서브 디렉터리로 바로 이동할 수도 있습니다.

```
$ cd ~/report
$ pwd
/home/ldk/report
```

4.5 ls 명령어

앞서 사용한 ls 명령어는 리눅스의 가장 기본이 되는 명령어로, **파일이나 디렉터리의 목록을 출력**합니다. 인자를 지정하지 않으면 현재 디렉터리의 파일과 디렉터리를 출력하고, 인자로 디렉터리의 경로를 지정하면 해당 디렉터리 안의 파일과 디렉터리를 출력합니다.

● 디렉터리를 인자로 전달하여 ls 명령어 실행

```
$ ls /
bin    dev    lib    libx32       mnt    root   snap        sys   var
boot   etc    lib32  lost+found   opt    run    srv         tmpc
drom   home   lib64  media        proc   sbin   swapfile    usr
```

인자로 파일을 지정하면 해당 경로를 출력합니다.

◉ 파일을 인자로 ls 명령어 실행

```
$ ls /bin/cp
/bin/cp
$ ls /bin/nocommand
ls: cannot access /bin/command: 해당 파일이나 디렉터리가 없습니다
```

인자로 여러 경로를 지정할 수 있습니다. 그러면 모든 경로에 대해 ls 명령어가 실행됩니다.

◉ 여러 디렉터리를 인자로 지정하여 ls 명령어 실행

```
$ ls / /usr
/:
bin     dev    lib     libx32      mnt    root   snap       sys   var
boot    etc    lib32   lost+found  opt    run    srv        tmp
cdrom   home   lib64   media              proc   sbin   swapfile   usr

/usr:
bin      include   lib32   libexec   local   share
games    lib       lib64   libx32    sbin    src
```

위 예에서는 /와 /usr의 파일과 디렉터리가 출력되었습니다.

ls 명령어는 다음과 같이 파일이 하나도 없으면 아무것도 출력하지 않은 채 실행을 종료합니다. 다음은 현재 디렉터리에 파일이 없는 경우입니다.

```
$ ls
$
```

 *와 ?

ls 명령어의 인자로 여러 파일을 지정할 때 일일이 모든 파일을 타이핑하는 것은 번거로운 일입니다. 이때 배시에 있는 **경로 확장** 기능으로 파일 이름의 패턴을 지정할 수 있습니다. 경로 확장은 와일드카드 확장 혹은 파일 이름 글로브(glob)라고도 불리우며 ***(애스터리스크)와**

?(물음표) 기호를 사용합니다.

표 4-2 경로 확장에서 사용하는 기호

기호	의미
*	임의의 문자열
?	임의의 한 문자

*는 특히 많이 사용되는 기호로 임의의 문자열을 의미합니다. 예를 들어 ba로 시작하는 파일에서는 ba*라고 지정하면 됩니다. 다음은 ba로 시작하는 파일 목록을 출력하는 코드입니다.

```
$ ls ba*
```

또한 다음과 같이 특정 확장자의 파일 목록을 지정할 때도 사용할 수 있습니다. 다음은 html이라는 확장자를 가지는 파일을 지정하고 있습니다. 다음은 확장자가 .html인 파일 목록을 출력하는 코드입니다.

```
$ ls *.html
```

?는 *와 비슷하지만 임의의 한 문자만을 의미합니다. 예를 들어 ba??라고 하면 ba로 시작하는 길이가 4개인 글자를 의미합니다.

● ?를 사용하여 길이가 4인 파일 목록 출력

```
$ ls ba??
bash
```

여기서 소개한 경로 확장은 ls 명령어의 기능이 아니라 셸의 기능입니다. 셸은 명령어에 인자를 전달하기 전에 경로 확장을 수행합니다. 따라서 *나 ?를 통한 패턴 지정은 다른 명령어를 사용할 때도 사용할 수 있습니다.

2 ls 명령어의 옵션

ls 명령어를 비롯해서 많은 **명령어는 -(하이픈)으로 시작하는 옵션을 지정**할 수 있습니다. 이를 커맨드 라인 옵션(혹은 그냥 옵션)이라 부릅니다. 이렇게 옵션을 지정하면 기본 동작과 다르게 동작하게 됩니다.

예를 들어 ls 명령어에 -l 옵션을 붙이면 파일 이름뿐만 아니라 파일의 속성과 상세 정보까지 함께 출력합니다.

● -l 옵션으로 상세 정보를 함께 출력

```
$ ls -l
합계 459344
lrwxrwxrwx   1 root root          7  5월  6 18:43 bin -> usr/bin
drwxr-xr-x   4 root root       4096  5월  6 19:46 boot
drwxrwxr-x   2 root root       4096  5월  6 19:07 cdrom
drwxr-xr-x  19 root root       4100  5월 13 23:14 dev
drwxr-xr-x 130 root root      12288  5월  9 12:16 etc
drwxr-xr-x   3 root root       4096  5월  6 19:11 home
lrwxrwxrwx   1 root root          7  5월  6 18:43 lib -> usr/lib
lrwxrwxrwx   1 root root          9  5월  6 18:43 lib32 -> usr/lib32
lrwxrwxrwx   1 root root          9  5월  6 18:43 lib64 -> usr/lib64
lrwxrwxrwx   1 root root         10  5월  6 18:43 libx32 -> usr/libx32
drwx------   2 root root      16384  5월  6 18:39 lost+found
drwxr-xr-x   2 root root       4096  2월 10 03:47 media
drwxr-xr-x   2 root root       4096  2월 10 03:47 mnt
drwxr-xr-x   2 root root       4096  2월 10 03:47 opt
dr-xr-xr-x 229 root root          0  5월 13 23:13 proc
drwx------   4 root root       4096  5월  7 15:47 root
drwxr-xr-x  31 root root        860  5월 13 23:16 run
lrwxrwxrwx   1 root root          8  5월  6 18:43 sbin -> usr/sbin
drwxr-xr-x   8 root root       4096  2월 10 03:57 snap
drwxr-xr-x   2 root root       4096  2월 10 03:47 srv
-rw-------   1 root root 470287360  5월  6 18:39 swapfile
dr-xr-xr-x  13 root root          0  5월 13 23:13 sys
drwxrwxrwt  17 root root       4096  5월 13 23:18 tmp
drwxr-xr-x  14 root root       4096  2월 10 03:48 usr
drwxr-xr-x  14 root root       4096  2월 10 03:56 var
```

-l 옵션으로 표시되는 정보는 다음과 같습니다.

그림 4-6 ls 명령어로 출력되는 파일의 상세 정보

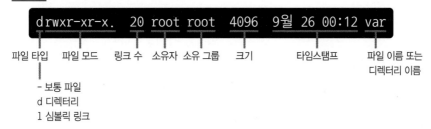

각 항목에 대한 자세한 설명은 뒷장에서 다룹니다. 여기서는 파일 타입이 -면 보통 파일,
d면 디렉터리라는 것만 알아 두면 되겠습니다. 파일 모드, 소유자에 대해서는 9장에서 다루
겠습니다.

그 외에 자주 사용하는 옵션으로 -a가 있습니다. -a를 지정하면 숨겨진 파일도 함께 출력됩
니다.

◉ -a 옵션으로 숨겨진 파일도 출력

```
$ cd ~
$ ls -a
.                .bashrc    .local                       공개        비디오
..               .cache     .profile                     다운로드    사진
.bash_history    .config    .ssh                         문서        음악
.bash_logout     .gnupg     .sudo_as_admin_successful    바탕화면    템플릿
```

ls 명령어는 기본적으로 .로 시작하는 파일을 숨긴 파일이라고 판단하고 출력하지 않습니
다. 하지만 -a 옵션을 지정하면 숨겨진 파일도 출력합니다.

그리고 -F 옵션을 붙이면 파일 이름 뒤에 파일의 종류를 의미하는 기호를 추가해 출력합니다.

● -F 옵션으로 파일의 종류 출력

```
$ cd /
$ ls -F
bin@    dev/    lib@     libx32@      mnt/    root/   snap/      sys/   var/
boot/   etc/    lib32@   lost+found/  opt/    run/    srv/       tmp/
cdrom/  home/   lib64@   media/       proc/   sbin@   swapfile   usr/
```

-F 옵션도 자주 사용되는 옵션입니다. 파일 이름 뒤에 붙는 기호는 다음과 같은 의미를 가집니다.

표 4-3 -F 옵션으로 표시되는 파일의 종류

종류	기호
보통 파일	표시되지 않음
디렉터리	/
실행 가능 파일	*
심볼릭 링크	@

여기서 나온 심볼릭 링크는 5장, 실행 가능 파일은 9장에서 살펴보겠습니다.

4.6 명령어의 옵션

ls 명령어를 실행할 때 옵션을 지정하는 방법을 알아봤습니다. 이번에는 일반적인 명령어에 옵션을 지정하는 방법을 살펴보겠습니다.

명령어별로 옵션을 지정하는 규칙은 모두 다 다릅니다. 따라서 명령어 매뉴얼을 읽어 보는 것이 좋습니다. 하지만 대부분의 리눅스 명령어가 비슷한 규칙으로 옵션을 지정할 수 있게 되어 있습니다. 따라서 대부분의 경우에는 여기서 소개하는 방법을 따르면 됩니다.

1 옵션 지정

앞서 살펴본 예와 같이 옵션을 지정할 때는 명령어 뒤에 스페이스로 구분하여 지정합니다. 다음은 -a 옵션을 지정하는 경우입니다.

ls -a

옵션을 두 개 이상 지정할 때는 하나의 - 뒤에 묶어서 지정해도 되고 별도로 지정해도 됩니다. 다음은 -a와 -F 옵션을 지정하는 두 가지 예입니다. 두 방법 모두 동일하게 동작합니다.

ls -a -F
ls -aF

명령어의 인자도 지정하고 옵션도 지정하는 경우가 있습니다. 이때는 먼저 옵션을 쓰고 뒤에 인자를 작성합니다. 다음 예는 -a 옵션과 -F 옵션을 지정한 뒤 /(루트 디렉터리)를 인자로 지정하고 있습니다.

● 옵션과 인자를 동시에 지정하는 예

```
$ ls -a -F /
./      boot/   etc/    lib32@    lost+found/   opt/    run/     srv/        tmp/
../     cdrom/  home/   lib64@    media/        proc/   sbin@    swapfile    usr
/bin@   dev/    lib@    libx32@   mnt/          root/   snap/    sys/        var/
```

2 옵션의 인자를 지정

옵션에 대한 인자 값을 지정하는 경우도 있습니다. 예를 들어 ls 명령어의 -w 옵션은 지정한 값에 맞게 문자 간격을 맞춰 출력합니다.

● 옵션 자체가 인자를 받아들이는 경우

```
$ ls -w 30
bin     libx32       snap
boot    lost+found   srv
cdrom   media        swapfile
dev     mnt          sys
etc     opt          tmp
home    proc         usr
lib     root         var
lib32   runlib64     sbin
```

이 예에서는 문자를 30개씩 출력하도록 지정하였습니다. 여기서 30이란 ls 명령어의 인자가 아니라 옵션 -w의 인자입니다.

또한, 옵션의 인자를 지정할 때는 스페이스를 생략할 수 있습니다. 따라서 다음 두 명령의 결과는 동일합니다.

```
ls -w 30
ls -w30
```

 롱 옵션

일반적인 옵션은 '하이픈+영숫자 한 문자'의 형식이지만, --처럼 하이픈 두 개로 시작하는 옵션 형식도 있습니다. 예를 들면 --quote-name 같은 옵션이 있습니다. 이 옵션을 사용하면 파일 이름을 "로 묶어서 출력합니다.

● 롱 옵션 사용 예

```
$ ls --quote-name
"bin"     "etc"    "lib64"       "mnt"    "run"    "swapfile"  "var"
"boot"    "home"   "libx32"      "opt"    "sbin"   "sys"
"cdrom"   "lib"    "lost+found"  "proc"   "snap"   "tmp"
"dev"     "lib32"  "media"       "root"   "srv"    "usr"
```

이 형식은 긴 이름의 옵션을 사용해서 롱 옵션이라 부릅니다. 롱 옵션에서는 다른 옵션과 혼동될 여지가 없으면 뒷부분을 생략하는 것이 가능합니다. 예를 들어 --quote-name 롱 옵션은 --quote라고 줄여도 됩니다.

ls -quote

롱 옵션은 그 뜻이 명확하기 때문에 한 문자로 구성된 옵션에 대해 롱 옵션도 함께 제공하는 경우가 있습니다. 예를 들어 앞서 살펴본 -w 옵션의 롱 옵션은 --width입니다.

인자의 롱 옵션은 옵션과 인자 사이에 공백을 주거나 = 기호를 사용합니다. 따라서 다음 두 방식은 동일한 옵션을 지정한 것이 됩니다.

ls --width 30
ls --width=30

마무리　　pwd, cd, ls 세 명령어만 가지고도 리눅스의 디렉터리를 이동하면서 어떤 파일이 있는지 확인할 수 있었습니다. 다음 장으로 넘어가기 전에 반드시 실제 리눅스 시스템에서 다양한 디렉터리를 탐색해 보기 바랍니다. cd 명령어와 ls 명령어는 리눅스를 사용할 때 무척 많이 사용되니 반드시 익숙해져야 합니다.

MEMO

## 5장

파일 조작의 기본

이 장에서는 파일의 생성, 복사, 삭제와 같은 파일을 다루는 기본 조작법을 알아보겠습니다. 윈도나 맥을 사용하고 있다면 이러한 조작을 마우스로 하는 것에 익숙할 것입니다. 그래서 키보드로 명령어를 입력하는 것이 처음에는 번거롭게 느껴질지도 모릅니다. 하지만 리눅스의 명령어에 익숙해진다면 마우스를 사용하는 것이 오히려 더 불편하게 느껴질 것입니다.

이 장에서 배우는 명령어도 리눅스에서 무척 자주 사용되는 명령어이니 잘 익혀 두기 바랍니다.

여기서는 디렉터리를 다루는 명령어을 알아보겠습니다. 이를 위해 먼저 홈 디렉터리에 연습용
디렉터리를 만들고 그 안에서 실습하겠습니다. 연습용 디렉터리의 이름은 work로 하겠습니다.
mkdir 명령어로 새로운 디렉터리를 만듭니다.

● 디렉터리 작성

```
mkdir [옵션] <작성할 디렉터리 이름>
```

다음과 같이 work 디렉터리를 만들어 보겠습니다. 홈 디렉터리로 가려면 인자 없이 cd 명령
어를 실행하면 됩니다.

● mkdir 명령어로 work 디렉터리 만들기

```
$ cd
$ mkdir work
```

디렉터리가 잘 만들어졌는지 ls 명령어에 파일의 종류를 함께 출력하는 -F 옵션을 지정해
확인합니다.

● work 디렉터리 확인

```
$ ls -F
work/  공개/  다운로드/  문서/  바탕화면/  비디오/  사진/  음악/  템플릿/
↑
[work] 디렉터리가 생성됨
```

배포판에 따라 다르겠지만 홈 디렉터리에는 위와 같이 문서나 다운로드 디렉터리가 있을
수 있습니다. 여기서는 우리가 만든 work/가 표시된 것을 확인하면 됩니다. **이후 모든 작업을**
work 디렉터리 안에서 수행하겠습니다. 그리고 디렉터리를 만들 때는 가급적 한글보다는 영어
이름을 사용하는 것이 좋습니다.

그런데 mkdir로 디렉터리를 만들 때 해당 이름의 디렉터리가 이미 있는 경우에는 다음과 같이 에러가 발생합니다.

● 같은 이름의 디렉터리 작성 실패

```
$ mkdir work
mkdir: `work' 디렉토리를 만들 수 없습니다: 파일이 있습니다
```

참고로 리눅스의 내부에서는 디렉터리와 파일을 동일한 존재로 다룹니다. 그래서 이미 존재하는 파일의 이름과 동일한 이름의 디렉터리를 만들 수는 없습니다.

그럼 이제 연습을 위해 작성한 work 디렉터리로 이동하겠습니다.

● 연습용 디렉터리로 이동

```
$ cd work
```

 중첩된 디렉터리를 한 번에 만들기

mkdir 명령어로 중첩된 디렉터리를 만들려고 할 때 중간 경로의 디렉터리가 존재하지 않으면 에러가 발생합니다.

● 중간 경로의 디렉터리가 없는 경우

```
$ mkdir report/2021/05
```

이때는 -p 옵션을 추가하면 됩니다.

● -p 옵션 사용

```
$ mkdir -p report/2021/05
```

그러면 report부터 시작해서 2021과 05라는 디렉터리를 한 번에 만들 수 있습니다.

이번에는 파일 하나를 만들어 보겠습니다. 리눅스에서 파일을 만드는 방법은 여러 가지가 있는데 여기서는 touch라는 명령어를 사용해 보겠습니다.

touch는 인자로 지정한 이름의 파일을 생성합니다. 파일 여러 개를 한꺼번에 만들 수도 있습니다.

● 파일 만들기

```
touch <생성할 파일1> <생성할 파일2> ...
```

touch 명령어는 내용이 없는 빈 파일을 생성합니다.

다음과 같이 touch를 실행한 뒤 ls로 파일이 만들어진 것을 확인해 봅니다.

● touch 명령어로 파일 만들기

```
$ ls              ← 파일이 없음
$ touch newfile   ← 파일 생성
$ ls
newfile           ← newfile이라는 파일이 생성됨
```

원래 touch 명령어는 파일의 타임스탬프[1]를 갱신하기 위한 명령어입니다. 이때 대상이 되는 파일이 존재하지 않으면 새롭게 파일을 만듭니다. 그래서 단순히 빈 파일을 만드는 용도로도 많이 사용합니다.

touch 명령어로 이미 존재하는 파일을 지정해도 내용이 지워지거나 하지는 않습니다.

---

1 특정한 시각을 나타내거나 기록하는 문자열입니다.

5.3 rm과 rmdir: 파일과 디렉터리 삭제하기 *LINUX FOR EVERYONE*

이번에는 파일을 지워 보겠습니다. 파일을 지우려면 rm 명령어를 사용합니다.

◉ 파일/디렉터리 삭제하기

```
rm [옵션] 〈삭제할 파일1〉 〈삭제할 파일2〉 ...
```

파일을 지정할 때는 4장에서 살펴본 것처럼 Tab 으로 자동 완성 기능을 사용할 수 있습니다.
앞서 작성한 newfile을 rm 명령어로 지운 뒤 ls 명령어로 확인해 보기 바랍니다.

◉ 삭제할 파일을 Tab 으로 지정

```
$ ls
newfile          ← newfile 파일 존재
$ rm ne          ← 여기서 Tab
$ rm newfile     ← 자동 완성, 실행
$ ls
$                ← 삭제 확인
```

 1 여러 파일 삭제하기

rm 명령어를 사용할 때 파일 여러 개를 한꺼번에 지울 수도 있습니다. 다음은 file1, file2,
file3 세 파일을 지우는 예입니다.

◉ 여러 파일을 한꺼번에 삭제하기

```
$ touch file1 file2 file3    ← 파일 세 개 만들기
$ ls
file1 file2 file3
$ rm file1 file2 file3       ← 파일 세 개 삭제하기
$ ls                         ← 삭제됨
```

그리고 4장에서 배운 경로 확장을 사용해서 여러 파일을 지우는 것도 좋은 방법입니다. 다음은 확장자가 .html인 파일을 전부 지우는 예입니다.

```
$ rm *.html
```

 ## 2 디렉터리 삭제하기

rm 명령어로 디렉터리를 지우려고 하면 다음과 같이 에러 메시지가 출력됩니다.

● rm 명령어로 디렉터리를 삭제하려고 할 때의 에러 메시지

```
$ mkdir dir1
$ rm dir1
rm: 'dir1'를 지울 수 없음: 디렉터리입니다
```

rm 명령어로 디렉터리를 지우려면 **재귀적으로 디렉터리 트리를 삭제하는 옵션인 -r**을 지정해야 합니다.

이때 대상이 되는 디렉터리와 그 안의 파일을 전부 지우므로 주의해야 합니다.

● 디렉터리를 지우면 그 안의 파일도 함께 삭제된다

```
$ touch dir1/file1 dir1/file2 dir1/file3    ← dir1 안에 파일 세 개 만들기
$ ls dir1
file1 file2 file3                           ← 생성된 파일 세 개 확인
$ rm -r dir1                                 ← -r 옵션으로 디렉터리 삭제하기
$ ls dir1
ls: 'dir1'에 접근할 수 없습니다: 그런 파일이나 디렉터리가 없습니다
```

디렉터리를 지우기 전에는 반드시 그 안에 중요한 파일이 없는지 확인해야 합니다.

3 삭제할 때 주의할 점

윈도나 맥에서는 파일을 지우더라도 휴지통에 있어서 복구할 수 있습니다. 하지만 리눅스에서는 파일이 **곧바로 지워집니다.**

심지어 rm 명령어는 "정말로 삭제하겠습니까?" 같은 확인 메시지도 출력하지 않습니다. 이는 주어진 명령을 단순히 실행한다는 리눅스의 철학에 기반합니다. 그래서 리눅스에서는 시스템을 파괴하는 위험한 명령어도 그저 실행될 뿐입니다. 다만 실행할 때 -i 옵션을 붙이면 다음과 같이 확인 메시지가 출력됩니다.

```
$ rm -i file1
rm: 일반 파일 'file1'를 제거할까요?
```

여기서 YES를 의미하는 y 혹은 Y를 입력하면 파일이 지워집니다.

하지만 -i 옵션을 사용하더라도 rm 명령어를 사용하기 전에는 지워도 되는 파일인지 확인하는 습관을 가지는 것이 좋습니다.

 4 빈 디렉터리 삭제하기

rm 명령어와 비슷한 명령어로 rmdir이라는 명령어가 있습니다. 이 명령어는 빈 디렉터리를 삭제하는 명령어입니다. 다음과 같이 지울 디렉터리를 인자로 지정하면 됩니다.

● 빈 디렉터리 삭제하기

```
rmdir <디렉터리 이름>
```

rmdir 명령어는 대상 디렉터리가 빈 디렉터리가 아니면 에러를 출력합니다. 이것이 rm 명령어와의 가장 큰 차이점입니다. 다음처럼 rmdir로 비어 있지 않은 디렉터리를 지우려고 하면 에러가 발생합니다.

```
$ rmdir dir1
rmdir: failed to remove 'dir1': 디렉터리가 비어 있지 않음
```

다음은 dir1 디렉터리 안에 .hidden이라는 숨겨진 파일이 있는 상황에서 rmdir 명령어를 사용해 에러가 발생한 예입니다.

```
$ ls dir1        ← 아무것도 출력되지 않아서 빈 디렉터리라고 판단(실수)
$ rmdir dir1
rmdir: failed to remove 'dir1': 디렉터리가 비어있지 않음
$ ls -a dir1
. .. .hidden    ← 숨겨진 파일이 존재했음
```

위 예에서는 ls 명령어로 확인한 결과 아무 파일도 없는 것으로 보여 rmdir 명령어를 실행했지만 실제로는 숨겨진 파일이 있어 에러가 발생했습니다.

4장에서 다룬 대로 리눅스에서는 **.로 시작하는 파일**은 숨겨진 파일로 간주합니다. ls 명령어로 숨겨진 파일을 확인하려면 -a 옵션을 지정하면 됩니다. 이처럼 rmdir 명령어를 사용하면 디렉터리 안에 숨겨진 파일을 실수로 지우는 것을 방지할 수 있습니다.

5.4 cat 명령어: 파일 내용 출력하기   LINUX FOR EVERYONE

파일을 만드는 방법을 배웠으니 이번에는 파일의 내용을 출력하는 방법을 알아보겠습니다. cat 명령어로 파일 내용을 출력할 수 있습니다.

◉ 파일 내용 출력하기

```
cat [옵션] <파일 이름>
```

touch 명령어로 newfile 파일을 만든 다음 cat 명령어로 파일 내용을 출력해 봅니다.

● touch로 만든 파일 출력

```
$ touch newfile
$ cat newfile
$     ← 아무것도 표시되지 않음
```

touch 명령어로 만들었기 때문에 파일은 비어 있습니다. 그래서 아무것도 출력되지 않았습니다.

이번에는 내용이 있는 파일을 출력해 보겠습니다. /etc 디렉터리 안에는 텍스트 형식으로 쓰여진 설정 파일이 많이 있습니다. 그중에서 hostname이라는 파일을 출력해 보겠습니다.

● /etc/hostname 파일 출력하기

```
$ cat /etc/hostname
ldk-VirtualBox
```

이는 시스템의 호스트 이름을 설정하는 파일로, 환경에 따라 내용이 다르게 출력됩니다.

이번에는 조금 더 긴 파일인 crontab을 출력해 보겠습니다. 이 파일은 특정 명령어를 스케줄에 맞게 자동으로 실행하는 설정 파일입니다.

● /etc/crontab 파일 내용 출력하기

```
$ cat /etc/crontab
# /etc/crontab: system-wide crontab
# Unlike any other crontab you don't have to run the `crontab'
# command to install the new version when you edit this file
# and files in /etc/cron.d. These files also have username fields,
# that none of the other crontabs do.
SHELL=/bin/sh
PATH=/usr/local/sbin:/usr/local/bin:/sbin:/bin:/usr/sbin:/usr/bin
# Example of job definition:
# .--------------- minute (0 - 59)
# |  .------------- hour (0 - 23)
# |  |  .---------- day of month (1 - 31)
# |  |  |  .------- month (1 - 12) OR jan,feb,mar,apr ...
# |  |  |  |  .---- day of week (0 - 6) (Sunday=0 or 7) OR sun,mon,tue,wed,thu,fri,sat
```

```
#  |  |   |  |  |
#  *  *   *  *  * user-name command to be executed
17 *      * * *   root    cd / && run-parts --report /etc/cron.hourly
25 6      * * *   root    test -x /usr/sbin/anacron || ( cd / && run-parts --report /etc/cron.daily )
47 6      * * 7   root    test -x /usr/sbin/anacron || ( cd / && run-parts --report /etc/cron.weekly )
52 6      1 * *   root    test -x /usr/sbin/anacron || ( cd / && run-parts --report /etc/cron.monthly )
```

 여러 파일 출력하기

cat 명령어의 인자로 여러 파일을 지정하면 순차적으로 그 내용이 출력됩니다.

⊙ 파일 두 개 출력하기

```
$ cat /etc/hostname /etc/crontab
ldk-VirtualBox                        ← /etc/hostname의 내용
# /etc/crontab: system-wide crontab   ← /etc/crontab의 내용 시작
# Unlike any other crontab you don't have to run the `crontab'
# command to install the new version when you edit this file
# and files in /etc/cron.d. These files also have username fields,
# that none of the other crontabs do.
... 생략 ...                           ← /etc/crontab의 내용 끝
```

cat 명령어는 이처럼 파일 여러 개를 연결해 출력합니다. 이는 명령어의 이름이 conCATenate(연결)
인 이유이기도 합니다. 하나 혹은 여러 개의 파일을 연결해서 출력하는 명령어가 cat입니다.

 행 번호 출력하기

cat 명령어를 실행할 때 옵션으로 -n을 지정하면 행 번호가 함께 출력됩니다. 소스 코드를
출력할 때 유용한 옵션입니다.

◉ -n 옵션으로 행 번호 표시하기

```
$ cat -n /etc/crontab
    1  # /etc/crontab: system-wide crontab
    2  # Unlike any other crontab you don't have to run the `crontab'
    3  # command to install the new version when you edit this file
    4  # and files in /etc/cron.d. These files also have username fields,
    5  # that none of the other crontabs do.
    6
... 생략 ...
```

 3 ## 파일을 지정하지 않은 경우

cat 명령어의 인자로 아무것도 지정하지 않으면 어떻게 될까요? 파일을 지정하지 않고 cat 명령어를 실행해 봅니다.

◉ 파일을 지정하지 않고 cat 명령어를 실행한 경우

```
$ cat
        ← 커서가 정지되어 있음
```

커서가 멈춘 상태로 프롬프트도 표시되지 않습니다. 여기서 아무 문자나 입력한 뒤 Enter 를 눌러 보세요.

◉ 입력한 문자가 그대로 출력된다

```
$ cat
Hello    ← Hello라고 입력
Hello    ← Hello가 표시됨
         ← 다시 커서가 멈춤
```

키보드로 Hello를 입력하자 입력한 내용인 Hello가 그대로 출력되었습니다. 즉, cat 명령어는 인자로 파일이 지정되지 않으면 키보드 입력을 그대로 화면에 출력하는 동작을 수행합니다.

이 상태에서 cat 명령어를 종료하려면 Ctrl + d 를 입력합니다.

◉ Ctrl + d 로 cat 명령어 종료

```
$ cat
Hello
Hello
        ← Ctrl + d 입력
$       ← 프롬프트로 돌아옴
```

cat 명령어뿐만 아니라 리눅스에서 사용하는 많은 명령어가 입력 파일을 지정하지 않으면 키보드의 입력을 기다립니다. 이와 관련된 내용은 11장에서 자세히 다룹니다.

5.5 less 명령어: 스크롤 표시하기   LINUX FOR EVERYONE

cat 명령어로 내용이 긴 파일을 출력하면 화면이 스크롤되면서 전부 출력됩니다. 따라서 파일의 첫 부분부터 필요한 만큼 읽고 싶다면 cat 명령어가 아니라 less 명령어를 사용하는 것이 좋습니다.

◉ 파일을 스크롤하며 볼 수 있는 명령어 less

```
less [옵션] 〈파일 이름〉
```

less는 지정한 파일을 보기 좋게 **화면 단위로 출력하며 위아래로 스크롤하며 파일을 볼 수 있게 해 줍니다.** 여기서는 /etc/bash.bashrc라는 파일을 less로 출력해 보겠습니다.

◉ /etc/bash.bashrc를 less로 출력하기

```
$ less /etc/bash.bashrc
```

배포판에 따라 /etc/bash.bashrc가 없고 그 대신 /etc/bashrc가 있을 수 있습니다. 배포판에 맞게 적절한 파일을 지정하세요.

환경에 따라 다소 다를 수 있지만 우분투의 /etc/bash.bashrc는 약 70행입니다. less 명령어를 실행하면 다음과 같이 파일의 첫 행부터 화면에 담을 수 있는 부분까지 출력됩니다.

그림 5-1 less 명령어로 출력

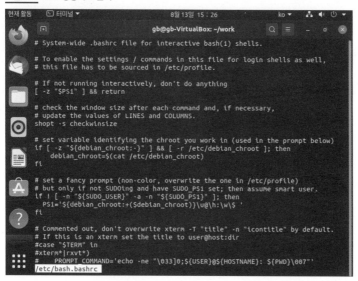

less 명령어로 파일을 볼 때 사용하는 단축키는 다음과 같습니다.

표 5-1 less 명령어로 스크롤 조작하기

명령어	내용
Space, f, Ctrl + v	한 화면 아래로 스크롤
b, Meta + v	한 화면 위로 스크롤
j, Ctrl + n, Enter	한 행 아래로 스크롤
k, Ctrl + p	한 행 위로 스크롤
q	less 명령어 종료

같은 조작에 대해 여러 단축키가 매핑되어 있어 복잡해 보이지만, 처음에는 Space와 b를 사용해 위 아래로 이동하고 q로 종료하는 것만 기억하면 됩니다.

1 파일 내 검색

less로 열려 있는 파일에서 문자열을 검색할 수 있습니다. 이때 **/를 입력하여 문자열을 검색합니다.**

● less로 열려 있는 파일에서 / 입력하기

```
... 생략 ...
# check the window size after each command and, if necessary,
# update the values of LINES and COLUMNS.
shopt -s checkwinsize
... 생략 ...
/        ← 화면 밑에 입력란이 표시된다
```

/ 뒤에 검색하고 싶은 문자열을 입력하고 [Enter]를 누르면 됩니다. 다음 예에서는 etc라는 문자열을 검색하고 있습니다.

● etc라는 문자열 검색

```
... 생략 ...
/etc
```

그러면 해당 문자열이 나오는 위치로 이동합니다. 검색 결과가 여러 개라면 [n]을 눌러서 다음 문자열이 있는 위치로 이동할 수 있습니다. 이전 문자열로 이동하려면 [N]을 누르면 됩니다. less 명령어의 검색 기능을 다음 표에 정리하였습니다.

표 5-2 less에서 문자열 검색 방법

명령어	내용
/문자열	문자열을 아래 방향으로 검색
?문자열	문자열을 위 방향으로 검색
[n]	다음 검색 결과로 이동
[N]	이전 검색 결과로 이동

[q]를 눌러 종료합니다.

less는 명령어의 출력 결과나 파일 내용을 확인할 때 많이 사용하는 명령어입니다. 충분히
연습해서 익숙해지세요.

5.6 cp 명령어: 파일과 디렉터리 복사하기 LINUX FOR EVERYONE

파일을 복사하려면 cp 명령어를 사용하면 됩니다.

◉ 파일/디렉터리 복사

```
cp [옵션] <복사할 파일> ... <복사할 위치>
```

다음은 file1을 file2로 복사하는 예입니다.

◉ 파일을 다른 이름으로 복사하기

```
$ touch file1        ← file1 만들기
$ cp file1 file2     ← file1을 file2로 복사하기
$ ls -F
dir1/ file1 file2    ← file2가 만들어졌는지 확인
```

복사할 위치에 디렉터리를 지정하면 해당 디렉터리 안에 복사됩니다. 다음은 현재 디렉터리
에 있는 file1 파일을 dir1이라는 디렉터리 안으로 복사한 것입니다.

◉ 파일을 특정 디렉터리 안에 복사하기

```
$ cp file1 dir1
$ ls dir1
file1    ← 복사됨
```

디렉터리 안에 파일을 복사할 때 여러 파일을 한꺼번에 복사할 수도 있습니다. 다음처럼
dir2 디렉터리에 file1, file2, fil3를 복사합니다.

◉ 여러 파일을 지정한 디렉터리 안에 복사하기

```
$ touch file3          ← file3 만들기
$ mkdir dir2           ← dir2 디렉터리 만들기
$ cp file1 file2 file3 dir2   ← dir2에 파일 세 개 복사하기
$ ls dir2
file1 file2 file3
```

여러 파일을 한꺼번에 복사할 때는 경로 확장(4장에서 배웠습니다)을 사용하는 것이 편리합니다. 다음은 확장자가 txt인 파일을 전부 backupdir 디렉터리에 복사하는 예입니다.

```
$ cp *.txt backupdir
```

 복사와 덮어쓰기

cp로 복사할 때 이미 같은 이름의 파일이 있으면 덮어씁니다.

◉ 덮어쓰기

```
$ ls
file1 file2            ← 현재 file1과 file2가 있음
$ cp file1 file2       ← file1을 file2라는 이름으로 복사하기
$                      ← 아무런 경고도 없이 file2의 내용이 없어지고 file1의 내용이
                         복사됨
```

따라서 복사하기 전에 같은 이름의 파일이 있는지, 덮어써도 되는지를 확인해야 합니다.

cp 명령어가 덮어쓰기 전에 확인하도록 하려면 -i 옵션을 사용해야 합니다. 그러면 cp 명령어가 덮어쓰기 전에 진행 여부를 확인합니다. 이때 y 혹은 Y를 입력하면 덮어쓰게 됩니다.

● -i 옵션으로 덮어쓰기 전에 확인하기

```
$ ls
file1 file2                       ← 현재 file1과 file2가 있음
$ cp -i file1 file2               ← cp 명령어에 -i 옵션을 지정해 실행
cp: 'file2'를 덮어쓰겠습니까?  y    ← 덮어쓸지 여부를 확인, y 입력
$                                 ← 덮어쓰면서 복사 수행됨
```

 2 디렉터리 복사하기

cp 명령어로 디렉터리를 복사하려고 하면 에러가 발생합니다.

● cp 명령어로 디렉터리를 복사하려는 경우

```
$ cp dir2 dir3
cp: -r not specified; omitting directory 'dir2'
```

cp 명령어로 디렉터리를 복사하려면 재귀적으로 복사하도록 -r 옵션을 지정해야 합니다.

이때 dir3가 없으면 dir2의 내용이 모두 복사되어 dir3가 만들어집니다. dir3 디렉터리가 이미 있는 경우라면 dir3 디렉터리 밑에 dir2라는 이름으로 복사됩니다.

-r 옵션을 사용하면 원본 디렉터리 안의 파일과 디렉터리가 모두 재귀적으로 복사됩니다.

● 디렉터리 복사하기

```
$ ls -F
dir1/ dir2/ file1 file2 file3     ← 현재 dir3라는 디렉터리는 없음
$ ls dir2
file1 file2 file3                 ← dir2 안에 파일 세 개가 존재
$ cp -r dir2 dir3                 ← -r 옵션을 지정하여 dir3으로 복사
$ ls dir3
file1 file2 file3                 ← dir3에 dir2의 파일이 복사됨
```

파일 위치를 옮길 때는 mv 명령어를 사용합니다.

mv도 cp와 비슷하게 이동할 위치로 파일을 지정했는지, 디렉터리를 지정했는지에 따라 다르게 동작합니다.

● 파일/디렉터리 이동

```
mv [옵션] <이동할 파일> ... <이동할 위치>
```

이동할 파일과 이동할 위치에 전부 파일을 지정하면 결과적으로 파일 이름이 바뀌게 됩니다. 그러면 mv 명령어를 연습하기 위해 먼저 mvtest라는 디렉터리를 만들고 그 안에 file1이라는 파일을 만들겠습니다.

● 테스트용 디렉터리와 파일 만들기

```
$ mkdir mvtest     ← 테스트용 디렉터리 만들기
$ cd mvtest
$ touch file1
```

이제 file1 파일을 file2라는 이름으로 바꾸어 보겠습니다. 그러면 file1이라는 이름의 파일이 없어집니다.

● 파일 이름 바꾸기

```
$ mv file1 file2
$ ls
file2
```

특정 파일을 특정 디렉터리 안으로 옮길 수도 있습니다. 다음은 file1 파일을 dir1 디렉터리 안으로 옮기는 것입니다.

● 파일을 디렉터리 안으로 옮기기

```
$ mkdir dir1
$ touch file1          ← file1 파일 만들기
$ mv file1 dir1        ← file1을 dir1 디렉터리 안으로 옮기기
$ ls dir1
file1                  ← dir1 안에 file1이 이동함
```

cp와 마찬가지로 여러 파일을 한꺼번에 특정 디렉터리로 옮길 수 있습니다.

● 여러 파일 옮기기

```
$ touch file1 file2 file3
$ mv file1 file2 file3 dir1    ← dir1 디렉터리로 파일 세 개 옮기기
$ ls dir1
file1 file2 file3              ← 전부 옮겨짐
```

파일을 이동하면 원래 있던 곳에는 더 이상 존재하지 않습니다.

그리고 이동할 위치에 같은 이름의 파일이 있으면 덮어쓰는 것도 cp 명령어와 동일합니다.
-i 옵션을 지정하면 덮어쓰기 전에 정말로 덮어쓸지 확인해 줍니다.

● -i 옵션으로 덮어쓰기 전에 확인하기

```
$ touch file1 file2
$ mv -i file1 file2
mv: 'file2'를 덮어쓸까요?      ← y를 입력하면 덮어씀
```

한편 디렉터리를 이동할 때는 cp에서처럼 -r 옵션을 지정하지 않아도 디렉터리 안의 모든
파일과 디렉터리를 전부 옮깁니다.

● 디렉터리 이동하기

```
$ mkdir dir2
$ ls dir1
file1 file2 file3    ← dir1 디렉터리 안에 파일 3개가 존재
$ mv dir1 dir2       ← dir1을 dir2 디렉터리 안으로 이동
```

```
$ ls dir2/dir1          ← dir2 안에 dir1 디렉터리의 파일 목록을 출력
file1 file2 file3
```

5.8 ln 명령어: 링크 만들기

ln 명령어는 링크를 생성합니다.

◉ 링크 만들기

```
ln [옵션] <링크할 파일> <링크 이름>
```

여기서 처음으로 링크라는 말이 나왔습니다. ln 명령어의 사용법을 알아보기 전에 먼저 링크라는 말의 의미를 알아보겠습니다.

 링크란

리눅스의 파일 시스템에서는 **파일에 별명을 붙이는 것이 가능**합니다. 이를 링크라고 부르며 별명을 붙이는 것을 '링크를 생성한다'라고 합니다.

링크에는 하드 링크와 심볼릭 링크 두 종류가 있습니다. 보통 심볼릭 링크가 많이 사용되며 하드 링크가 필요한 경우는 많지 않습니다. 이 책에서도 주로 심볼릭 링크를 다룹니다.

파일에 별명을 붙이는 기능은 윈도의 바로가기나 맥의 alias와 비슷합니다. 특히 심볼릭 링크가 이와 유사합니다.

하드 링크와 심볼릭 링크를 자세히 살펴보겠습니다.

② 하드 링크

다음처럼 /etc/crontab을 file1에 복사한 뒤 file1에 대해 file2라는 이름의 하드 링크를 만듭니다.

● 하드 링크 file2 만들기

```
$ cp /etc/crontab file1
$ ls
file1
$ ln file1 file2     ← 하드 링크 file2 만들기
$ ls
file1 file2          ← file2가 만들어짐
```

하드 링크 file2에 접근하는 것은 file1에 접근하는 것과 동일합니다.

● 하드 링크 파일에 접근하기

```
$ cat file2
...(file1의 내용이 출력됨)...
```

이처럼 cat으로 file2의 내용을 출력하면 file1의 내용이 출력됩니다. 물론, file1을 출력해도 file1의 내용이 출력됩니다. 즉, **하드 링크란 한 파일 원본에 이름을 여러 개 붙이는 기능입니다.**

그림 5-2 하드 링크란

한 파일에 이름을
여러 개 부여

하드 링크로 만든 파일에 대해 어느 것이 원본이고 어느 것이 복사본인지 구분하지 않아도 됩니다. 왜냐하면 양쪽 다 원본 파일이기 때문입니다.

하드 링크 삭제하기

하드 링크로 여러 이름을 가지게 된 파일 중 하나를 삭제하면 지정한 이름의 파일만 삭제되고 하드 링크로 연결된 나머지 파일들은 남아 있습니다.

● 하드 링크로 연결된 파일 삭제하기

```
$ rm file1      ← file1 삭제하기
$ ls
file2           ← 하드 링크로 만든 다른 파일은 남아 있음
$ cat file2
...(file1의 내용이 출력됨)...
```

파일 자체는 **모든 하드 링크가 없어져야 삭제됩니다.**

● 하드 링크 파일을 전부 삭제하기

```
$ rm file2      ← file2 삭제하기
$ ls
$               ← 모든 하드 링크가 없어져서 파일의 실체도 없어짐
```

하드 링크는 한 파일에 이름을 여러 개 붙이는 기능입니다. 따라서 모든 이름이 없어져야 파일이 지워집니다.

 심볼릭 링크

디렉터리는 하드 링크할 수 없으며, 하드 링크는 서로 다른 디스크에 걸쳐서 만들 수 없다는 제한이 있습니다. 그런데 심볼릭 링크는 이런 제한이 없어 더 많이 사용됩니다.

ln 명령어를 사용할 때 **-s 옵션**을 붙이면 심볼릭 링크가 만들어집니다. 다음은 /etc/crontab을 복사한 file1에 대해 file2라는 심볼릭 링크를 만드는 예입니다.

● 심볼릭 링크 file2 만들기

```
$ cp /etc/crontab file1
$ ln -s file1 file2
```

ls 명령어를 실행할 때 -l 옵션을 지정하면 심볼릭 링크 여부를 확인할 수 있습니다. 다음과
같이 어떤 파일에 연결되었는지 화살표(->)로 표시됩니다.

● 심볼릭 링크를 ls -l로 확인

```
$ ls -l
합계 4
-rw-r--r-- 1 ldk ldk 1042  5월 15 10:08 file1
lrwxrwxrwx 1 ldk ldk    5  5월 15 10:08 file2 -> file1
```

심볼릭 링크 파일에 접근하면 링크로 연결된 파일에 접근할 수 있습니다.

● 심볼릭 링크를 지정하여 명령어 실행

```
$ cat file2
...(file1의 내용이 출력됨)...
```

심볼릭 링크란 **원본 파일에 대한 정보가 담긴 작은 특수 파일**이며 하드 링크와 달리 원본과 **구별됩니다.**

그림 5-3 심볼릭 링크란

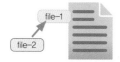

다른 파일을 가리킴

심볼릭 링크 삭제하기

심볼릭 링크는 rm 명령어로 지울 수 있습니다. 이때 원본에는 어떠한 영향도 주지 않습니다.

◉ 심볼릭 링크 삭제

```
$ rm file2      ← 심볼릭 링크 file2 삭제하기
$ ls
file1           ← 원본 파일만 남게 됨
```

심볼릭 링크를 지우지 않은 채 원본 파일을 지울 수도 있습니다. 그러면 심볼릭 링크가 깨진 상태가 됩니다.

◉ 링크가 깨진 심볼릭 링크

```
$ ln -s file1 file2
$ ls -l
합계 4
-rw-r--r-- 1 ldk ldk 1042  5월 15 10:08 file1
lrwxrwxrwx 1 ldk ldk    5  5월 15 10:08 file2 -> file1
$ rm file1            ← 심볼릭 링크를 남겨두고 원본 파일을 삭제하기
$ ls -l
합계 0
lrwxrwxrwx 1 ldk ldk 5  5월 15 10:08 file2 -> file1
$ cat file2           ← 링크가 깨진 파일을 실행하면 오류
cat: file2: 그런 파일이나 디렉터리가 없습니다.
```

셸의 설정에 따라 ls -l에서 링크가 깨진 심볼릭 링크가 붉게 표시되기도 합니다.

 4 링크가 유용한 경우

ln 명령어 사용법을 알아봤습니다. 그렇다면 어떤 상황에서 링크를 사용하면 좋을까요? 여기서는 대표적인 두 가지 활용 사례를 소개하겠습니다.

긴 경로명을 짧게

다음은 local/work/code/project/source라는 긴 경로를 source라는 이름으로 심볼릭 링크를 만

드는 예입니다.

```
$ ln -s local/work/code/project/source source
$ cd source    ← 긴 경로명에 쉽게 이동 가능
```

그러면 긴 경로명을 일일이 입력하지 않아도 쉽게 해당 경로에 접근할 수 있습니다.

여러 버전의 프로그램이 있는 경우

프로그램을 설치할 때 디렉터리 이름에 버전 정보를 붙여 여러 버전의 소프트웨어를 배치하는 경우가 있습니다. 다음은 여러 버전을 심볼릭 링크로 관리한 예입니다.

```
$ ls -l
합계 8
lrwxrwxrwx 1 ldk ldk    6  5월 15 10:13 latest -> v1.0.1
drwxrwxr-x 2 ldk ldk 4096  5월 15 10:13 v1.0.0
drwxrwxr-x 2 ldk ldk 4096  5월 15 10:13 v1.0.1
```

위 예에서는 버전 1.0.0과 버전 1.0.1이 설치된 상황에서 latest라는 심볼릭 링크가 버전 1.0.1을 가리키고 있습니다. 소프트웨어를 사용할 때 v1.0.0이나 v1.0.1과 같이 각 버전의 경로를 직접 지정하지 않고 심볼릭 링크인 latest를 사용하면 링크에 연결된 버전을 사용할 수 있습니다.

v1.0.0을 사용하고 싶다면 심볼릭 링크를 업데이트하면 됩니다.

마무리　이 장에서는 리눅스에서 파일을 조작하는 방법을 알아봤습니다. 리눅스에서는 파일을 다루는 것이 기본 중의 기본이라 할 수 있습니다. 따라서 이 장의 내용을 확실히 익히고 충분히 연습하기 바랍니다.

MEMO

## 6장

파일 검색 및
명령어 사용법

5장에서 살펴본 것처럼 리눅스는 많은 파일과 디렉터리로 구성되어 있습니다. 또한, 작업하다 보면 여러 디렉터리에 많은 파일을 만들게 됩니다. 따라서 파일의 위치를 일일이 기억하기보다는 명령어로 빠르게 찾는 법에 익숙해지는 것이 좋습니다.

이 장에서는 파일 찾는 방법을 알아봅니다. 그리고 특정 명령어의 사용법을 확인하는 방법도 알아보겠습니다. 명령어 사용법이 기억나지 않거나 사용법을 더 자세히 알고 싶을 때 도움이 될 것입니다.

파일을 찾는 명령어로는 find와 locate가 있습니다. 둘 다 무척 유용한 명령어입니다.

① find 명령어: 디렉터리 트리에서 파일 찾기

find는 이름 그대로 파일을 찾는 명령어입니다. 이 명령어는 다른 명령어들에 비해 옵션을 지정하는 방법이 조금 복잡합니다.

find 명령어를 사용하는 방법은 다음과 같습니다.

◉ 파일 찾기

```
find <검색할 디렉터리> <검색 조건> <액션>
```

find 명령어를 실행하면 인자로 지정한 <검색할 디렉터리>를 기점으로 <검색 조건>을 만족하는 파일을 찾아서 <액션>을 실행합니다. 여기서 <검색 조건>에 아무런 조건도 지정하지 않으면 지정한 디렉터리 안의 모든 파일과 디렉터리를 대상으로 액션이 실행됩니다.

예를 들어 다음 예는 .(현재 디렉터리)를 기점으로 file-1.txt라는 이름을 가지는 파일을 찾아서 그 경로를 출력합니다.

그림 6-1 find 명령어의 예

```
$ find . -name file-1.txt -print
```
검색할 디렉터리   검색 조건   액션

위 예에서는 <검색 조건>으로 -name file-1.txt을 지정하여 파일 이름으로 검색했습니다. 그 외의 다른 검색 조건은 잠시 뒤에 설명하겠습니다.

그리고 <액션>으로는 -print를 지정했습니다. 이는 파일의 경로를 출력하는 액션으로 find 명령어를 사용할 때 자주 사용됩니다. 액션에 아무런 인자도 지정하지 않으면 -print가 기본적으로 사용됩니다.

그림 6-1과 같이 find 명령어를 실행하면 다음과 같이 출력됩니다.

⊙ file-1.txt를 찾아서 경로를 출력

```
$ mkdir -p dir1/doc
$ touch file-1.txt dir1/doc/file-1.txt      ← 테스트용 파일 생성
$ find . -name file-1.txt -print
./file-1.txt
./dir1/doc/file-1.txt
```

위 예에서는 파일 두 개가 출력되었습니다. 이처럼 find 명령어는 **지정한 디렉터리 트리를 내려가면서 검색 조건에 일치하는 파일을 검색**합니다. 따라서 디렉터리가 깊게 중첩되어 있어도 파일을 쉽게 찾을 수 있습니다.

find 명령어로 지정할 수 있는 검색 조건은 다양합니다. 여기서는 자주 사용되는 -name, -iname, -type을 알아보겠습니다.

이름으로 찾기(-name, -iname)

파일 이름으로 검색하려면 -name이나 -iname으로 이름을 지정해야 합니다. -name은 대소문자를 구별하지만, -iname은 구별하지 않습니다.

파일 이름에는 와일드카드로 *나 ?를 사용할 수 있습니다. 경로 확장처럼 *는 임의의 문자열을, ?는 임의의 한 문자를 의미합니다.

예를 들어 다음과 같이 find 명령어를 실행하면 .txt로 끝나는 파일을 검색합니다.

find . -name '*.txt' -print

-name으로 이름을 지정할 때 *나 ?를 사용한다면 반드시 **'(작은따옴표)로 감싸줘야 합니다**. 그래야 배시의 경로 확장이 적용되지 않습니다.

만약 작은따옴표로 감싸지 않으면 *가 배시에 의해 확장되어 find 명령어에 전달됩니다. 그림 6-2는 와일드카드를 작은따옴표로 감싸지 않아 배시의 경로 확장이 적용된 예입니다.

그림 6-2 와일드카드를 작은따옴표를 감싸지 않은 경우

입력한 명령어

```
$ find -name *.txt -print
```

셀에 의하여 file-1.txt readme.txt라는
문자열로 확장됨

실행된 명령어(잘못됨)

```
$ find . -name file-1.txt readme.txt -print
```

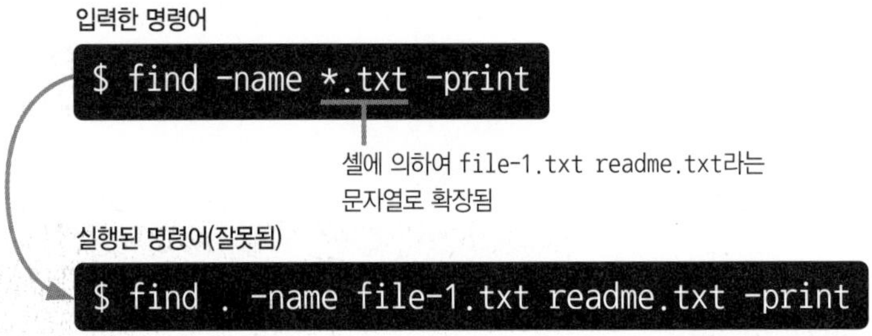

그림과 같이 경로 확장이 되면 -name 인자로 파일 두 개를 지정한 것이 되어 다음과 같이 에러가 발생합니다.

🔘 와일드카드를 작은따옴표로 감싸지 않으면 발생하는 에러

```
$ find -name *.txt -print
find: paths must precede expression: `readme.txt'
find: possible unquoted pattern after predicate `-name'?
```

이러한 에러를 방지하려면 * 또는 ?를 포함할 때는 ' 또는 "로 감싸면 됩니다. 그러면 **그 내부의 문자열을 배시가 확장하지 않기** 때문에 *.txt라는 문자열을 그대로 find 명령어에 전달하게 됩니다.

find 뿐만 아니라 **모든 명령어를 실행할 때 *와 같이 셀이 변환하는 문자(메타 문자)를 인자로 지정할 때는 주의를 기울여야** 합니다.

파일 형식으로 찾기(-type)

앞서 살펴본 -name 옵션은 파일 이름으로 검색을 수행합니다. 그리고 -type <파일 형식>을 지정하면 파일의 형식으로 검색합니다. 지정할 수 있는 파일 형식이 많지만 자주 사용되는 다음 세 가지만 기억하면 됩니다.

표 6-1 파일 형식을 type으로 지정

지정	파일 형식
-type f	보통 파일
-type d	디렉터리
-type l	심볼릭 링크

다음은 -type d를 지정해서 디렉터리만 검색하고 있습니다.

● 디렉터리를 검색하여 출력

```
$ find . -type d -print
.
./dir1
./dir1/doc
```

검색 조건 여러 개 지정하기(-a)

find 명령어를 사용할 때 -a(AND)를 사용하여 검색 조건을 여러 개 지정하면 해당 조건에 모두 일치하는 파일을 찾을 수 있습니다.

다음 예는 파일 형식이 일반 파일이고 이름이 .txt로 끝나는 파일을 찾고 있습니다. 그러면 설령 readme.txt라는 이름의 디렉터리가 존재해도 출력되지 않습니다.

그림 6-3 여러 검색 조건을 -a로 지정

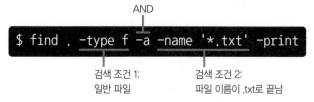

또한, -a는 생략할 수 있습니다. 다음과 같이 단순히 검색 조건을 나열하기만 해도 AND 조건으로 검색됩니다.

```
$ find . -type f -name '*.txt' -print
```

 locate 명령어: 데이터베이스에서 파일 찾기

locate는 경로의 일부를 지정하여 파일을 찾을 때 사용하는 명령어입니다. 이때 전용 데이터베이스에서 검색하므로 그 자리에서 디스크를 스캔해서 파일을 찾는 find보다 훨씬 빠릅니다.

locate는 별도로 설치해야 하므로 먼저 명령어를 설치하는 방법부터 알아보겠습니다.

설치하기

먼저 locate의 설치 여부를 확인해 보겠습니다. 다음과 같이 --version 옵션을 지정하여 locate 명령어를 실행해 보세요. 명령어가 발견되지 않았다는 메시지가 출력되면 별도로 설치해야 합니다.

● locate 명령어가 설치되었는지 확인

```
$ locate --version
명령어 'locate' 을(를) 찾을 수 없습니다. 그러나 다음을 통해 설치할 수 있습니다:
sudo apt install mlocate
```

명령어를 실행했을 때 버전이 출력된다면 이미 설치된 것입니다. 따라서 뒤에서 설명할 updatedb를 실행하면 됩니다.

locate 명령어는 mlocate라는 패키지에 포함되어 있습니다. 우분투에서는 apt-get 명령어로 다음과 같이 설치합니다.

● 우분투에서 locate 설치

```
$ sudo apt-get install mlocate
```

CentOS에서는 yum을 사용하여 설치합니다.

● CentOS에서 locate 설치

```
$ yum install mlocate
```

yum과 apt-get 그리고 패키지에 대해서는 20장에서 자세히 살펴볼 것입니다.

locate 명령어를 설치했으면 제일 먼저 파일 경로 목록을 데이터베이스에 등록해야 합니다. 다음과 같이 슈퍼 사용자 권한으로 updatedb 명령어를 실행하면 데이터베이스가 만들어집니다.

◉ 데이터베이스 구축

```
$ sudo updatedb
```

locate를 설치하면 updatedb가 주기적으로 실행되도록 설정됩니다.

파일 찾기

그러면 locate로 파일을 검색해 보겠습니다.

◉ locate로 파일 검색

```
locate [옵션] <검색 패턴>
```

다음은 bash라는 문자열을 포함하는 파일을 검색하고 있습니다. 여러분도 직접 실행해 보기 바랍니다. 검색 결과가 아주 빠르게 반환될 것입니다.

◉ bash라는 문자열이 포함된 경로 검색

```
$ locate bash
/etc/bash.bashrc
/etc/bash_completion
/etc/bash_completion.d
/etc/apparmor.d/abstractions/bash
/etc/bash_completion.d/apport_completion
/etc/profile.d/bash_completion.sh
/etc/skel/.bash_logout
... 생략 ...
```

앞서 소개한 find는 실행할 때마다 디렉터리 트리를 탐색해서 많은 파일이 저장된 디스크를 검색할 때는 시간이 오래 걸립니다. 하지만 locate는 **사전에 만든 데이터베이스를 활용하기 때문에 검색 속도가 빠릅니다.** find로 몇 분 걸릴 만한 검색도 locate로는 몇 초만에 끝납니다.

locate 명령어는 기본적으로 데이터베이스를 하루에 한 번 만들도록 설정됩니다. 따라서 다음과 같은 문제가 발생할 수 있습니다.

- locate로 검색된 파일이 실제로는 디스크에 존재하지 않을 수 있습니다.
- locate로 검색되지 않았지만 실제로는 존재할 수 있습니다.

즉, 방금 전에 만든 파일은 locate 명령어로 검색되지 않습니다.

따라서 locate 명령어는 **시스템에 원래부터 있었던 파일이나 며칠 전에 만든 파일를 빠르게 검색할 때 사용한다**고 생각하면 됩니다.

다양한 검색 방법 지정하기

locate로 검색하는 방법을 조금 더 자세히 알아보겠습니다.

검색 패턴은 find와 비슷하게 *로 와일드카드를 지정할 수 있습니다. 다음은 .sed로 끝나는 파일을 검색하고 있습니다.

● 확장자 .sed인 파일 검색

```
$ locate '*.sed'
/snap/gnome-3-34-1804/66/usr/share/gettext/po/boldquot.sed
/snap/gnome-3-34-1804/66/usr/share/gettext/po/quot.sed
/usr/share/groff/1.22.4/font/devps/generate/symbol.sed
```

검색할 때 대소문자를 구분하고 싶지 않은 경우에는 -i 혹은 --ignore-case 옵션을 지정합니다. 그러면 다음처럼 notes뿐만 아니라 NOTES도 검색됩니다.

● 대소문자 구분 없이 검색

```
$ locate -i notes
/snap/gtk-common-themes/1514/share/icons/HighContrast/16x16/apps/fedora-
release-notes.png
/snap/gtk-common-themes/1514/share/icons/HighContrast/22x22/apps/fedora-
release-notes.png
... 생략 ...
/usr/share/ubuntu-release-upgrader/gtkbuilder/ReleaseNotes.ui
/var/lib/app-info/icons/ubuntu-focal-universe/48x48/bijiben_org.gnome.Notes.png
```

파일 이름만으로 검색할 때는 -b 혹은 --basename 옵션을 지정합니다. 다음은 이름에 python이 포함된 파일을 검색하고 있습니다.

◉ 파일 이름만으로 검색

```
$ locate -b python
/etc/python3
/etc/python3.8
/etc/apparmor.d/abstractions/python
/snap/core18/1988/etc/apparmor.d/abstractions/python
/snap/core18/1988/usr/bin/python3
/usr/share/python3    ← -b 옵션을 지정하지 않은 경우에는 디렉터리 아래의 모든 파
                        일이 전부 출력됨
```

locate는 지정한 문자열 패턴이 파일 경로에 있으면 전부 출력합니다. 예를 들어 /usr/share/python3라는 디렉터리 아래에 있는 파일은 디렉터리에 이미 python이란 문자열을 포함하므로 전부 출력됩니다.

이때 -b 옵션을 지정하면, 이를테면 /usr/share/python3/debian_defaults와 같은 파일은 출력되지 않습니다. 즉, 파일 경로가 아니라 이름에 python이 포함되어야 출력됩니다.

여러 검색 패턴 지정하기

검색 패턴 여러 개를 지정하게 되면 OR 조건이 적용되어 지정한 패턴 중 하나라도 일치하는 파일이 출력됩니다. 다음은 docs 혹은 document를 포함하는 파일을 검색하는 예입니다.

◉ 여러 검색 문자열을 지정하면 OR 조건으로 검색됨

```
$ locate docs document
/usr/share/doc/gnome-getting-started-docs
/usr/share/doc/gnome-getting-started-docs-ko
/usr/share/doc/gnome-user-docs
... 생략 ...
/usr/share/doc/fonts-sil-abyssinica/documentation
... 생략 ...
```

여러 검색 패턴을 모두 만족하는 파일을 검색할 때 -A 혹은 -all 옵션을 지정하면 AND 조건으로 검색할 수 있습니다.

◉ AND 조건으로 여러 검색 문자열을 검색

```
$ locate -A bash doc
/usr/share/doc/bash
/usr/share/doc/bash-completion
... 생략 ...
```

6.2 명령어 사용법 확인하기

지금까지 ls, cat, find 같은 명령어의 사용법을 알아봤습니다. 리눅스를 다루기 위해서는 명령어의 사용법을 잘 알아야 합니다.

모르는 명령어의 사용법을 알고 싶은 때는 어떻게 해야 할까요? 구글을 검색하는 것도 좋지만 **먼저 리눅스 시스템에 내장된 매뉴얼을 확인하는 것이 좋습니다.**

리눅스의 명령어는 대부분 간단한 도움말을 포함하고 있고 별도의 상세한 매뉴얼도 갖추고 있습니다.

1 --help 옵션

리눅스의 명령어는 대부분 --help라는 옵션을 제공합니다. 이 옵션을 지정해서 실행하면 명령어에 대한 도움말이 출력됩니다. 다음은 cat 명령어의 도움말을 출력한 것입니다.

○ cat 명령어의 도움말 출력

```
$ cat --help
사용법: cat [<옵션>]... [<파일>]...
FILE(들)을 합쳐서 표준 출력으로 보낸다.
<파일>이 주어지지 않거나 - 이면 표준 입력을 읽습니다.
  -A, --show-all            equivalent to -vET
  -b, --number-nonblank     number nonempty output lines, overrides -n
  -e                        equivalent to -vE
  -E, --show-ends           display $ at end of each line
  -n, --number              number all output lines
```

출력되는 내용은 명령어마다 다르지만 대부분 다음과 같은 내용을 포함합니다.

- 사용 방법(옵션과 인자 지정 방법)
- 명령어에 대한 개요
- 지정할 수 있는 옵션 목록과 그 의미
- 그 외 참고 자료

--help 옵션을 기억해 두면 명령어의 이름만 안다면 그 사용법을 확인할 수 있습니다. 이제부터는 처음 보는 명령어가 있다면 먼저 --help 옵션을 지정해서 실행해 보기 바랍니다.

② man 명령어: 매뉴얼 출력

man은 지정한 명령어의 온라인 매뉴얼을 출력하는 명령어입니다.

man은 전통적인 리눅스의 기본 매뉴얼로서 대부분의 명령어에 대해 --help 옵션보다 훨씬 자세한 내용을 담고 있습니다. 그리고 man은 명령어뿐만 아니라 리눅스의 설정 파일이나 라이브러리에 대한 설명도 포함하고 있습니다.

man 명령어를 사용하는 방법은 다음과 같습니다.

● man 사용법

```
man <알고 싶은 명령어>
```

지금까지 자주 사용한 cat 명령어에 대한 man 매뉴얼을 확인해 보겠습니다.

● cat 명령어의 매뉴얼 확인

```
$ man cat
```

man을 동작하면 less 명령어가 사용되어 매뉴얼이 표시됩니다. 따라서 space 를 누르면 밑으로 스크롤되고 q 를 누르면 종료합니다. less 명령어에 대한 사용법은 5장을 참고하기 바랍니다.

다음이 man으로 표시한 cat 명령어의 매뉴얼입니다.

● cat 명령어에 대한 매뉴얼

```
CAT(1)    User Commands    CAT(1)

NAME
       cat - concatenate files and print on the standard output

SYNOPSIS
       cat [OPTION]... [FILE]...

DESCRIPTION
       Concatenate FILE(s) to standard output.

       With no FILE, or when FILE is -, read standard input.

       -A, --show-all
             equivalent to -vET

       -b, --number-nonblank
             number nonempty output lines, overrides -n


       -e      equivalent to -vE
```

```
-E, --show-ends
        display $ at end of each line

-n, --number
        number all output lines

-s, --squeeze-blank
        suppress repeated empty output lines

-t      equivalent to -vT

-T, --show-tabs
        display TAB characters as ^I

-u      (ignored)

-v, --show-nonprinting
        use ^ and M- notation, except for LFD and TAB

--help display this help and exit

--version
        output version information and exit
```

EXAMPLES
```
cat f - g
        Output f's contents, then standard input, then g's contents.

cat    Copy standard input to standard output.
```

AUTHOR
```
Written by Torbjorn Granlund and Richard M. Stallman.
```

REPORTING BUGS
```
GNU coreutils online help: https://www.gnu.org/software/coreutils/
Report cat translation bugs to https://translationproject.org/team/
```

```
COPYRIGHT
       Copyright © 2018 Free Software Foundation, Inc.  License GPLv3+: GNU
GPL version 3 or later <https://gnu.org/licenses/gpl.html>.
       This is free software: you are free to change and redistribute it.
There is NO WARRANTY, to the extent permitted by law.

SEE ALSO
       tac(1)

       Full documentation at: https://www.gnu.org/software/coreutils/cat
       or available locally via: info '(coreutils) cat invocation'

GNU coreutils 8.30         September 2019        CAT(1)
```

cat 명령어의 --help 옵션이 출력하는 것보다 훨씬 상세하게 내용이 출력된 것을 알 수 있습니다. man을 통해 확인할 수 있는 정보는 보통 다음과 같습니다.

표 6-2 man의 각 항목

항목	내용
이름	명령어 이름과 간단한 설명
서식	옵션이나 인자 지정 방법
설명	명령어의 상세 설명
옵션	지정할 수 있는 옵션 목록과 사용 방법
예	대표적인 사용 방법 예시
환경 변수	동작을 바꾸는 변수에 대한 설명
파일	설정 파일이나 관련 파일
관련 항목	관련된 명령어 혹은 동작이 비슷한 명령어
버그	알려진 버그

man도 명령어이므로 자기 자신에 대한 매뉴얼이 있습니다. 다음과 같이 man에 대한 매뉴얼을 살펴볼 수 있습니다.

● man에 대한 매뉴얼

```
$ man man
```

이러면 man의 사용법에 대한 상세한 설명을 확인할 수 있습니다. 혹시 man의 설명과 이 책의 설명이 다소 다르다면 man 매뉴얼의 내용이 더 정확하다고 생각하면 됩니다.

책이나 웹상의 자료는 이전 버전의 내용이거나 특정 배포판에 한정된 내용일 수 있습니다. 따라서 **다른 자료보다 가장 먼저 man 매뉴얼을 살펴보는 것이 좋습니다.**

키워드로 매뉴얼 찾기

명령어 이름을 모르는 경우에는 키워드로 매뉴얼을 검색할 수 있습니다. man 명령어의 -k 옵션을 사용하면 됩니다.

● 키워드로 man 찾기

```
man -k <키워드>
```

다음은 copy라는 단어로 검색한 결과입니다. 복사와 관련된 다양한 명령어가 검색되었습니다.

● copy라는 키워드로 매뉴얼 검색

```
$ man -k copy
cp (1)                  - copy files and directories
cpgr (8)                - copy with locking the given file to the password or group file
cpio (1)                - copy files to and from archives
cppw (8)                - copy with locking the given file to the password or group file
dd (1)                  - convert and copy a file
debconf-copydb (1)      - copy a debconf database
gvfs-copy (1)           - (unknown subject)
install (1)             - copy files and set attributes
mcopy (1)               - copy MSDOS files to/from Unix
ntfscp (8)              - copy file to an NTFS volume.
rcp (1)                 - OpenSSH secure file copy
rsync (1)               - a fast, versatile, remote (and local) file-copying tool
scp (1)                 - OpenSSH secure file copy
ssh-copy-id (1)         - use locally available keys to authorise logins on a remote machine
```

검색된 개요를 보고 명령어를 선택해서 자세한 내용을 확인하면 됩니다. 그리고 명령어 뒤에 붙은 괄호 안의 숫자는 이어서 설명할 섹션 번호를 의미합니다.

섹션

앞서 cat 명령어에 대한 man 매뉴얼을 출력했을 때 시작 부분에 CAT(1)이라고 출력되었습니다. **괄호 안의 숫자는 매뉴얼의 섹션 번호를 의미합니다.**

매뉴얼의 섹션은 크게 9가지가 있습니다. 리눅스 관련 문서에서도 섹션 번호가 자주 인용됩니다.

마지막 섹션인 커널 루틴은 비교적 최근에 추가되었기 때문에 배포판과 버전에 따라서는 섹션 8까지만 있을 수도 있습니다.

그리고 다른 섹션에 같은 이름의 매뉴얼이 있는 경우가 있습니다. 예를 들어 crontab의 경우 crontab(1)과 crontab(5)가 있습니다. 이런 경우에는 명령어 이름뿐만 아니라 섹션 번호도 함께 지정해야 원하는 매뉴얼을 확인할 수 있습니다.

표 6-3 man의 섹션 번호

섹션 번호	내용
1	명령어
2	시스템콜
3	라이브러리 함수
4	디바이스 파일
5	파일 서식
6	게임
7	기타
8	시스템 관리 명령어
9	커널 루틴

섹션 번호를 지정하는 방법은 다음과 같습니다.

● 섹션 번호를 지정하여 매뉴얼 확인

```
man 〈섹션 번호〉 〈이름〉
```

섹션 번호를 생략하면 섹션 번호의 값이 제일 작은 매뉴얼이 출력됩니다.

```
man 1 crontab     ← 섹션 1(명령어) crontab 매뉴얼 표시
man 5 crontab     ← 섹션 5(파일 서식) crontab 매뉴얼 표시
man crontab       ← 번호가 작은 섹션1(명령어) crontab 매뉴얼 표시
```

특정 명령어가 어떤 섹션에 포함되어 있는지를 확인하려면 다음과 같이 -wa 옵션을 사용하면 됩니다.

◉ 섹션 번호 확인

```
$ man -wa crontab
/usr/share/man/man1/crontab.1.gz
/usr/share/man/man5/crontab.5.gz
```

그러면 매뉴얼 페이지의 실제 파일 경로가 출력됩니다. 파일 경로를 보면 해당 매뉴얼이 어떤 섹션에 속하는지 확인할 수 있습니다.

6.3 명령어 검색

 which 명령어: 명령어의 전체 경로 표시

4장에서 설명했듯이 리눅스의 명령어의 실체는 파일입니다. 예를 들어 cat 명령어의 실체는 /bin디렉터리 아래에 /bin/cat이라는 파일입니다.

◉ cat 명령어의 경로는 /bin/cat

```
$ ls -lF /bin/cat
-rwxr-xr-x 1 root root 43416  9월  5  2019 /bin/cat*
```

하지만 우리가 cat을 사용할 때는 /bin/cat이라고 입력하지 않고 cat이라고 입력합니다. 이는 셸이 **$PATH라는 환경 변수에 저장된 장소에서 명령어를 찾도록 되어 있기** 때문입니다. 환경 변수에 대해서는 8장에서 자세히 살펴봅니다. 지금은 셸이 명령어를 찾는 위치가 어딘가에 기록되어 있다고만 생각해 둡시다.

셸이 명령어를 찾는 위치는 다음과 같이 확인할 수 있습니다.

● 셸이 명령어를 찾는 위치

```
$ echo $PATH
/usr/local/sbin:/usr/local/bin:/usr/sbin:/usr/bin:/sbin:/bin:/usr/games:/
usr/local/games:/snap/bin
```

위에서 출력된 문자열은 디렉터리를 :으로 연결한 것입니다. cat 명령어를 실행하면 다음 그림과 같이 $PATH로 지정한 디렉터리에서 명령어를 찾습니다.

그림 6-4 명령어의 실행 파일을 $PATH에서 검색

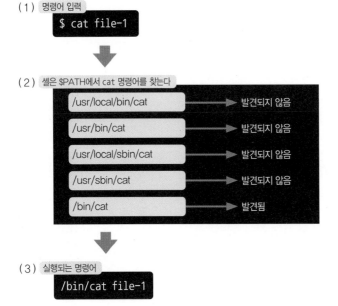

$PATH에 설정된 디렉터리를 패스(path)라고 합니다. **패스를 설정해 두면 명령어가 실제 어디에 있든 명령어의 이름만으로 실행**하는 것이 가능해집니다.

명령어 파일의 실제 위치는 which 명령어를 사용해 확인할 수 있습니다.

● 명령어의 실제 위치 출력

```
which [옵션] <명령어 이름>
```

which를 실행하면 패스 상의 디렉터리를 검색하여 지정한 명령어의 전체 경로를 출력합니다.

● cat 명령어의 전체 경로 출력

```
$ which cat
/bin/cat
```

같은 이름의 파일이 여러 개 있으면 제일 먼저 발견된 것만 출력합니다. 같은 이름의 파일을 전부 다 출력하려면 -a 옵션을 지정해야 합니다.

● lsmod 명령어의 위치를 전부 출력

```
$ which -a lsmod
/usr/sbin/lsmod
/usr/bin/lsmod
/sbin/lsmod
/bin/lsmod
```

6.4 한글 문서와 영어 문서

LINUX FOR EVERYONE

이 절에서는 리눅스 문서와 한글 문서를 간단히 설명하겠습니다.

한글 버전으로 리눅스를 설치했으면 명령어 도움말이 한글로 표시됩니다. 한글이 표시되지 않을 때 다음과 같이 명령어의 앞에 LANG=ko_KR.UTF-8을 붙이면 한글로 표시됩니다.

● 한글로 도움말 출력

```
$ LANG=ko_KR.UTF-8 cat --help
사용법: cat [<옵션>]... [<파일>]...
FILE(들)을 합쳐서 표준 출력으로 보낸다.
<파일>이 주어지지 않거나 - 이면 표준 입력을 읽습니다.
... 생략 ...
```

영어로 출력하려면 다음과 같이 LANG=C를 붙입니다. LANG=C는 기본 설정을 의미합니다. 리눅스의 기본 언어는 영어이므로 영어가 출력됩니다.

● 영어로 도움말 출력

```
$ LANG=C cat --help
Usage: cat [OPTION]... [FILE]...
Concatenate FILE(s) to standard output.
With no FILE, or when FILE is -, read standard input.
... 생략 ...
```

이렇게 명령어를 실행할 때마다 출력 언어를 지정하는 것이 번거롭다면 8장에서 소개할 환경 변수에 기본 설정 값을 지정하면 됩니다.

아쉽게도 한글 버전의 도움말은 영어에 비해 완벽하지 않습니다. 영어 도움말에 있는 최신 변경 내용이 한글 도움말에는 아직 없을 수 있고, 아예 영어 도움말만 지원되는 명령어도 많습니다. 따라서 정확한 정보를 얻으려면 영어로 된 도움말과 문서를 읽는 것이 좋습니다.

마무리 이 장에서는 파일을 찾거나 명령어의 사용법을 알아보는 방법을 살펴봤습니다. 이 장에서 소개한 명령어들은 다양한 옵션과 기능을 갖추고 있으니 꼭 도움말이나 man 명령어를 확인하면서 충분히 실습하기 바랍니다.

참고로 info 명령어를 사용하면 man보다 더 자세한 내용을 확인할 수 있습니다. info 명령어의 사용법은 부록을 참고하세요.

## 7장

텍스트 에디터

리눅스를 다루다 보면 텍스트 파일을 자주 편집하게 됩니다. 애플리케이션의 설정 파일을 편집하거나 스크립트 코드를 수정하는 일이 흔하기 때문입니다. 이를 위해 리눅스의 텍스트 에디터 중 하나를 선택해서 그 사용법을 익혀 두어야 합니다.

이 장에서는 Vim이라는 텍스트 에디터의 사용법을 알아보겠습니다. 처음엔 다소 어렵다고 느껴질 수 있지만 기본적인 조작법부터 익혀 나간다면 무척 편리한 도구임을 알게 될 것입니다.

지금까지 파일을 다루는 방법에 대해 알아봤습니다. **파일은 내용에 따라 텍스트 파일과 바이너리 파일로 나뉩니다.**

텍스트 파일은 이름 그대로 텍스트(문자열)가 적혀진 파일을 말합니다. 예를 들어 여러분이 작성한 메모, 프로그램 코드, HTML 파일 등이 텍스트 파일에 해당됩니다. cat이나 less를 통해 이런 텍스트 파일의 내용을 확인하는 것이 가능합니다. 5장에서 살펴본 /etc/crontab 파일도 역시 텍스트 파일입니다.

🔘 텍스트 파일의 예 /etc/crontab

```
$ cat /etc/crontab
# /etc/crontab: system-wide crontab
# Unlike any other crontab you don't have to run the `crontab'
# command to install the new version when you edit this file
# and files in /etc/cron.d. These files also have username fields,
# that none of the other crontabs do.

SHELL=/bin/sh
PATH=/usr/local/sbin:/usr/local/bin:/sbin:/bin:/usr/sbin:/usr/bin
... 생략 ...
```

바이너리 파일은 이미지나 음성 파일, 리눅스 명령어 파일(예를 들어 cat 명령어의 경우 /bin/cat)을 말합니다. 이들은 텍스트로 쓰인 것이 아니라서 사람이 직접 읽을 수 없습니다. 다음과 같이 cat 명령어에 -v 옵션을 붙여서 억지로 열어볼 수는 있지만 알아볼 수는 없습니다.

그림 7-1 바이너리 파일(/bin/cat) 출력

리눅스에서는 설정 파일이나 스크립트 등 많은 부분에서 텍스트 파일이 사용됩니다. 예를 들어 지금까지 사용한 배시나 웹 서버로 많이 사용되는 아파치의 설정 파일 등이 텍스트 파일입니다. 이러한 텍스트 파일은 바이너리 파일에는 없는 다음과 같은 특징이 있습니다.

- 전용 애플리케이션을 사용하지 않아도 내용을 쉽게 확인할 수 있습니다.
- 호환성이 높아 많은 애플리케이션에서 사용할 수 있습니다.
- 텍스트 파일을 다루는 수많은 리눅스 명령어를 활용할 수 있습니다.

리눅스를 사용하다 보면 텍스트 파일을 편집해야 하는 경우가 자주 있습니다. 이때 텍스트 에디터를 사용하게 됩니다. 텍스트 에디터는 간단히 에디터라고도 부르는데 윈도에는 메모장, macOS에서는 텍스트 편집기가 있습니다. 이 장에서는 **Vim이라는 리눅스의 텍스트 에디터**를 배워 보겠습니다.

텍스트 에디터를 잘 다루게 되면 작업 효율이 몇 배나 더 높아지게 되어 리눅스를 좀 더 능숙하게 다룰 수 있게 됩니다.

리눅스에서 사용할 수 있는 에디터는 많습니다. 그중에서 가장 유명한 것을 꼽자면 Vim과 Emacs가 있습니다. 이 장에서 소개할 Vim은 윈도의 메모장과 비교하면 특수한 조작법을 익혀야 하므로 초기 진입 장벽이 높을 수 있습니다.

하지만 Vim은 최소한의 손동작으로 문서를 편집할 수 있도록 설계되어 있습니다. 또한, 대부분의 리눅스 배포판에 기본으로 설치되어 있어서 실질적인 리눅스의 표준 에디터라 할 수 있습니다.

리눅스에는 Vim 이외의 에디터가 설치되어 있지 않고, Vim을 사용할 수밖에 없는 상황도 있습니다. 따라서 이 책에서는 Vim에 관해 설명합니다. Vim을 익혀 두면 리눅스를 다룰 때 크게 도움이 될 것입니다.

Emacs는 이 책에서 다루지 않지만 인터넷에 많은 정보가 있으니 흥미가 있다면 참고하기 바랍니다.

 Vim 설치

먼저 Vim이 설치되어 있는지부터 확인해 보겠습니다. 다음과 같이 --version 옵션을 지정하여 vim 명령어를 실행합니다. **이 책에서는 에디터를 지칭할 때는 Vim으로 표기하고, 명령어를 지칭할 때는 vim이라고 표기하겠습니다.**

◉ vim 명령어의 설치 여부 확인

```
$ vim --version
VIM - Vi IMproved 8.1 (2018 May 18, 빌드한 날짜 Apr 15 2020 06:40:31)
```

Vim이 설치되어 있다면 위와 같이 버전 정보가 표시됩니다.

만약 명령어를 찾을 수 없다는 에러 메시지가 표시된다면 Vim을 설치해야 합니다. 다음과 같이 Vim을 설치합니다.

● 우분투에서 Vim 설치[1]

```
$ apt-get install vim
```

CentOS에서는 다음과 같이 설치합니다.

● CentOS에서 Vim 설치

```
$ yum install vim
... 생략 ...
Is this ok [y/d/N]: y      ← y 입력
```

apt-get이나 yum은 20장에서 자세히 다루겠습니다.

 기동과 종료

설치가 완료되었으면 Vim을 사용해 보겠습니다. Vim을 사용하려면 vim이라는 명령어를 입력해야 합니다.

● vim 시작

```
$ vim      ← vi라고만 입력해도 가능
```

Vim은 vi의 뒤를 이어 개발된 에디터입니다. 호환성을 위해 vi라고 입력해도 Vim이 기동됩니다.

---

1 역주 설치 중에 lock을 얻을 수 없다는 에러 메시지가 발생하면 다음 명령을 순서대로 실행해 보기 바랍니다.
   sudo killall apt apt-get
   sudo rm /var/lib/apt/lists/lock
   sudo rm /var/cache/apt/archives/lock
   sudo rm /var/lib/dpkg/lock*
   sudo dpkg --configure -a
   sudo apt update

또한, 많은 리눅스 문서에서 Vim을 vi라고 지칭하고 있습니다. 따라서 vi라고 하면 Vim을
말한다고 생각하면 됩니다.

vim 혹은 vi를 입력하여 Vim을 기동하면 다음과 같은 화면이 표시됩니다.

● Vim 기동 화면

```
~
~
~                         빔 - 향상된 Vi
~
~                          판 8.1.2269
~                       by Bram Moolenaar et al.
~                   Modified by team+vim@tracker.debian.org
~                  빔은 누구나 소스를 볼 수 있고 공짜로 배포됩니다
~
~                          빔 사용자로 등록하세요!
~         이에 대한 정보를 보려면     :help register<엔터> 입력
~
~         끝내려면                  :q<엔터>  입력
~         온라인 도움말을 보려면      :help<엔터> 또는 <F1>  입력
~         판 정보를 보려면           :help version8<엔터>  입력
~
```

Vim을 사용할 때 가장 먼저 알아야 하는 것은 바로 종료하는 방법입니다. Vim은 윈도의 메모장처럼
직관적으로 사용법을 파악할 수 있는 에디터가 아닙니다. 그래서 끄는 방법을 모르면 셸로
돌아가지 못하는 곤경에 빠질 수 있습니다.

Vim을 종료하려면 다음과 같이 :(콜론)과 q를 입력하고 Enter 를 누르면 됩니다.

● Vim 종료 방법

```
:q [enter]
```

콜론을 입력하면 화면의 가장 밑에 콜론이 표시됩니다. 이어서 q를 입력하고 Enter 를 누르면
Vim이 종료되어 셸로 돌아가게 됩니다.

주의 사항

지금부터 Vim 명령어에 대해 알아볼 텐데 주의해야 할 사항이 있습니다.

Vim에는 명령어를 입력하는 모드와 텍스트를 입력하는 모드가 있습니다. 그래서 텍스트를 입력하는 모드에서는 명령어를 입력해도 그저 텍스트로 입력되어서 원하는 기능을 수행할 수 없습니다.

이때는 Esc 를 여러 번 눌러서 입력 모드에서 벗어나야 합니다. 그러면 명령어를 입력할 수 있게 됩니다.

 파일 열기

Vim을 실행할 때 파일 이름을 지정하면 해당 파일을 열 수 있습니다. vim 〈파일 이름〉과 같은 형식으로 실행하면 됩니다. 이때 존재하지 않는 파일 이름을 지정하면 해당 이름으로 파일이 새로 만들어집니다.

그러면 vim 명령어로 새로운 파일을 만들어 보겠습니다. 다음과 같이 newfile1.txt이라는 파일을 지정해서 Vim을 기동해 보겠습니다.

◉ 파일 이름을 지정하여 Vim을 기동하기

```
$ vim newfile1.txt
```

그러면 다음과 같은 화면이 보입니다.

● Vim으로 신규 파일을 만들기

```
~
~
~
~
~
~
~
~
~
~
~
~
"newfile1.txt" [새 파일]
```

Vim에서는 파일의 내용이 끝난 이후 각 행에 틸드를 표시합니다. 새로운 파일이 만들어지면 아무런 내용이 없기 때문에 오로지 틸드만 표시됩니다.

 3 **파일 저장하기**

이번에는 파일을 저장해 보겠습니다. **편집 중인 파일을 저장하려면 :w 명령어를 사용해야 합니다.** :q와 마찬가지로 :을 입력한 뒤에 w를 입력하면 됩니다.

● Vim 파일 저장

```
:w
```

Vim으로 기존 파일을 열은 상태라면 덮어쓰게 되고, 새로운 파일을 편집 중이라면 새로운 파일이 만들어집니다. 그리고 w와 스페이스에 이어 별도의 파일 이름을 지정하면 해당 파일 이름으로 저장됩니다.

여기서는 아무런 내용도 입력하지 않고 저장해 보겠습니다. :q로 Vim을 종료한 뒤 ls로 생성된 파일을 확인해 보겠습니다.

● 신규 파일 생성 확인

```
$ ls
newfile1.txt
```

그런데 파일을 열어서 무언가 내용을 변경한 뒤에 :q로 종료하려고 하면 다음과 같은 메시지가 출력됩니다.

● 파일을 편집하고 저장하지 않은 채 종료할 때의 메시지

```
E37: 마지막으로 고친 뒤 저장되지 않았습니다 (무시하려면 ! 더하기)
```

이때는 :w로 파일의 내용을 저장한 뒤 :q로 종료하거나 현재 편집한 내용을 저장하지 않은 채 종료하려면 :q!와 같이 !를 붙여야 합니다.

여기까지 소개한 Vim의 사용법을 표로 정리하면 다음과 같습니다.

표 7-1 Vim 종료, 저장 명령어

명령어	내용
:q	Vim 종료
:w	저장
:w <파일 이름>	파일 이름을 지정하여 저장
:q!	저장하지 않고 Vim 종료

7.4 Vim 파일 편집

이제 본격적으로 텍스트를 편집하는 방법을 알아보겠습니다.

커서 이동

먼저 Vim에서 커서를 이동하는 방법을 알아보겠습니다. 연습을 위해 /etc/crontab을 현재 디렉터리로 복사하고 Vim으로 열어 보겠습니다.

◉ /etc/crontab 을 복사하여 Vim으로 열기

```
$ cp /etc/crontab .
$ vim crontab
```

Vim으로 파일을 열면 커서가 파일의 맨 첫 부분에 있습니다. **커서를 옮기려면 [h], [j], [k], [l]을 사용해야 합니다.**

표 7-2 Vim에서 커서 이동

명령어	내용
[h]	왼쪽으로 이동
[j]	아래로 이동
[k]	위로 이동
[l]	오른쪽으로 이동

그림 7-2 Vim에서 커서 이동

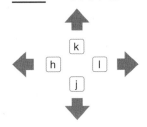

처음에는 [h], [j], [k], [l]로 커서를 옮기는 것이 무척 낯설 것입니다. 하지만 이 방식은 키보드 위 손의 움직임을 최소화하는 방식입니다.

따라서 적은 움직임으로 빠르게 문서 작업하기에 매우 유리합니다. 익숙해지면 작업 효율을 아주 많이 높일 수 있으니 충분히 연습하기 바랍니다.

 문자 삭제

Vim에서 문자를 지우려면 지우고 싶은 문자 위에서 [x]를 누르면 됩니다. 앞서 열었던 crontab 파일에는 다음 문장이 있을 것입니다.

```
# Example of job definition:
```

예를 들어 위 문장에서 job을 지우고 싶다면 먼저 커서를 j의 위치로 이동한 뒤 ⌧를 누르면 j가 삭제됩니다.

그림 7-3 Vim에서 문자 삭제

```
# For details see man 4 crontabs
```

⌧를 눌러 문자 삭제

```
# or details see man 4 crontabs
```

⌧를 누를 때마다 한 문자씩 지워집니다. 그래서 j 위치에서 ⌧를 3번 누르면 다음과 같이 job이 삭제됩니다.

③ 문자 입력

이번에는 Vim에서 문자를 입력해 보겠습니다. Vim에서는 기본적으로 문자가 명령어로 해석되어 텍스트에 입력되지 않습니다. **문자를 입력하려면 ⓘ를 눌러야 합니다.**

여기서는 앞서 지운 job을 다시 입력해 보겠습니다.

```
# Example of definition:
```

먼저 커서를 이동하여 of의 오른쪽 공백으로 이동합니다.

그 상태에서 ⓘ를 입력하면 **문자를 입력할 수 있는 모드로 바뀝니다.** 그리고 나서 문자 j, o, b을 차례로 입력합니다.

그림 7-4 Vim 문자 입력

```
# details see man 4 crontabs
```

ⓘ를 누르고 ⒥ⓞⓑ을 입력

```
# For details see man 4 crontabs
```

입력이 끝났으면 [Esc]를 누릅니다. 그러면 입력 모드가 종료됩니다.

이처럼 Vim은 다른 에디터와 달리 모드라는 것이 존재합니다. 명령어를 입력할 수 있는 보통 모드(normal mode)가 있고, 텍스트를 입력할 수 있는 입력 모드(insert mode)가 있습니다. 보통 모드에서 [i]를 누르면 **입력 모드**가 되며 [Esc]를 누르면 다시 **보통 모드**로 돌아옵니다.

그림 7-5 Vim의 모드

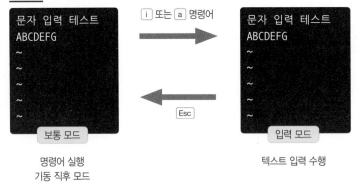

[i]를 통해 입력 모드로 전환한 경우에는 입력하는 글자가 커서의 왼쪽에 추가됩니다. 이와 반대로 **커서의 오른쪽에 문자를 입력하고 싶은 경우에는 [a]를 사용합니다.** 다음은 [a]를 눌러 입력 모드로 전환한 뒤 문장의 끝에 !를 추가한 예입니다.

그림 7-6 커서 오른쪽 위치에 문자 입력

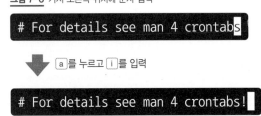

[i]로 시작한 입력 모드에서는 문장의 끝에 문자를 입력하기 어렵기 때문에 [a]를 사용하는 경우가 종종 있습니다. [a]를 통해 시작한 입력 모드를 종료하는 방법은 마찬가지로 [Esc]를 누르면 됩니다.

여기까지 소개한 Vim의 사용법을 정리하면 다음과 같습니다. 이 명령어만으로도 기본적인 편집이 가능하니 충분히 연습한 뒤 다음 내용을 진행하기 바랍니다.

표 7-3 Vim의 기본적인 명령어

명령어	내용
:q	Vim 종료
:w	파일을 덮어쓰기 저장
:q!	파일을 저장하지 않고 종료
h	왼쪽으로 이동
j	아래로 이동
k	위로 이동
l	오른쪽으로 이동
x	커서가 위치한 문자 삭제
i	커서 왼쪽에 문자 추가
a	커서 오른쪽에 문자 추가

7.5 효율적인 커서 이동

LINUX FOR EVERYONE

여기서는 더 효율적으로 커서를 이동하는 방법을 알아보겠습니다.

단어 단위로 이동

h나 l로는 한 문자씩 커서를 이동할 수 있습니다.

한편 w를 사용하면 다음 단어의 첫 글자로 이동할 수 있습니다. 예를 들어 다음 문장의 #에 현재 커서가 있다고 생각해 봅시다.

Example of job definition:

여기서 w를 누르면 다음 단어 Example의 E로 커서가 이동합니다. 이후 다시 w를 입력하면 o, j로 차례로 이동하게 됩니다.

한편 이와 반대로 이동하려면 ⓑ를 누르면 됩니다.

그림 7-7 단어 단위로 커서 이동

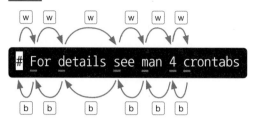

여기서 주의할 점은 Vim에서는 공백 이외에도 쉼표(,)나 괄호와 같은 기호도 단어 구분자로 사용됩니다. 예를 들어 can't의 경우 can, ', t 가 각각 단어로 구별됩니다.

그래서 다음과 같이 You can't do that이라는 문장의 첫 글자에 커서가 있는 상태에서 ⓦ를 누르면 차례로 c, ', t, d, t로 커서가 옮겨갑니다.

그림 7-8 단어 구분자

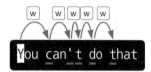

공백을 기준으로 커서를 이동하고 싶은 경우에는 Ⓦ와 Ⓑ를 사용하면 됩니다.

표 7-4 단어 단위로 커서 이동

명령어	내용
ⓦ	다음 단어의 첫 글자로 이동
ⓑ	이전 단어의 첫 글자로 이동
Ⓦ	공백을 기준으로 다음 단어의 첫 글자로 이동
Ⓑ	공백을 기준으로 이전 단어의 첫 글자로 이동

 행의 처음이나 끝으로 이동

Vim에서는 ⓪을 누르면 행의 시작으로 이동하고 $을 입력하면 끝으로 이동합니다.

표 7-5 행의 시작과 끝으로 커서 이동

명령어	내용
0	행의 시작으로 이동
$	행의 끝으로 이동

그림 7-9 행 시작과 끝으로 이동

0 행 시작으로 이동 $ 행 끝으로 이동

`# For details see man 4 crontabs`

한 행이 길어 화면에 여러 행에 걸쳐 표시되는 경우에도 $를 누르면 행 끝으로 한 번에 이동합니다.

 행 번호로 이동

큰 파일을 다룰 때는 행 번호로 바로 이동할 수 있으면 편리할 것입니다. Vim에서는 〈행 번호〉G를 입력하면 지정한 행으로 이동합니다.

예를 들어 100G라고 입력하면 파일의 100번째 행으로 이동합니다. 여기서 G는 대문자이기 때문에 Shift와 함께 g를 입력해야 합니다.

그림 7-10 행 번호로 이동

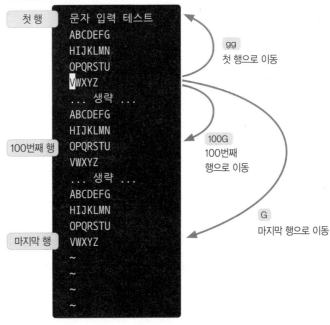

첫 행   문자 입력 테스트
ABCDEFG
HIJKLMN
OPQRSTU
VWXYZ
... 생략 ...
ABCDEFG
HIJKLMN
100번째 행   OPQRSTU
VWXYZ
... 생략 ...
ABCDEFG
HIJKLMN
OPQRSTU
마지막 행   VWXYZ
~
~
~
~

gg
첫 행으로 이동

100G
100번째
행으로 이동

G
마지막 행으로 이동

그리고 파일의 처음과 끝으로 이동해야 되는 경우가 자주 발생하기 때문에 이를 위한 전용 명령어가 있습니다. **파일의 처음으로 이동할 때는 gg, 파일의 마지막으로 이동할 때는 G를 누릅니다.**

표 7-6 행 번호로 커서 이동

명령어	내용
gg	첫 행으로 이동
G	마지막 행으로 이동
〈숫자〉G	〈숫자〉행으로 이동

7.6 자르기, 복사하기, 붙여넣기

일반적인 텍스트 에디터와 같이 Vim에서도 자르기, 복사하기, 붙여넣기를 할 수 있습니다. 하지만 Vim에서는 각 기능에 대한 명칭이 조금 다릅니다. 예를 들어 자르기(cut)를 delete라고 합니다.

표 7-7 Vim에서의 자르기, 복사, 붙여넣기의 호칭

일반적인 에디터에서의 명칭	Vim에서의 호칭
자르기	삭제(delete)
복사	복사(yank)
붙여넣기	붙여넣기(put)

각 조작법을 알아보겠습니다. 먼저 삭제부터 알아보겠습니다.

 삭제

지우기 위해서는 이전에 살펴본 x를 누르거나 d 명령어를 사용합니다. d 명령어의 경우 지금까지 살펴본 다른 명령어와 다르게 범위를 지정할 수 있습니다. **d라는 문자를 입력한 뒤 커서를 이동하여 지울 범위를 지정하게 됩니다.**

에를 들어 $는 커서를 문장의 마지막으로 이동시킵니다. 이것과 d를 조합하여 d$를 입력하면 현재 위치부터 문장의 마지막까지의 텍스트를 지웁니다.

이외에도 다음과 같이 커서 이동 명령어와 조합하여 d 명령어를 사용할 수 있습니다.

표 7-8 삭제 명령어의 예시

명령어	내용
d$	현재 행의 위치에서 마지막까지 삭제
d0	현재 행의 위치에서 시작까지 삭제
x, dl	문자 한 개 삭제
dw	단어 한 개 삭제
dgg	현재 위치에서 문서 시작까지 삭제
dG	현재 위치에서 문서 끝까지 삭제

보고 있는 것만으로는 좀처럼 익숙해지지 않으니 많이 연습하기 바랍니다.

2 붙여넣기

d로 지운 텍스트는 **p로 원하는 곳에 붙여 넣을 수 있습니다.** 예를 들어 다음과 같이 d$로 지운 뒤 원하는 위치로 커서를 이동한 뒤 p를 입력하면 지워진 내용이 붙여집니다.

그림 7-11 자르기 & 붙여넣기

```
# For details see man 4 crontabs
```

d$를 눌러 행의 끝까지 삭제

붙여 넣고 싶은 위치에 커서를 이동한 뒤
p를 눌러 붙여 넣음

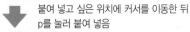

```
# For details see man 4 crontabs
```

복사

지우지 않고 복사만 하고 싶은 경우에는 d 대신에 y를 사용합니다. **y도 d와 비슷하게 복사할 범위를 지정합니다.** 즉, d를 사용하던 방식에서 d를 y로만 바꾸면 자르기에서 복사가 됩니다.

예를 들어 d$를 하면 현재 위치에서 행의 마지막까지 자릅니다. 여기서 d를 y로 바꾼 y$는 현재 위치에서 행의 마지막까지 복사합니다.

y로 복사한 내용을 붙여 넣을 때는 p를 사용합니다.

한편 현재 커서가 위치한 행 전체에 대해 복사하거나 자르고 싶은 경우에는 yy와 dd를 사용하면 됩니다.

표 7-9 현재 행의 복사와 삭제

명령어	내용
yy	현재 커서가 있는 행을 복사
dd	현재 커서가 있는 행을 삭제

4 명령어 조합

d$는 삭제를 의미하는 d라는 명령어와 커서를 옮기는 명령어 $가 조합된 형태입니다.

Vim에는 커서를 이동하는 다양한 명령어가 있으며 이들 명령어를 조합하면 빠르게 커서를 이동하고 삭제, 복사할 수 있습니다. 명령어를 조합한다는 개념을 잘 기억해 두면 Vim의 다양한 명령어를 익히고 다룰 때 도움이 됩니다.

7.7 그 외의 조작

LINUX FOR EVERYONE

그 외 명령어를 알아보겠습니다.

다음 행과 연결하기

문자를 지우는 x 명령어로는 행의 끝에 있는 개행문자를 지울 수 없어 두 행을 한 행으로 하는 것과 같은 조작이 어렵습니다. 이때 **J 명령어를 사용하면 현재 행과 다음 행이 한 행이 됩니다.**

예를 들어 다음과 같이 # Example of job definition:이라고 쓰여진 행에 커서가 있을 때 J를 누르면 그 밑의 행과 하나의 행이 됩니다.

그림 7-12 J 명령어로 두 행을 한 행으로 연결

```
# Example of job definition:
# .--------------- minute (0 - 59)
# |   .------------ hour (0 - 23)
```

 J를 눌러 현재 행과 다음 행을 연결

```
# Example of job definition: # .--------------- minute (0 - 59)
# |   .------------ hour (0 - 23)
```

취소와 재실행

Vim에서는 방금 실행한 동작에 대해 취소할 수 있습니다.

직전에 실행한 조작을 취소하기 위해서는 U를 누릅니다. **u는 undo의 약자로 실수로 잘못 지웠을 때 많이 사용합니다.**

한편 취소한 동작에 대해 다시 실행하고 싶은 경우에는 Ctrl + r을 누릅니다. 그러면 취소하기 전의 상태로 돌아갑니다. 여기서 r은 redo의 약자입니다.

직접 텍스트 파일을 열어 d$로 삭제하고 u와 Ctrl + r을 눌러 취소와 재실행을 확인해 보기 바랍니다.

기본적인 편집 방법에 대해 알아봤습니다. 이번에는 Vim의 한층 심화된 사용법에 대해 배워 보겠습니다.

 검색

Vim은 파일 내의 문자열을 검색 수 있습니다.

파일 내의 문자열을 검색하기 위해서는 먼저 /를 누릅니다. 그러면 :을 입력할 때와 마찬가지로 하단에 입력란이 표시됩니다. 여기서 검색하고 싶은 문자열을 입력한 뒤 Enter를 누르면 됩니다.

다음 예는 day라는 문자열을 검색합니다. 그러면 발견된 문자열의 위치로 커서가 이동하게 됩니다.

● 문자열 day를 검색

```
/day
```

/에 의한 검색은 현재 커서부터 시작합니다. 파일의 처음부터 검색하고 싶은 경우에는 먼저 gg를 입력하여 첫 부분으로 이동한 뒤 검색하면 됩니다.

검색 결과가 여러 개면 n을 누를 때마다 다음 검색 결과로 이동합니다. 그리고 이전 검색 결과로 이동하고 싶은 경우에는 N을 누르면 됩니다. 그리고 /는 현재 위치에서 파일 아래로 이동하며 검색하지만, ?는 역방향으로 검색합니다.

표 7-10 Vim의 검색 명령어

명령어	내용
/〈문자열〉	아래 방향으로 〈문자열〉 검색
?〈문자열〉	위 방향으로 〈문자열〉 검색

n	다음 검색 결과로 이동
N	이전 검색 결과로 이동

이 조작법은 5장에서 배운 less 명령어와 동일합니다. less에 익숙하다면 자연스럽게 사용할 수 있을 것입니다.

 치환

텍스트 파일 내의 특정 문자열을 다른 문자열로 치환하는 방법은 다음과 같습니다.

● 문자열 치환

```
%s/<검색할 문자열>/<치환할 문자열>/g
```

먼저 :을 누르면 가장 밑에 명령어 입력란이 표시됩니다. 여기서 %s/day/pen/g를 입력하면 파일 내의 문자열 day가 pen으로 모두 바뀌게 됩니다.

그림 7-13 %s로 문자열 치환

```
# |  |  .---------- day of month (1 - 31)
# |  |  |  .------- month (1 - 12) OR jan,feb,mar,apr ...
# |  |  |  |  .---- day of week (0 - 6) (Sunday=0 or 7) OR
sun,mon,tue,wed,thu,fri,sat
# |  |  |  |  |
# *  *  *  *  * user-name  command to be executed
```

 :%s/day/pen/g로 치환

```
# |  |  .---------- pen of month (1 - 31)
# |  |  |  .------- month (1 - 12) OR jan,feb,mar,apr ...
# |  |  |  |  .---- pen of week (0 - 6) (Sunpen=0 or 7) OR
sun,mon,tue,wed,thu,fri,sat
# |  |  |  |  |
# *  *  *  *  * user-name  command to be executed
```

Vim에는 풍부한 기능이 있습니다. 이 책에서 모든 내용을 소개할 수 없기 때문에 여러분이 스스로 원하는 기능을 찾아볼 수 있도록 도움말과 공식 문서를 소개하고자 합니다.

먼저 Vim에는 튜토리얼이 포함되어 있습니다. vimtutor라는 명령어를 입력하면 튜토리얼이 시작됩니다.

● vimtutor 기동

```
$ vimtutor
```

튜토리얼을 통해 Vim의 기본 조작을 연습해 볼 수 있습니다.

그리고 Vim에는 도움말이 있습니다. :help를 입력하면 도움말을 읽을 수 있습니다.

● Vim 도움말

```
:help
```

도움말을 실행하면 Vim의 화면이 상하로 나뉘어지며 위쪽에 도움말이 표시됩니다. 도움말을 닫으려면 :q 명령을 입력하면 됩니다.

도움말 중에는 다른 항목에 대한 링크도 포함되어 있습니다. 링크로 넘어가기 위해서는 커서를 해당 위치로 이동한 뒤 Ctrl +]를 입력하면 됩니다. 그리고 링크로 넘어가기 전으로 돌아가기 위해서는 Ctrl + t를 입력합니다.

그리고 :help <명령어>와 같이 :help 뒤에 명령어를 지정하면 해당 명령어에 대한 도움말을 확인할 수 있습니다.

```
:help d
:help :w
```

Vim의 도움말에는 모든 기능에 대한 상세한 설명이 들어 있습니다. Vim을 사용하다가 막힐 때 참고하기 바랍니다.

마무리 이 장에서는 Vim에 대해 알아봤습니다. 텍스트 에디터는 앞으로 많이 사용하게 될 프로그램이므로 충분한 연습을 통해 익숙해지는 것이 좋습니다. 이제 다음 장부터 다양한 텍스트 파일을 편집하며 실습할 것입니다. 이 장의 내용을 충분히 연습한 뒤 다음 장을 진행하는 것을 권장합니다.

## 8장

배시 설정

이 장에서는 배시의 설정 방법을 배워서 자기 취향에 맞는 셸 환경을 만드는 방법을 알아봅니다.

여러분이 윈도나 맥을 사용할 때 배경화면이나 아이콘의 정렬 방법 등을 원하는 방식으로 설정해 사용하는 것처럼 리눅스에서도 사용자의 취향에 맞게 다양하게 설정할 수 있습니다. 심지어 리눅스에서는 커널의 동작과 관련된 파라미터도 설정이 가능합니다. 이는 사용자가 리눅스를 사용하는 용도에 맞게 최적화된 설정이 가능해야 한다는 철학에 근거합니다.

이 장에서는 배시 설정 방법을 알아봅니다. 리눅스를 사용한다면 늘 다루게 되는 것이 셸이니만큼 배시의 설정 방법을 잘 알아 두면 반드시 도움이 됩니다.

리눅스에서는 명령어에 별칭을 붙일 수 있습니다. 4장에서 알아본 ls를 예로 들어 별칭을 붙이는 방법을 알아보겠습니다.

다음과 같이 ls 명령어에 -F 옵션을 지정하면 파일의 종류가 표시됩니다.

◯ ls 명령어에 -F옵션을 지정하여 파일의 종류를 출력

```
$ ls -F /
bin@   cdrom/   etc/   lib@    lib64@   lost+found/   mnt/   proc/   run/   snap/
swapfile   tmp/   var/
boot/   dev/    home/   lib32@   libx32@   media/        opt/   root/   sbin@   srv/
sys/       usr/
```

이때 alias를 사용하면 ls를 입력했을 때 ls -F가 실행되게 할 수 있습니다.

◯ alias설정

```
$ alias ls='ls -F'
```

그러면 다음과 같이 ls만 입력해도 ls -F가 실행됩니다.

◯ ls를 입력하면 ls -F가 실행되어 파일의 종류가 출력됨

```
$ ls /
bin@   cdrom/   etc/   lib@    lib64@   lost+found/   mnt/   proc/   run/   snap/
swapfile   tmp/   var/
boot/   dev/    home/   lib32@   libx32@   media/        opt/   root/   sbin@   srv/
sys/       usr/
```

여기서는 옵션 하나를 지정하여 별칭을 붙였는데, **복잡한 옵션이 붙는 경우에 사용하면 더욱더 편리합니다.**

● alias 설정

```
alias <이름>='<명령어>'
```

ls에 자주 사용되는 별칭은 다음과 같습니다.

```
alias la='ls -a'     ← 모든 파일을 출력하는 la 명령어
alias ll='ls -l'     ← 파일의 상세 정보를 출력하는 ll 명령어
```

일부 배포판에서는 처음부터 이러한 설정이 적용되어 있기도 합니다.

그리고 rm 명령어 같은 경우에는 지우기 전에 항상 확인하도록 하기 위해 -i 옵션을 붙여서 별칭을 설정하기도 합니다.

```
alias rm='rm -i'     ← 지우기 전에 확인하도록 별칭 설정
alias cp='cp -i'     ← 복사해서 덮어쓰기 전에 확인하도록 별칭 설정
alias mv='mv -i'     ← 이동해서 덮어쓰기 전에 확인하도록 별칭 설정
```

 alias 확인과 삭제

어떤 명령어가 별칭인지 아닌지를 확인하기 위해서 type 명령어를 사용합니다.

● ls와 cp 명령어의 별칭 여부 확인

```
$ type ls
ls는 ' ls -F '의 별칭임
$ type cp
cp 는 해시됨 (/usr/bin/cp)
```

위 예를 보면 ls가 ls -F의 별칭인 것을 알 수 있습니다. 그리고 cp 명령어는 별칭이 아니기 때문에 cp 명령어의 전체 경로가 출력되었습니다.

그리고 설정한 별칭을 지우려면 unalias라는 명령어를 사용합니다. 다음과 같이 인자로 지우고 싶은 별칭을 지정하면 됩니다.

```
$ unalias ls
```

alias를 일시적으로 무효화하기

alias로 별칭을 붙여 놓은 상태에서 일시적으로 무효화하고 싶은 경우가 있습니다.

● ls의 별칭 여부 확인

```
$ type ls
ls는 'ls -F'의 별칭임
```

위와 같이 별칭이 설정된 상태에서 아무런 옵션이 지정되지 않은 ls 명령어를 실행하고 싶은 경우를 생각해 보겠습니다. unalias를 하면 되지만 그러면 별칭이 완전히 제거되므로 다시 설정해야 하는 번거로움이 발생합니다.

이러한 상황에서 옵션을 지정하지 않은 ls 명령어를 사용하는 첫 번째 방법은 다음과 같이 명령어의 전체 경로를 입력하는 것입니다.

● 전체 경로로 명령어 입력

```
$ /bin/ls
```

두 번째 방법은 command 명령어를 사용하는 방법입니다. command 명령어를 사용하면 별칭이 아닌 원래 명령어를 실행합니다.

● command 명령어 사용

```
$ command ls
```

세 번째 방법은 명령어 앞에 \(역슬래시)를 추가하는 방법입니다. 그러면 command 명령어를 사용하는 것과 동일하게 별칭이 아니라 원래 명령어가 실행됩니다. 문자 하나만 추가하면 되기 때문에 command보다 편리하게 사용할 수 있습니다.

● ₩를 사용

```
$ \ls
```

여기서는 배시가 제공하는 다양한 옵션 기능을 설정하는 방법을 알아보겠습니다. 배시의 여러 가지 옵션 기능은 set 명령어나 shopt 명령어를 사용하여 활성화하거나 비활성화할 수 있습니다.

그리고 배시의 옵션 기능 중에는 셸 스크립트를 사용할 때만 의미가 있는 기능이 있습니다. 이러한 기능에 대해서는 17장에서 셸 스크립트을 배우고 난 뒤 다시 살펴보겠습니다.

 set 명령어

set 명령어에서는 -o나 +o를 지정하여 옵션 기능을 활성화하거나 비활성화할 수 있습니다.

◉ 배시의 옵션 기능 활성화/비활성화

```
set -o/+o <옵션 이름>
```

-o를 지정하면 기능이 활성화되고, +o을 지정하면 비활성화됩니다. +(플러스)가 비활성화한다는 점에 주의하세요.

다음은 ignoreeof라는 옵션을 활성화하고 있습니다.

◉ ignoreeof 기능 활성화

```
$ set -o ignoreeof          ← Ctrl + d를 무시
$                           ← Ctrl + d 입력
셸을 나가려면 "exit"를 사용하세요.   ← 셸이 종료되지 않음
$
```

ignoreeof를 활성화하면 Ctrl + d를 입력해도 셸이 종료되지 않습니다. 이는 실수로 누른 Ctrl + d로 셸이 종료되지 않도록 하기 위한 설정입니다.

set 명령어를 통해 설정 가능한 기능은 다양합니다. 그중에서 많이 사용되는 세 가지를 표로 정리했습니다. man bash로 배시의 매뉴얼을 확인하면 보다 자세한 내용을 확인할 수 있습니다.

표 8-1 set 명령어로 지정 가능한 옵션

옵션명	내용
ignoreeof	Ctrl + d 로 인한 셸 종료를 방지
noclobber	이미 존재하는 파일을 리다이렉트(redirect)로 덮어쓰지 않음
noglob	경로 확장을 무효로 함. * 등을 셸에서 확장하지 않음

 ## 2 shopt 명령어

shopt 명령어도 set 명령어와 동일하게 배시의 옵션 기능을 활성화하거나 비활성화하는 명령어입니다.

● 배시 옵션 기능 설정

```
shopt -s/-u <옵션 이름>
```

-s을 지정하면 활성화되고 -u를 지정하면 비활성화됩니다.

set 명령어와 shopt 명령어로 지정할 수 있는 옵션의 이름은 다릅니다. shopt 명령어로 지정할 수 있는 옵션 중에서 자주 사용하는 기능을 다음 표에 정리했습니다. 더 자세한 내용은 배시의 man 매뉴얼에서 확인할 수 있습니다.

표 8-2 shopt 명령어로 지정 가능한 옵션

옵션명	내용
autocd	디렉터리 이름을 입력하면 해당 디렉터리로 이동함
dotglob	*나 ?를 사용한 경로 확장의 결과에 .으로 시작되는 파일도 포함시킴
cdspell	cd 명령어 실행 시 디렉터리 이름의 오타를 자동 교정
globstar	경로 확장으로 **라는 패턴을 사용하면 서브 디렉터리까지 포함한 모든 파일에 매치됨
histappend	배시를 종료할 때 히스토리 파일에 명령어 이력을 덮어쓰지 않고 추가함

shopt는 비교적 최근에 등장한 명령어로 set 명령어에 비해 참고 자료가 다소 부족합니다. 하지만 설정 가능한 기능이 풍부하여 상세하게 배시를 설정할 수 있습니다.

다음은 입력 실수를 자동으로 수정해주는 cdspell이라는 기능을 활성화한 예입니다.

● cd 명령어의 입력 실수를 자동으로 수정

```
$ shopt -s cdspell      ← cd 명령어에 대한 자동 수정 기능 활성화
$ ls -F
media/
$ cd mediaa             ← media를 mediaa로 오타
media                   ← 자동으로 media로 수정되어 실행됨
$ pwd
/home/ldk/work/media    ← 오타를 입력했지만 자동으로 수정되어 현재 디렉터리가 변경됨
$
```

위 예를 보면 media라는 디렉터리를 mediaa라고 잘못 입력했지만 문제없이 media 디렉터리로 이동한 것을 볼 수 있습니다.

8.3 셀 변수

LINUX FOR EVERYONE

셀 변수에는 숫자나 문자열 등의 값을 저장할 수 있습니다.

배시에는 특별한 의미로 사용되는 셀 변수가 몇 가지 있습니다. 이들 셀 변수의 값을 설정하면 좀 더 편리하게 셀을 사용할 수 있습니다.

1 변수 설정

셀 변수를 설정하는 방법은 다음과 같습니다.

```
<변수명>=<값>
```

여기서 값에 공백을 포함해야 하는 경우에는 작은따옴표(')나 큰따옴표(")로 감싸줘야 합니다. 다음은 var1이라는 셸 변수에 test variable이라는 값을 설정하고 있습니다.

● 셸 변수 var1에 값을 설정

```
$ var1='test variable'
```

셸 변수의 값은 이름의 앞부분에 $ 기호를 붙여서 **$<변수명>**과 같이 입력하여 확인할 수 있습니다. 다음은 위에서 설정한 셸 변수의 값을 출력합니다.

● 셸 변수 var의 값을 확인

```
$ echo $var1
test variable
```

그리고 **변수에 값을 설정할 때 = 양옆에 공백이 들어가서는 안 됩니다.** 공백이 있으면 다음과 같이 변수명이 명령어로 인식되어 에러가 됩니다.

● 셸 변수 설정할 때 공백으로 인한 에러

```
$ var = 'test variable'
'var' 명령어를 찾을 수 없습니다. 그러나 유사한 명령어 20 개가 있습니다.
```

C나 Perl 등의 프로그래밍 언어에서는 변수에 값을 설정할 때 = 옆에 공백을 넣는 것이 보통입니다. 하지만 셸에서는 공백을 넣으면 안 된다는 점에 각별히 주의하세요.

PS1: 프롬프트 설정

여기서는 셸 변수의 값을 바꿔서 셸의 프롬프트를 바꿔보겠습니다. 프롬프트는 3장에서 소개한 대로 커맨드 라인의 앞부분에 표시되는 기호를 의미합니다. 이 책에서는 프롬프트를 $로 표시하고 있습니다.

그림 8-1 프롬프트

프롬프트   커맨드 라인

셸의 프롬프트를 바꾸기 위해서는 다음과 같이 셸 변수 PS1의 값을 바꾸면 됩니다.

```
$ PS1='bash> '
bash>
```

셸 변수 PS1에 지정한 값에 의해 프롬프트가 변한 것을 알 수 있습니다. 이때 특수 문자를 지정하면 그 의미에 맞게 프롬프트가 변합니다.

예를 들어 \u는 현재 사용자의 이름을 의미합니다. 다음과 같이 PS1에 \u를 지정하면 사용자 이름이 프롬프트에 표시됩니다.

```
$ PS1='[\u]'      ← 프롬프트의 [ ] 안에 사용자 이름 표시
[ldk]>
```

그리고 \w는 현재 디렉터리를 의미합니다. 이 설정을 하면 프롬프트에 현재 디렉터리가 표시되므로 굳이 pwd를 사용하지 않아도 됩니다.

```
$ PS1='[\u] \w \$'         ← /w를 ps1에 설정

[ldk]> ~$                  ← 현재는 홈 디렉터리(~)에 있음
[ldk]> ~$ cd /usr/local    ← /usr/local로 이동
[ldk]> /usr/local          ← 프롬프트를 보는 것만으로 현재 디렉터리를 알 수 있음
```

이외에도 다양한 항목을 프롬프트에 표시할 수 있습니다. 대표적인 기호를 다음 표에 정리하였습니다.

표 8-3 프롬프트에서 사용할 수 있는 기호

기호	내용
\d	현재 날짜(요일, 월, 일 형식)
\h	서버의 호스트 이름
\H	서버의 도메인 이름
\n	개행문자(줄바꿈)
\t	HH:MM:SS 형식으로 24시간 단위의 현재 시각 표시
\u	사용자 이름
\w	현재 디렉터리의 전체 경로 표시
\W	현재 디렉터리의 전체 경로 중 마지막 디렉터리만 표시
\$	현재의 사용자가 root 사용자이면 #, 그외에는 $를 표시
\\	\ 문자 자체를 표시

또한, 프롬프트가 너무 긴 경우에는 \n로 여러 행으로 만들 수 있습니다. 다음 예처럼 프롬프트에 많은 정보를 표시할 때는 \n으로 다음 행에 명령어를 입력하게 만들 수도 있습니다.

```
$ PS1='[\u]\w(\d\t)\n\$'     ← 사용자 이름, 디렉터리, 시간을 표시하고 개행
[ldk]~(화  5월 2519:37:35)
$                            ← 프롬프트가 개행되어 표시됨
```

3 PATH: 명령어를 찾는 경로

6장에서도 설명했듯이 셸 변수 PATH에는 명령어의 위치를 찾는 디렉터리가 저장되어 있습니다. 이 변수에 명령어를 찾을 디렉터리를 콜론(:)으로 구분해 설정하면 됩니다.

● 셸 변수 PATH의 내용

```
$ echo $PATH
/usr/local/sbin:/usr/local/bin:/usr/sbin:/usr/bin:/sbin:/bin:/usr/games:/
usr/local/games:/snap/bin
```

셸 변수 PATH에는 배포판에 따라 조금 다르지만 적절한 값이 처음부터 설정되어 있습니다. 거기에 본인이 작성한 명령어나 별도로 설치한 애플리케이션의 위치를 PATH에 설정하면 어

느 위치에서도 실행할 수 있습니다.

예를 들어 본인이 작성한 명령어를 ~/bin 디렉터리에 배치한다고 하면 다음과 같이 PATH에
추가해주면 됩니다.

PATH="$PATH:~/bin"

그러면 ~/bin 밑에 있는 명령어를 어느 위치에서도 실행할 수 있게 됩니다.

 ## LANG: 로케일

리눅스를 설치할 때 한국어를 선택했으면 배시의 에러 메시지 등이 한글로 표시됩니다.

◉ 한글로 표시되는 에러 메시지

```
$ cmd1
cmd1: 명령을 찾을 수 없습니다
```

이는 언어, 나라, 지역을 특정하기 위한 식별자인 로케일(locale)이 설정되어 있었기 때문입
니다. **언어나 날짜의 표시 방식은 로케일 값에 따라 변합니다.**

현재 사용 중인 로케일은 LANG이라는 셸 변수에 저장됩니다. 다음 실행에서 ko_KR.UTF-8은
한글의 UTF-8 인코딩을 의미합니다.

◉ 현재 사용중인 로케일은 한글

```
$ echo $LANG
ko_KR.UTF-8
```

시스템에서 지원하는 로케일은 locale 명령어에 -a 옵션을 지정하여 확인할 수 있습니다.

시스템에 적용 가능한 로케일 일람 확인

```
$ locale -a
C
C.UTF-8
POSIX
en_AG
en_AG.utf8
en_AU.utf8
... 생략 ...
```

로케일을 변경할 수도 있습니다. 다음은 영어로 로케일을 설정한 예입니다.

```
$ LANG=en_US.UTF-8
$ cmd1
cmd1: command not found
```

5 그 외의 셸 변수

이외에도 배시에는 다양한 셸 변수가 있습니다. 많이 사용되는 셸 변수를 여기에 정리했습니다.

다음은 커맨드 라인의 이력과 관련된 셸 변수입니다.

표 8-4 커맨드 라인 이력 관련 셸 변수

셀 변수명	내용
HISTFILE	커맨드 라인 이력을 저장할 파일 이름. 기본값은 ~/.bash_history
HISTFILESIZE	파일에 저장할 커맨드 라인 이력의 최대 개수
HISTSIZE	메모리에 저장할 커맨드 라인 이력의 최대 개수

HISTFILESIZE와 HISTSIZE의 기본값은 500이지만, 좀 더 큰 값을 설정하는 것을 추천합니다.

다음 셸 변수로 셸의 현재 상태를 확인할 수 있습니다. 이들 변수의 값은 셸이 자동으로 설정해 줍니다.

표 8-5 셀 상태 관련 셀 변수

셀 변수명	내용
HOME	홈 디렉터리
SHELL	로그인 셸의 경로
PWD	현재 디렉터리

이를테면 다음과 같이 틸드 대신에 HOME 변수를 사용할 수 있습니다.

◉ 홈 디렉터리 아래의 디렉터리 지정

```
$ cd $HOME/report      ← cd ~/report와 동일
$ pwd
/home/ldk/report
```

더 많은 배시 셸 변수에 대한 정보는 배시의 매뉴얼에서 Shell Variables를 참고하기 바랍니다.

8.4 환경 변수

명령어 중에는 파일 시스템에 실행 파일로 존재하는 **외부 명령어**가 있고, 셸 자체에 포함된 **내장 명령어**가 있습니다.

어떤 명령어가 내장 명령어인지 외부 명령어인지 알기 위해서는 type 명령어를 사용하면 됩니다. 다음 실습을 통해 set 명령어는 내장 명령어이고, cp 명령어는 /bin/cp에 실행 파일이 있는 외부 명령어임을 알 수 있습니다.

◉ type 명령어로 외부 명령어 여부 확인

```
$ type set
set는 쉘 내장임
$ type cp
cp는 /usr/bin/cp임
```

여기서 외부 명령어는 셸 외부에서 실행됩니다. 그래서 다음 그림과 같이 **셸 변수를 참고할 수 없습니다.**

그림 8-2 외부 명령어는 셸 변수를 참조할 수 없음

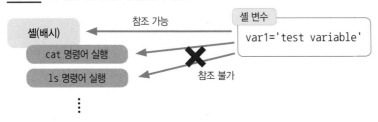

하지만 LANG에 설정된 로케일과 같이 외부 명령어에서도 참고하면 좋을 변수들이 있습니다. 이처럼 외부 명령어에서도 값을 참조할 수 있는 변수를 환경 변수라고 합니다.

그림 8-3 환경 변수는 외부 명령어에서 참조 가능

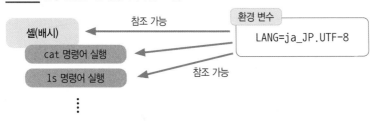

실은 LANG이라는 셸 변수는 환경 변수입니다. 따라서 LANG에 설정된 값에 따라 cat과 같은 외부 명령어의 출력 결과가 바뀝니다.

⊙ LANG이 한글인 경우

```
$ LANG=ko_KR.UTF-8
$ cat --help
사용법: cat [<옵션>]... [<파일>]...
FILE(들)을 합쳐서 표준 출력으로 보낸다.

<파일>이 주어지지 않거나 - 이면 표준 입력을 읽습니다.
... 생략 ...
```

다음은 LANG이 영어인 경우입니다.

```
$ LANG=en_US.UTF-8
$ cat -help
Usage: cat [OPTION]... [FILE]...
Concatenate FILE(s) to standard output.

With no FILE, or when FILE is -, read standard input.
... 생략 ...
```

여기서 cat --help로 표시되는 내용은 bash가 아닌 cat이 출력하는 내용입니다. cat이 LANG이라는 환경 변수의 값을 참고하여 그에 맞는 언어로 도움말을 출력한 것입니다.

 ## printenv 명령어: 환경 변수 표시

현재 셸에 설정된 환경 변수를 출력하기 위해서는 printenv 명령어를 사용합니다.

◉ 현재 설정된 환경 변수 출력

```
$ printenv
SHELL=/bin/bash
PWD=/home/l아
LOGNAME=l아
XDG_SESSION_TYPE=tty
MOTD_SHOWN=pam
HOME=/home/l아
LANG=en_US.UTF-8
... 생략 ...
```

LANG 이외에도 다양한 변수가 환경 변수로 설정된 것을 알 수 있습니다.

 ## export 명령어: 환경 변수 설정

환경 변수를 설정하려면 export 명령어를 사용해야 합니다.

● 지정한 셸 변수를 환경 변수로 설정

```
export <셸 변수의 이름>
```

여기서는 less 명령어를 예로 들어보겠습니다.

less 명령어는 LESS라는 환경 변수의 값을 참조하여 옵션을 적용합니다. 예를 들어 less 명령어를 종료할 때 화면을 지우지 않는 --no-init 옵션을 LESS 환경 변수에 지정해 보겠습니다.

● 셸 변수 LESS를 환경 변수로 설정

```
$ LESS='--no-init'
$ export LESS
```

위 예에서는 먼저 셸 변수 LESS에 --no-init라는 문자열 값을 저장하였습니다. 이어서 export 명령어로 해당 셸 변수를 환경 변수로 설정하였습니다. 이렇게 하면 이후 less 명령어를 사용할 때마다 --no-init 옵션이 적용되어 실행됩니다.

참고로 export 명령어를 사용할 때 다음과 같이 한 행으로 환경 변수를 설정하는 것도 가능합니다.

```
$ export LESS='--no-init'
```

8.5 배시 설정 파일

지금까지 다양한 셸의 기능에 대해 알아봤습니다. 하지만 셸에 설정한 변수나 alias는 셸이 종료되면 전부 없어집니다. 다음에 로그인했을 때도 자동으로 적용되도록 하려면 배시의 설정 파일을 수정해야 합니다.

1 /etc/profile, ~/. profile, ~/.bashrc

배시는 기동하면서 많은 설정 파일을 읽습니다. 이 중에서 사용자별 설정은 ~/.bashrc 파일을 수정하면 됩니다.

배시가 로그인 셸로 기동하는 경우 먼저 /etc/profile을 읽습니다. 이어서 ~/. profile을 읽습니다. 배시는 여기에 적힌 설정을 하나씩 실행합니다.

배시에 대한 설정을 바꾸기 위해서는 이들 설정 파일을 Vim 등의 에디터로 수정하면 됩니다.

그림 8-4 배시가 설정 파일을 읽어 들이는 순서

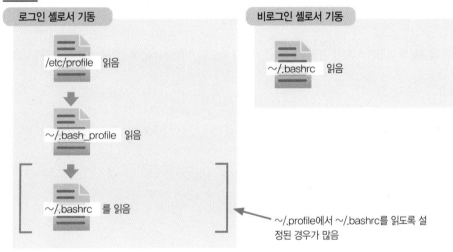

/etc/profile은 시스템 전체에 적용되는 설정 파일입니다. 모든 사용자에게 적용하고자 할 때는 이 파일을 수정하면 됩니다.

~/.profile은 사용자별 설정 파일입니다. 다음처럼 대부분의 배포판에서 ~/.profile에 ~/.bashrc를 실행하는 코드가 포함되어 있습니다.

```
if [ -f ~/.bashrc ]; then
    source ~/.bashrc
fi
```

그림 8-4와 같이 배시가 로그인 셸로 기동한 경우 3개의 파일을 순서대로 읽어 들입니다. 여기서 등장한 if와 -f와 같은 셸 스크립트의 문법에 대해서는 15장과 16장에서 자세히 다

루겠습니다. 여기서는 단지 ~/.profile에서 ~/.bashrc를 읽어 들인다고만 알아 두면 됩니다.

그리고 비로그인 셸로 배시가 기동한 경우(예를 들어 커맨드 라인에서 배시를 실행한 경우)에는 ~/.bashrc의 내용만 실행됩니다.

어떤 설정 파일을 바꿀 것인가

~/.profile와 ~/.bashrc는 둘 다 개인 사용자별 배시 설정 파일입니다.

~/.profile은 로그인할 때만 읽히며, ~/.bashrc는 배시가 기동할 때마다 읽힙니다. 따라서 로그인할 때 한 번만 설정하면 되는 항목은 ~/. profile에 기재하고, 배시를 기동할 때마다 설정해야 하는 항목은 ~/.bashrc에 기재하면 됩니다.

하지만 **대부분의 설정은 배시가 기동할 때마다 읽혀야 하므로 ~/.bashrc에 설정하는 것이 보통입니다.**

② 설정 파일을 변경할 때 주의 사항

배시의 설정 파일을 변경할 때 주의해야 할 사항이 있습니다.

먼저 ~/.bashrc를 수정하기 전에 반드시 다른 이름으로 백업해 두는 것이 좋습니다.

 .bashrc 파일을 다른 이름으로 백업하기

```
$ cp .bashrc .bashrc.org
```

실수로 잘못된 내용을 기재하거나 지워져도 .bashrc.org에서 복원할 수 있기 때문입니다.

하지만 설정 파일을 백업했어도 복원하기 어려운 상태에 빠질 수도 있습니다. 예를 들어 ~/.bashrc에 exit를 기재하면 로그인 직후에 자동으로 로그아웃하고 맙니다. 그러면 두 번 다시 로그인할 수 없는 상태에 빠지게 됩니다.

이러한 상태에 빠지지 않기 위해 **~/.bashrc를 수정하기 전에 별도의 셸을 기동해 놓는 것이 좋습니다.**

그림 8-5 설정 파일을 변경할 때의 팁

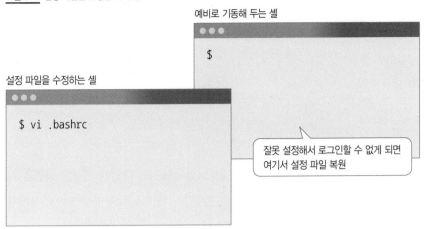

즉, 위 그림과 같이 설정을 변경하기 전에 별도의 터미널을 기동해 놓습니다. ssh로 접속한 경우 두 개의 터미널에서 접속해 놓고 한 터미널에서 작업을 진행하면 됩니다.

그러면 한쪽에서 로그인이 불가능한 상태에 빠지더라도 이미 로그인한 별도의 셸에서 복원하면 됩니다. 복원할 때는 Vim으로 설정 파일을 열어 잘못된 부분을 수정하거나 백업해 둔 .bashrc.org파일을 .bashrc에 덮어쓰면 됩니다.

③ 설정 파일 읽기

Vim을 사용하여 ~/.bashrc 파일을 열어 다음과 같은 내용을 기재하도록 합니다. 많은 배포판에서 ~/.bashrc 파일은 처음부터 존재하니 파일을 열어 마지막 행에 추가하면 됩니다. 만약 ~/.bashrc 파일이 없다면 새로 만들면 됩니다.

.bashrc
```
PS1='[\u@\h] \W \t \$ '
```

로그아웃한 뒤 로그인을 하면 프롬프트가 바뀐 것을 확인할 수 있습니다.

● 변경된 프롬프트
```
[ldk@localhost] ~19:04:44 $
```

로그인할 때마다 ~/.bashrc에 기재된 설정이 반영됩니다. 한편 다시 로그인하지 않더라도 다음과 같이 source 명령어를 사용하면 ~/.bashrc에 기재한 내용을 반영해 실행할 수 있습니다.

 source 명령어 실행

```
$ source ~/.bashrc
```

source 명령어는 파일 내용을 읽어서 실행하는 명령어입니다. 즉, 파일에 기재된 내용을 직접 커맨드 라인에서 실행하는 것과 동일한 효과를 발휘합니다. source 명령어는 15장에서 다시 자세히 다룹니다.

4 주석

프로그래밍 언어처럼 배시의 설정 파일에도 주석을 사용할 수 있습니다. 주석이란 동작에 영향을 미치지 않는 메모와도 같습니다. 복잡한 설정에는 나중에 봐도 쉽게 알 수 있도록 메모를 적어 놓는 것이 좋습니다.

배시에서는 # 이후의 내용이 주석으로 간주됩니다.

```
'# 이 행은 주석입니다.
'# alias ll='ls -alF' 이 행은 실행되지 않습니다.

PS1='[\u@\h] \W \T $ ' # 중간부터 주석을 작성할 수도 있습니다.
```

배시의 공식 문서나 셸과 관련된 기술 문서에서도 #로 시작하는 행은 주석으로 간주하는 것이 일반적입니다.

5 배시 설정 예

다음은 배시 설정 파일의 예입니다. 이를 참고로 자기 자신만의 배시 설정 파일을 만들어 보세요.

```
export PATH ="$PATH:$HOME/bin"


if [ -f ~/.bashrc ]; then
    source ~/.bashrc
fi
```

```
LANG=ko_KR.UTF-8
PS1='[\ u@\ h] \w\$ '
export LESS='--no-init'
set -o ignoreeof
# 명령어 이력 관련 설정
shopt -s histappend
HISTSIZE=1000000
HISTFILESIZE=1000000

# alias설정
alias ls='ls -F'
alias la='ls -a'
alias ll='ls -l'
alias rm='rm -i'
alias cp='cp -i'
alias mv='mv -i'
alias mkdir='mkdir -p'
```

마무리 이 장에서는 셸을 설정하는 방법을 알아봤습니다. 이 장의 내용을 바탕으로 셸을 설정하여 리눅스를 좀 더 편리하게 다룰 수 있기를 바랍니다.

## 9장

퍼미션과
슈퍼 사용자

리눅스는 머신 한 대에 여러 사용자가 동시에 로그인해서 사용하는 것을 전제로 만들어졌습니다. 감추고 싶은 내 파일을 다른 사용자가 함부로 읽거나 다른 사용자의 파일을 실수로 덮어쓰는 일이 있어서는 안 됩니다. 이를 위해 리눅스에서는 접근 권한이라는 개념이 있습니다.

이 장에서는 리눅스의 접근 권한의 구조에 대해 알아보고, 관리자 권한을 가지는 슈퍼 사용자, 즉 root user의 조작법을 알아보겠습니다.

리눅스의 모든 파일에는 소유자가 있습니다. 직접 작성한 메모부터 시스템에서 제공하는 라이브러리와 명령어에 이르기까지 모든 파일에는 소유자가 있습니다. 파일의 소유자는 해당 파일에 대한 접근 권한을 자유롭게 설정할 수 있습니다.

ls 명령어에 -1 옵션을 지정하면 파일의 소유자를 확인할 수 있습니다. 다음은 cat 명령어의 실행 파일인 /bin/cat 파일의 소유자를 확인한 예입니다.

그림 9-1 cat 명령어의 소유자는 root 사용자

```
$ ls -l /bin/cat
-rwxr-xr-x. 1 root root 54048  6┌ 10  2014 /bin/cat
```
　　　　　　　　　파일의 소유자 ┘　　└ 파일의 소유 그룹

위 예의 세 번째와 네 번째 항목을 보면 root가 출력된 것을 알 수 있습니다. 첫 번째 root는 해당 파일의 소유자를 의미하며 두 번째 root는 해당 파일의 소유 그룹을 의미합니다. 즉, /bin/cat이란 파일의 소유자는 root이며 root 그룹이 소유하고 있습니다.

새롭게 파일을 작성하면 그 파일을 작성한 사용자가 파일의 소유자가 됩니다.

◉ 새로운 파일을 만든 후 소유자 확인

```
$ touch testfile1      ← ldk가 파일 작성
$ ls -l testfile1      ← 파일의 소유자 확인
-rw-rw-r-- 1 ldk ldk 0  5월 16 18:42 testfile1
```

위 예에서는 사용자 ldk가 파일을 만들었기 때문에 소유자가 ldk라고 출력되었습니다.

1 그룹

앞서 등장한 그룹이란 사용자들을 묶은 그룹을 말합니다. 예를 들어 시스템 관리를 수행하

는 wheel이라는 그룹을 만든 뒤 여러 사용자를 해당 그룹에 소속시키면 좀 더 쉽게 여러 사용자의 권한을 관리할 수 있습니다.

한 사용자는 여러 그룹에 소속될 수 있습니다. 그리고 어떤 사용자도 최소한 한 그룹에는 소속되어 있습니다. 사용자를 처음 만들 때 특별히 소속될 그룹을 지정하지 않으면 사용자 이름과 동일한 그룹에 소속됩니다. 현재 본인이 어떤 그룹에 소속되어 있는지 확인하려면 groups라는 명령어를 사용하면 됩니다. 다음은 현재 로그인한 사용자 ldk가 ldk와 wheel이라는 두 그룹에 소속된 것을 알 수 있습니다.

● 현재 소속된 그룹 확인

```
$ groups
ldk wheel
```

9.2 파일의 퍼미션 *LINUX FOR EVERYONE*

리눅스의 각 파일에는 '**누구에게 어떤 권한을 허가할지**'에 대한 **정보**가 설정되어 있습니다. 이를 퍼미션(permission)이라 합니다.

파일의 퍼미션도 소유자를 확인할 때와 마찬가지로 ls 명령어에 -l 옵션을 지정하여 확인할 수 있습니다. 앞서 살펴본 /bin/cat 파일의 출력 결과를 다시 살펴보면 다음과 같습니다.

그림 9-2 파일의 퍼미션 표시

```
$ ls -l /bin/cat
-rwxr-xr-x. 1 root root 54048  6월 10  2014 /bin/cat
```

파일 타입   └ 파일 모드(퍼미션을 의미)

4장에서 소개한 대로 -l 옵션으로 표시되는 첫 번째 글자는 파일의 타입입니다. -은 일반 파일, d는 디렉터리, l은 심볼릭 링크를 의미합니다.

파일 타입에 이어서 나오는 9글자 rwxr-xr-x를 파일 모드라고 하며 파일의 퍼미션을 의미합니다. 이 9글자는 3글자씩 각각 **소유자, 소유 그룹, 그 외의 사용자에 대한 퍼미션**을 나타냅니다.

그림 9-3 파일 모드

여기서 r, w, x는 각각 **읽기, 쓰기, 실행**에 대한 권한을 의미합니다.

표 9-1 퍼미션 기호 및 의미

기호	의미
r	읽기(read)
w	쓰기(write)
x	실행(execute)

r, w, x라는 글자가 표시된다면 해당 권한이 있음을 의미하고, 권한이 없으면 -이 표시됩니다.

그래서 앞서 살펴본 /bin/cat 파일에는 다음과 같은 권한이 설정된 것입니다.

표 9-2 /bin/cat 파일의 퍼미션[rwxr-xr-x]

사용자 종류	읽기	쓰기	실행
소유자	허가	허가	허가
root 그룹에 소속된 사용자	허가	금지	허가
기타 사용자	허가	금지	허가

이 파일은 소유자만 수정할 수 있습니다. 그 외 다른 사용자는 파일 내용을 수정할 수 없습니다. 그리고 모든 사용자가 실행할 수 있습니다.

다른 파일의 퍼미션을 살펴봅시다. 이번에는 /etc/crontab의 권한을 살펴보겠습니다.

◉ /etc/crontab의 퍼미션

```
$ ls -l /etc/crontab
-rw-r--r-- 1 root root 1042  2월 14  2020 /etc/crontab
```

이 파일의 퍼미션은 다음과 같습니다.

그림 9-4 /etc/crontab 파일의 퍼미션

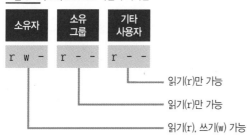

- 읽기(r)만 가능
- 읽기(r)만 가능
- 읽기(r), 쓰기(w) 가능

이 파일은 root 사용자에게만 쓰기 권한이 있기 때문에 다른 사용자는 수정할 수 없습니다. 그리고 어떤 사용자에게도 실행 권한이 없으므로 다음과 같이 직접 실행할 수 없습니다.

◉ 실행 권한 x가 없어서 실행이 불가능

```
$ /etc/crontab
-bash: /etc/crontab: 허가 거부
```

 디렉터리의 퍼미션

파일과 마찬가지로 디렉터리에도 퍼미션을 설정할 수 있습니다. 디렉터리에 설정된 퍼미션을 확인하기 위해서는 ls 명령어를 실행할 때 -l 옵션과 함께 디렉터리의 정보를 표시하는 -d 옵션을 지정합니다.

◉ 디렉터리 dir의 퍼미션 확인

```
$ ls -ld dir1
drwxrwxr-x 2 ldk ldk 4096  5월 16 18:48 dir1
```

디렉터리의 퍼미션도 파일과 마찬가지로 r, w, x라는 문자로 표시됩니다. 하지만 **각각이 의미하는 바가 파일과 다르다는 점에 주의해야 합니다.**

표 9-3 디렉터리 퍼미션 기호의 의미

기호	의미
r	읽기: 디렉터리에 포함된 파일 리스트 취득 가능
w	쓰기 : 디렉터리 하위에 파일 및 디렉터리 작성 및 삭제 가능
x	실행 : 디렉터리로 이동 가능

디렉터리에 대한 읽기 권한이 있으면 해당 디렉터리에 있는 파일의 목록을 확인할 수 있습니다. 만약 디렉터리에 대한 읽기 권한이 없으면 다음과 같이 ls 명령이 실패하게 됩니다.

⊙ 읽기 권한이 없는 디렉터리의 파일 목록은 얻을 수 없다

```
$ ls -ld dir2    ← dir2의 퍼미션 확인
d-wx-wx--x 2 ldk ldk 4096  5월 15 09:48 dir2
$ ls dir2        ← dir2내 파일 목록 출력 시도
ls: 'dir2' 디렉터리를 열 수 없음: 허가 거부
```

디렉터리에 대한 쓰기 권한이 있으면 해당 디렉터리 밑에 파일을 만들거나 지울 수 있습니다. 여기서 **파일을 지울 수 있는지 여부가 파일이 아니라 디렉터리의 퍼미션에 의해 결정된다는 점에 주의해야 합니다.**

다음 예를 보면 파일에 대한 퍼미션이 r--r--r--로 설정된 파일 readonly.txt를 rm 명령어로 지우고 있습니다.

⊙ 파일에 대한 쓰기 권한이 없어도 삭제 가능

```
$ ls -l dir1/readonly.txt
-r--r--r-- 1 ldk ldk 0  5월 16 18:52 dir1/readonly.txt    ← 쓰기와 실행 권한이 없음
$ rm dir1/readonly.txt
rm: 쓰기 보호된 일반 파일 'dir1/readonly.txt'를(을) 지울까요? yes
$
```

디렉터리에 대한 실행 권한이 있다면 cd 명령어로 해당 디렉터리로 이동하거나 디렉터리 안에 있는 파일을 읽고 쓸 수 있습니다. 다음은 디렉터리에 대한 실행 권한이 없기 때문에 cd 명령어가 실패하고 있습니다.

실행(x) 권한이 없는 디렉터리로는 이동할 수 없다

```
$ ls -ld dir3
drw-rw-r-- 2 ldk ldk 4096  5월 16 18:55 dir3
$ cd dir3
-bash: cd: dir3: 허가 거부
```

다른 사용자가 볼 수 있게 하려면 보통 rwxr-xr-x라는 퍼미션을 설정합니다. 그러면 소유자는 모든 권한을 가지게 되며 다른 사용자들은 cd 명령어로 이동하여 파일을 읽을 수 있습니다. 하지만 다른 사용자가 파일을 만들거나 지울 수는 없습니다.

그리고 rwx------와 같이 퍼미션을 설정하면 다른 사용자가 해당 디렉터리의 내용을 일절 볼 수 없게 됩니다.

2 chmod 명령어: 파일 모드 변경

파일이나 디렉터리의 퍼미션을 설정하려면 chmod라는 명령어를 사용해야 합니다. 이때 두 가지 방법으로 퍼미션을 설정할 수 있는데, 기호를 사용하는 기호 모드와 수치를 사용하는 수치 모드입니다. 두 방법 모두 자주 사용되므로 차례대로 살펴보겠습니다.

파일 모드의 변경은 해당 파일의 소유자 혹은 슈퍼 사용자만 가능합니다. 누구나 파일 모드를 변경할 수 있다면 애초에 파일에 퍼미션이 있을 이유가 없을 것입니다.

기호 모드

기호를 사용하여 chmod 명령어를 사용하는 방법은 다음과 같습니다.

● 기호 모드로 퍼미션 변경

```
chmod [ugoa] [+-=] [rwx] <파일 이름>
```

기호 모드를 사용하면 누구에게 어떤 퍼미션을 부여할지 알기 쉽습니다.

그림 9-5 기호 모드로 퍼미션 설정

누구에게 무엇을

`$ chmod u+w file.txt`

어떻게 파일 이름

먼저, ugoa는 어떤 사용자에게 퍼미션을 부여할지를 의미합니다. 각 문자는 다음과 같은 의미를 가집니다.

표 9-4 chmod 명령어의 사용자 지정 기호

기호	의미
u	소유자
g	소유 그룹
o	기타 사용자
a	ugo 모두

이때 특별히 사용자를 지정하지 않으면 a를 지정한 것으로 간주됩니다.

그리고 +, -, =는 퍼미션을 허용할 것인지 금지할 것인지를 의미합니다.

표 9-5 chmod 명령어의 연산자

기호	의미
+	퍼미션을 추가함
-	퍼미션을 금지함
=	지정한 퍼미션과 같게 함

마지막으로, rwx의 의미는 예상할 수 있듯이 읽기, 쓰기, 실행의 퍼미션을 의미합니다.

그러면 기호 모드를 사용하여 퍼미션을 설정해 보겠습니다. 다음은 file.txt라는 파일의 소유자에게 읽기 퍼미션을 부여하고 있습니다.

◉ 소유자에게 읽기 퍼미션 추가

```
$ chmod u+w file.txt
```

그러면 file.txt라는 파일의 퍼미션이 원래 r--r--r--였다면 rw-r--r--로 변하게 됩니다.

그림 9-6 기호 모드로 퍼미션 추가

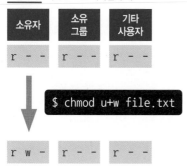

```
$ chmod u+w file.txt
```

다음 명령어는 그룹의 읽기 퍼미션을 제거합니다.

```
$ chmod g-w file.txt
```

그러면 원래 file.txt의 퍼미션이 rw-rw-r--였다면 rw-r--r--로 변하게 됩니다. 즉, 소유
자와 소유 그룹의 사용자가 읽고 쓸 수 있었는데 이제는 소유자만 읽고 쓸 수 있게 되었습
니다.

그림 9-7 기호 모드에서 퍼미션 제거

```
$ chmod g-w file.txt
```

소유 그룹과 그 외 사용자의 퍼미션을 한꺼번에 설정하는 것도 가능합니다. 다음 명령어는
= 기호를 사용하여 소유 그룹과 그 외 사용자가 오직 해당 파일을 읽을 수만 있도록 변경합
니다.

● 소유 그룹과 그 외 사용자들에 대한 퍼미션을 변경

```
$ chmod go=r file.txt
```

그러면 file.txt의 퍼미션이 원래 rwxrwxrwx였다면 rwxr--r--로 변하게 됩니다.

그림 9-8 기호 모드에서 퍼미션 설정

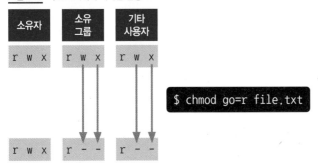

지금까지 소개한 기호 모드는 상대적인 퍼미션 지정 방법입니다. 즉, 지정한 퍼미션 이외에는 변화되지 않습니다. 따라서 **선택적으로 퍼미션을 변경하고 싶을 때 주로 사용합니다.**

수치 모드

수치 모드는 다음과 같이 사용합니다.

◉ 수치 모드로 퍼미션 변경

chmod 〈8진수의 수치〉 〈파일 이름〉

기호 모드가 상대적으로 퍼미션을 지정하는 반면 **수치 모드는 기존 퍼미션을 새로운 퍼미션으로 덮어쓰게 됩니다.**

수치 모드에서는 퍼미션에 해당하는 숫자를 지정합니다. rwx 각 문자에 해당하는 숫자를 더해서 퍼미션을 지정합니다.

표 9-6 수치 모드에서의 퍼미션 수치

의미	숫자
읽기(r)	4
쓰기(w)	2
실행(x)	1

그리고 그렇게 구한 숫자를 각 소유자, 소유 그룹, 그 외 사용자에게 지정할 숫자를 나열합니다. 예를 들어 rwxr-xr-x라는 권한은 다음과 같이 755라는 숫자가 됩니다.

그림 9-9 수치 모드에서 퍼미션 지정

chmod 명령어로 755를 지정하면 기존 퍼미션 대신 새로운 권한 rwxr-xr-x가 적용됩니다.

● 수치 모드로 755 퍼미션을 지정

```
$ chmod 755 file.txt
$ ls -l file.txt
-rwxr-xr-x 1 ldk ldk 0  5월 16 19:02 file.txt
```

755라는 권한은 소유자는 읽고 쓰기가 가능하며 다른 사용자는 읽고 실행할 수만 있는 권한입니다. 다른 사용자가 봐도 되는 실행 파일에는 보통 이 권한을 부여합니다.

다른 예를 살펴보겠습니다. rw-r--r--라는 퍼미션은 어떤 숫자로 표현될까요?

그림 9-10 수치 모드로 퍼미션 지정

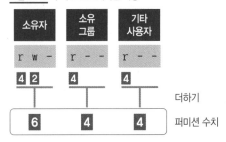

위 그림과 같이 644가 됩니다. 소유자는 읽고 쓰기가 가능하고 그 외 사용자는 읽기만 가능합니다. 다른 사용자가 봐도 되는 일반 파일에는 보통 이 퍼미션을 설정합니다.

리눅스에는 관리자 권한을 가지는 특별한 사용자인 슈퍼 사용자가 있습니다. **슈퍼 사용자는 root라는 사용자 이름을 가져서 루트 사용자라고도 부릅니다.** 반대로 슈퍼 사용자가 아닌 사용자를 일반 사용자라고 부릅니다.

슈퍼 사용자는 강력한 권한을 가지고 있어 시스템 설정 파일을 바꾸거나 새로운 애플리케이션을 설치할 수 있습니다. 그리고 파일에 설정된 퍼미션을 무시하고 모든 파일을 읽고 수정하고 삭제할 수 있습니다.

이는 다른 말로 슈퍼 사용자라면 위험한 명령어도 제한 없이 실행할 수 있음을 의미합니다. 일반 사용자라면 실수로 중요한 시스템 파일을 지우는 것이 애초에 불가능하지만, 슈퍼 사용자라면 가능합니다. 따라서 **평소에는 일반 사용자로 조작하다가 반드시 필요한 상황에서만 슈퍼 사용자로 조작하는 것이 좋습니다.**

일반 사용자에서 슈퍼 사용자로 전환하는 방법으로는 su 명령어와 sudo 명령어가 있습니다. 차례대로 살펴보겠습니다.

 su 명령어: 사용자 전환

su 명령어를 사용하면 일시적으로 다른 사용자로 전환할 수 있습니다. 즉, 로그아웃하지 않고 다른 사용자가 될 수 있습니다.

su 명령어로 다른 사용자로 전환할 수도 있지만 **주로 슈퍼 사용자로 전환하기 위해 사용합니다.** 보통 보안상의 이유로 슈퍼 사용자로 직접 로그인할 수 없도록 설정하는 경우가 많습니다. 즉, 먼저 일반 사용자로 로그인한 뒤에 su 명령어로 슈퍼 사용자로 전환하는 방식으로 작업하게 됩니다. 참고로 우분투를 설치한 상태에서는 슈퍼 사용자의 암호가 설정되어 있지 않아서 바로 su 명령어로 슈퍼 사용자가 될 수 없습니다. 다음과 같이 슈퍼 사용자의 암호를 설정한 뒤 실습을 진행하기 바랍니다.

● 슈퍼 사용자의 암호 설정

```
sudo passwd root
[sudo] ldk의 암호:
새  암호:
새  암호 재입력:
passwd: 암호를 성공적으로 업데이트했습니다
```

그림 9-11 su 명령어로 슈퍼 사용자로 전환

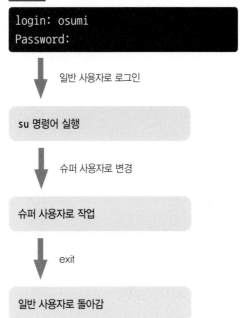

그러면 이제 슈퍼 사용자로 전환하는 실습을 진행해 보겠습니다. su 명령어에 아무런 인자도 주지 않으면 슈퍼 사용자로 전환하는 것을 의미합니다. 이어서 슈퍼 사용자의 암호를 입력하면 슈퍼 사용자로 전환됩니다. 보통 다음과 같이 프롬프트가 $에서 #으로 바뀝니다.

● su 명령어 실행

```
$ su
암호:       ← 슈퍼 사용자의 암호 입력
#          ← 프롬프트가 #로 바뀜
```

슈퍼 사용자로서 작업이 끝났으면 exit 명령어로 다시 일반 사용자로 돌아갈 수 있습니다.

● 슈퍼 사용자에서 일반 사용자로 전환

```
# exit     ← 슈퍼 사용자로 exit 명령어 실행
exit
#          ← 일반 사용자로 복귀
```

여기서 한 가지 주의해야 할 점은 su를 통해 슈퍼 사용자가 되었을 때 환경 변수나 현재 디렉터리는 일반 사용자의 상태가 유지가 된다는 점입니다. 슈퍼 사용자의 환경으로 초기화하고 싶으면 다음과 같이 하이픈(-)을 추가해서 실행해야 합니다.

● 슈퍼 사용자의 환경으로 초기화하면서 전환

```
$ su -
```

일반 사용자의 환경을 유지한 채 슈퍼 사용자로 작업하다 보면 일부 애플리케이션이 정상적으로 동작하지 않을 수 있습니다. 따라서 슈퍼 사용자로 전환할 때는 하이픈(-)을 붙여서 실행하는 것이 좋습니다.

 sudo 명령어: 명령어를 다른 사용자가 되어 실행

sudo 명령어를 사용하면 다른 사용자가 되어 명령어를 실행할 수 있습니다. 사용자를 지정하지 않으면 슈퍼 사용자로 명령어를 실행합니다. **주로 일반 사용자로 로그인한 뒤 슈퍼 사용자로만 실행할 수 있는 명령어를 실행하기 위해 사용합니다.**

sudo 명령어를 사용하는 예를 살펴보겠습니다. 현재 ldk라는 일반 사용자로 로그인한 상태입니다. 이때 /etc/shadow라는 파일의 내용을 보려고 하면 다음과 같이 에러가 발생합니다.

● 퍼미션이 없어 에러 발생

```
$ cat /etc/shadow
cat: /etc/shadow: 허가 거부
```

이러한 상황에서 sudo 명령어를 사용합니다.

● 슈퍼 사용자로 명령어를 실행

```
sudo <실행하고 싶은 명령어>
```

● sudo 명령어 실행

```
$ sudo cat /etc/shadow
[sudo] password for ldk:
```

sudo 명령어를 실행하면 위와 같이 먼저 암호를 묻습니다. 여기서는 **현재 로그인한 사용자의
암호를 입력합니다.**

암호가 일치하면 슈퍼 사용자로 해당 명령어가 실행됩니다. 하지만 로그인한 사용자가 슈퍼
사용자가 아니라면 'ldk는 sudoers 파일에 없습니다' 같은 에러 메시지가 출력되면서 실행되
지 않습니다. 이에 대해서는 다음 절에서 설명하겠습니다.

● 슈퍼 사용자가 되어 /etc/shadow 파일을 출력

```
$ sudo cat /etc/shadow
[sudo] ldk의 암호:
root:!:18753:0:99999:7:::
daemon:*:18667:0:99999:7:::
bin:*:18667:0:99999:7:::
sys:*:18667:0:99999:7:::
sync:*:18667:0:99999:7:::
... 생략 ...
```

sudo와 su는 비슷해 보이지만 **sudo는 한 명령어만 슈퍼 사용자로 실행하기 위한 명령어입니다.** 따
라서 지정한 명령어가 끝나면 일반 사용자로 돌아옵니다. 반면 su 명령어로 슈퍼 사용자로
전환하면 exit를 하기 전까지는 슈퍼 사용자인 채로 있게 됩니다.

그리고 sudo를 실행할 때 입력하는 암호는 슈퍼 사용자의 암호가 아니라 현재 로그인한 사
용자의 암호입니다. 반면 su 명령어는 슈퍼 사용자의 암호를 입력해야 합니다.

sudo 명령어 설정

모든 사용자가 sudo 명령어를 사용할 수 있으면 슈퍼 사용자와 일반 사용자가 구별되어 있을 이유가 없습니다.

따라서 리눅스에서는 어떤 사용자가 sudo 명령어를 사용할 수 있는지 설정할 수 있습니다. 여기서는 특정 사용자에게 sudo 명령어를 허용하는 방법을 알아보겠습니다.

sudo 명령어를 사용할 수 있는 사용자의 목록은 /etc/sudoers라는 파일을 통해 관리됩니다. 내용을 확인하려면 다음과 같이 sudo 명령어를 사용해서 슈퍼 사용자 권한으로 cat 명령어를 실행해야 합니다.

◉ sudo 명령어로 파일 내용 확인

```
$ su -
암호:
# cat /etc/sudoers
```

sudoers 파일의 각 항목은 〈사용자〉 〈머신 이름〉=(〈권한〉)〈명령어〉와 같은 형식을 따릅니다. 〈사용자〉에는 일반 사용자 이름 혹은 %〈그룹 이름〉을 지정합니다.

일반적으로 설치 직후 다음과 같이 설정되어 있습니다.

```
%wheel ALL=(ALL) ALL
```

위 설정의 의미는 wheel 그룹에 속한 사용자는 모든 머신에서 모든 명령어를 실행할 수 있음을 의미합니다. wheel 그룹은 관리자 그룹을 의미하며 배포판에 따라서는 admin이나 sudo라는 이름으로 사용됩니다.

특정 사용자에게 sudo의 권한을 부여하려면 슈퍼 사용자가 /etc/sudoers 파일에 다음과 같이 기재하면 됩니다.

```
ldk ALL=(ALL) ALL
```

학습용 환경에서는 위와 같이 권한을 주어도 되지만, 실무 환경에서는 충분히 주의를 기울여야 합니다. sudo 권한을 준다는 것은 슈퍼 사용자의 권한을 주는 것과 마찬가지기 때문입니다.

visudo 명령어: sudoers 파일 편집

/etc/sudoers 파일을 **직접 텍스트 에디터로 편집하는 것은 위험합니다**. 혹여 오타라도 발생하면 어느 누구도 sudo를 사용할 수 없게 되기 때문입니다.

이에 따라 /etc/sudoers 파일을 안전하게 편집하기 위한 visudo라는 특별한 명령어가 있습니다. 이 명령어를 실행하려면 슈퍼 사용자 권한이 필요하므로 su 혹은 sudo를 사용하여 실행해야 합니다.

◉ sudo를 사용하여 visudo 명령어를 실행

```
$ sudo visudo
```

visudo 명령어를 실행하면 텍스트 에디터가 기동하여 /etc/sudoers 파일을 편집하게 됩니다. 기본으로 Vim이 기동합니다. 내용을 편집한 뒤 종료하면 변경 사항이 반영됩니다.

혹시 변경 사항에 문제가 있으면 종료 시 다음과 같이 에러가 표시됩니다.

>>> /etc/sudoers: 문법 오류 near line 26 <<<
어떻게 하시겠습니까?

여기서 Enter를 누르면 다음과 같은 처리 옵션이 출력됩니다.

사용할 수 있는 옵션:
  sudoers 파일을 다시 편집합니다(E)
  sudoers 파일을 바꾼 상태에서 저장하지 않고 나갑니다(X)
  sudoers 파일을 바꾼 상태에서 저장하고 끝냅니다(Q)

에디터로 돌아가서 수정하려면 E를 입력하고, 변경을 파기하고 종료하려면 X를 입력합니다. 그리고 W를 입력하면 경고를 무시하고 파일을 저장하고 종료합니다. 이는 매우 위험한 동작이기 때문에 선택하지 않는 것이 좋습니다.

이처럼 visudo 명령어를 사용하면 파일을 저장하기 전에 문법상의 오류를 확인해 주므로 좀 더 안전하게 설정할 수 있습니다.

그러면 visudo를 실행하여 다음과 같이 특정 사용자가 sudo를 실행할 수 있게 설정해 보세요.

사용자 이름 ALL=(ALL) ALL

이후 해당 사용자로 로그인하여 sudo 명령어가 실행 가능하게 된 것까지 확인해 보기 바랍니다.

su와 sudo 어느 것을 사용하는 것이 좋을까

지금까지 슈퍼 사용자의 권한으로 명령어를 실행하는 두 가지 방법, su와 sudo 명령어을 알아봤습니다. 그렇다면 두 명령어 중 어떤 것을 사용하는 것이 더 좋을까요?

su의 경우는 exit를 하기 전까지 슈퍼 사용자인 채로 있게 됩니다. 반면 sudo는 한 명령어만 슈퍼 사용자 권한으로 실행합니다.

슈퍼 사용자로 오랜 시간 조작하다 보면 작은 실수로 시스템에 돌이킬 수 없는 손상을 가할 수도 있습니다. 따라서 슈퍼 사용자의 권한을 사용하는 것은 최소한으로 제어하는 것이 좋으며, 이에 부합하는 명령어는 역시 sudo입니다. sudo는 슈퍼 사용자의 권한으로 실행할 수 있는 명령어를 사용자별로 제한할 수도 있습니다.

그래서 **요즘에는 su보다는 sudo가 많이 사용되는 추세입니다.** 일부 배포판에서는 설치 과정에서 만든 사용자에게 처음부터 sudo 권한을 부여하기도 합니다.

하지만 sudo를 설정하는 것이 리눅스를 이제 막 시작한 입문자에게는 다소 어려울 수 있습니다. 따라서 처음에는 여러분이 설치한 배포판의 초기 설정에 맞게 sudo혹은 su를 사용하다가 리눅스에 익숙해지면 sudo만을 사용하는 것을 추천합니다.

마무리 이 장에서는 파일의 퍼미션과 슈퍼 사용자로 명령어를 실행하는 방법을 알아봤습니다. 새로운 애플리케이션을 설치할 때 그리고 셸 스크립트를 작성한 뒤 실행할 때 이 장에서 배운 내용을 활용하게 될 것입니다.

터미널 멀티플렉서

리눅스를 다루다 보면 여러 개의 셸을 동시에 조작하고 싶은 경우가 종종 있습니다. 이때 터미널을 여러 개 기동하는 것도 한 가지 방법이지만 터미널 멀티플렉서라는 애플리케이션을 사용하면 좀 더 효율적으로 작업을 진행할 수 있습니다.

터미널 멀티플렉서란 한 단말에서 여러 개의 가상 단말을 다룰 수 있게 해주는 애플리케이션입니다. 여기서는 무척 인기가 많은 tmux라는 멀티플렉서 애플리케이션을 소개합니다.

tmux를 사용하기 위해서는 yum이나 apt-get으로 tmux 패키지를 설치한 뒤에 셸에서 tmux라고 입력하여 실행하면 됩니다.

그리고 평소처럼 조작하면 됩니다. 그러다 새로운 셸을 띄우고 싶을 때 `Ctrl` + `b`에 이어 `c`를 입력합니다.

그러면 tmux가 가상 단말을 만들어 해당 화면으로 전환합니다. 이러한 가상 단말을 tmux에서는 창(윈도우)이라고 부릅니다. 여러 창 간에 화면을 전환하면서 작업할 수 있는데 단축키는 다음과 같습니다.

`Ctrl` + `b` `n`   ← 다음 창으로 전환

`Ctrl` + `b` `p`   ← 이전 창으로 전환

`Ctrl` + `b` 〈숫자〉   ← 지정한 번호의 창으로 전환

`Ctrl` + `b` `1`   ← 바로 이전에 사용했던 창으로 전환

tmux를 사용해 다른 창으로 전환했다가 돌아오면 이전 상태가 그대로 남아 있습니다. 따라서 창 여러 개를 한 단말에서 전환하면서 작업할 수 있습니다.

작성한 창을 닫기 위해서는 `Ctrl` + `b`에 이어 `&`를 누르거나 단순히 exit 명령어로 셸을 종료하면 됩니다. 모든 창을 종료하면 tmux도 종료됩니다.

tmux를 조작하는 단축키는 본인이 원하는 단축키로 변경할 수 있습니다. 그리고 창 하나를 분할하여 사용할 수도 있으며, 창 사이에 문자열을 복사, 붙여넣기도 할 수 있습니다. tmux에 익숙해지면 터미널 여러 개를 띄우는 것보다 훨씬 더 효율적으로 작업할 수 있으니 한번 사용해 보기 바랍니다.

## 10장

프로세스와 잡

요즘에 나오는 운영 체제 대부분은 프로그램 여러 개를 동시에 돌릴 수 있는 멀티태스킹 기능을 탑재하고 있습니다. 리눅스도 역시 멀티태스킹을 지원하여 파일을 복사하는 노중에 텍스트 파일을 편집할 수도 있습니다.

이 장에서는 셸에서 프로그램 여러 개를 실행하고 정지하는 방법, 즉 멀티태스킹 기능을 활용하는 방법에 대해 알아보겠습니다.

지금까지 여러 명령어를 사용해 봤습니다. 이들 명령어의 실체는 디스크에 있는 파일입니다. 셸에서 명령어를 입력하면 커널이 디스크에 있는 해당 파일을 읽어서 메모리에 올린 뒤 CPU가 프로그램을 실행합니다. 여기서 **메모리 위에 올린 프로그램을 프로세스**라 합니다.

그림 10-1 프로세스는 무엇인가, 실행 중인 프로그램

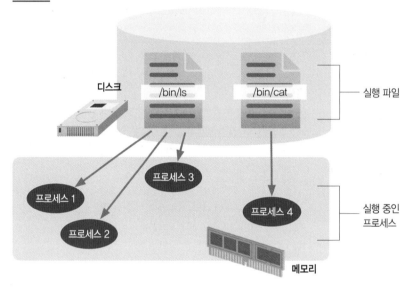

같은 프로그램을 실행하더라도 각 프로세스는 별도의 메모리 영역을 가집니다. 예를 들어 ls 명령어를 동시에 여러 번 실행해도 각 프로세스가 내부적으로 사용하는 데이터가 섞일 일은 없습니다. 그리고 파일 소유자 외에는 해당 파일에 대한 조작 권한이 제한되는 것과 비슷하게 프로세스를 실행한 사용자 외에는 해당 프로세스를 조작할 수 있는 권한이 제한됩니다.

리눅스 커널은 각 프로세스에게 프로세스 ID라는 고유한 번호를 할당해서 관리합니다. 프로세스를 관리하는 것은 리눅스 커널의 중요한 기능 중 하나입니다.

그리고 리눅스에서 새로운 프로세스는 이미 기존에 존재하는 별도의 프로세스를 기반으로 만들어집니다. 여기서 새로운 프로세스를 만드는 프로세스를 부모 프로세스라고 하며, 새롭게 만들어지는 프로세스를 자식 프로세스라고 합니다. 예를 들어 셸에서 ls 명령어를 실행하면 셸이 부모 프로세스이며, ls 명령어는 자식 프로세스가 됩니다.

ps 명령어: 프로세스 목록 표시

ps 명령어는 현재 시스템에서 실행 중인 프로세스의 목록을 출력합니다. 아무런 인자 없이 ps를 실행하면 현재 접속한 터미널에서 실행한 프로세스만을 출력합니다.

● ps 명령어로 프로세스 목록 확인

```
$ ps
 PID TTY          TIME CMD
 3007 pts/0    00:00:00  bash
 3034 pts/0    00:00:00  ps
```

위 예에서 PID는 프로세스 ID를 의미하며 CMD는 실행한 명령어를 의미합니다. 즉, 프로세스 ID가 3007인 bash와 3034인 ps가 실행 중인 것입니다. bash는 현재 실행 중인 셸이며, ps는 방금 실행한 명령어 자신입니다.

다음 예는 less 명령어를 두 번 실행한 경우입니다. 같은 명령어지만 각각 3035와 3040으로 서로 다른 PID 값이 할당된 것을 알 수 있습니다.

```
$ ps
PID  TTY          TIME CMD
3007 pts/0    00:00:00  bash
3035 pts/0    00:00:00  less
3040 pts/0    00:00:00  less
3043 pts/0    00:00:00  ps
```

프로세스 ID는 프로세스가 종료하기 전까지 바뀌지 않습니다. 따라서 특정 프로세스를 지정할 때 프로세스 ID를 사용합니다.

현재 접속한 터미널 이외의 프로세스를 출력하고 싶은 경우

다른 터미널에서 실행 중인 프로세스나 터미널과 무관하게 돌아가는 프로세스인 데몬 (daemon)을 출력하려면 x 옵션을 사용합니다. 그러면 **사용자가 현재 실행 중인 모든 프로세스를 확인할 수 있습니다.**

다음은 x 옵션과 함께 프로세스 간 부모 자식 관계를 표시하는 f 옵션을 지정하여 ps 명령어를 실행한 것입니다.

◉ 사용자가 실행 중인 모든 프로세스 출력

```
$ ps xf
   PID TTY      STAT    TIME COMMAND
  1414 ?        S       0:00 sshd: ldk@pts/1
  1415 pts/1    Ss      0:00  \_ -bash
  1423 pts/1    S+      0:00      \_ man bash
  1432 pts/1    S+      0:00          \_ man bash
  1433 pts/1    S+      0:00          \_ pager
  1295 ?        S       0:00 sshd: ldk@pts/0
  1296 pts/0    Ss      0:00  \_ -bash
  1446 pts/0    T       0:00      \_ less /etc/crontab
  1461 pts/0    T       0:00      \_ less /etc/hostname
  1469 pts/0    R+      0:00      \_ ps xf
```

위 예를 보면 프로세스 ID가 1414인 sshd 아래에 bash가 있고, 그 아래에는 man bash가 있어 프로세스들 간의 부모 자식 관계를 확인할 수 있습니다.

한편 TTY는 터미널을 의미합니다. 위 예에서는 한 사용자가 pts/0와 pts/1 두 개의 터미널에 로그인하여 작업 중인 것을 알 수 있습니다. 이때 SSH 접속을 담당하는 프로세스인 sshd의 TTY는 ?로 표시되고 있습니다. 이는 해당 프로세스가 터미널에 접속되어 있지 않은 데몬임을 의미합니다.

옵션 형식

앞서 ps 명령어를 사용할 때 ps xf 같이 옵션에 -을 사용하지 않았습니다. 리눅스의 ps 명령어는 역사적인 이유로 **두 종류의 옵션 형식을 제공**합니다.

- UNIX 옵션: -을 사용하여 옵션을 지정합니다. 예) ps -aef
- BSD 옵션: - 없이 옵션을 지정합니다. 예) ps xf

- 유무에 따라 옵션 문자가 가지는 의미가 전혀 달라서 완전히 다른 옵션 체계라고 볼 수 있습니다. 이 책에서는 주류인 BSD 옵션을 사용합니다. UNIX 옵션에 대해 알고 싶은 독자들은 ps 명령어의 매뉴얼을 참고하기 바랍니다.

모든 프로세스 표시

사용자가 실행한 프로세스 외에도 시스템을 위해 동작 중인 프로세스들이 있습니다. 이러한 프로세스들은 대부분 슈퍼 사용자의 권한으로 실행됩니다. 이러한 프로세스들도 함께 확인하려면 앞서 설명한 x 옵션과 함께 a 옵션을 지정하면 됩니다.

● 시스템에서 동작 중인 모든 프로세스

```
$ ps ax
   PID TTY      STAT   TIME COMMAND
     1 ?        Ss     0:01 /sbin/init splash
     2 ?        S      0:00 [kthreadd]
     3 ?        I<     0:00 [rcu_gp]
     4 ?        I<     0:00 [rcu_par_gp]
     6 ?        I<     0:00 [kworker/0:0H-kblockd]
     9 ?        I<     0:00 [mm_percpu_wq]
... 생략 ...
  1329 ?        I      0:01 [kworker/0:0-events]
  1339 ?        I      0:00 [kworker/u2:0-events_power_efficient]
  1342 ?        Ss     0:00 sshd: ldk [priv]
  1414 ?        S      0:00 sshd: ldk@pts/1
  1415 pts/1    Ss     0:00 -bash
  1423 pts/1    S+     0:00 man bash
  1432 pts/1    S+     0:00 man bash
  1433 pts/1    S+     0:00 pager
  1446 pts/0    T      0:00 less /etc/crontab
  1461 pts/0    T      0:00 less /etc/hostname
  1472 ?        I      0:00 [kworker/0:1-events]
  1475 ?        Ssl    0:00 /usr/libexec/fwupd/fwupd
  1518 ?        I      0:00 [kworker/u2:2-events_unbound]
  1523 ?        I      0:00 [kworker/u2:1-events_power_efficient]
  1524 pts/0    R+     0:00 ps ax
```

여기서는 프로세스가 181개 출력되었습니다. 보통 리눅스를 기동하면 프로세스 수십 개가 돌아가기 시작합니다. 이렇게 실행되는 프로세스 수십 개에 대해 전부 알 필요는 없지만, **리눅스가 멀티태스킹을 지원하여 다양한 프로세스가 동시에 돌아간다는 것만큼은 기억하세요.**

자주 사용하는 옵션

ps 명령어는 매우 다양한 옵션을 지원합니다. 여기서는 자주 사용하는 옵션 조합을 소개합니다. 이 옵션들은 빈번하게 사용되므로 암기하세요.

표 10-1 ps 명령어의 옵션 조합 예(BSD 옵션)

옵션	의미
x	ps 명령어를 실행한 사용자의 프로세스를 출력
ux	ps 명령어를 실행한 사용자의 프로세스를 상세하게 출력
ax	모든 사용자의 프로세스를 출력
aux	모든 사용자의 프로세스를 상세하게 출력
auxww	aux 옵션의 출력 결과가 화면에 잘리지 않도록 출력

ps 명령어의 옵션에 대해 더 자세히 알고 싶다면 man ps로 매뉴얼을 확인하세요.

10.2 잡

앞서 살펴본 프로세스는 리눅스 커널의 입장에서 바라본 처리 단위입니다. 한편 **셸에서 바라본 처리 단위를 잡(job)이라고 합니다.** 셸의 커맨드 라인에 입력한 한 행이 곧 잡 하나에 해당합니다.

커맨드 라인에서 명령어 하나만을 입력했다면 프로세스와 잡이 같습니다. 복수의 명령어를 파이프(11장 참고)로 연결했다면 프로세스는 명령어마다 만들어지지만 잡은 하나만 만들어집니다.

그림 10-2 프로세스와 잡 단위

프로세스에는 시스템 전체에 걸쳐 유일한 값이 프로세스 ID로 할당됩니다. 한편 잡은 셸별로 관리됩니다. 따라서 터미널 에뮬레이터 여러 개를 사용해서 셸 여러 개를 사용하면 중복된 잡 번호가 할당될 수 있습니다.

그림 10-3 잡은 셸별로 관리됨

잡을 일시 정지하거나 백그라운드에서 실행할 수 있습니다. 즉, 여러 작업을 병행시켜 효율적으로 처리할 수 있습니다.

지금부터 잡을 제어하는 예를 살펴보겠습니다. 배시의 man 페이지를 읽는 것과 ~/.bashrc 파일을 편집하는 두 작업을 효율적으로 진행하는 방법을 예로 들어 설명하겠습니다.

 명령어를 일시 정지하는 법

먼저 man 명령어로 배시의 매뉴얼을 화면에 출력해 보겠습니다.

○ man 실행

```
$ man bash
```

출력된 매뉴얼을 읽던 중 ~/.bashrc 파일을 편집하고 싶다면 q를 입력하여 man을 종료한 뒤 편집을 진행하고 다시 man을 기동하여 읽었던 위치를 찾아야 합니다.

이때 q를 누르는 대신에 Ctrl + z를 눌러봅니다. 그러면 다음과 같이 정지라고 표시되면서 프롬프트가 표시됩니다. 즉, 셸에 명령어를 입력할 수 있게 됩니다.

○ Ctrl + z로 정지

```
[1]+ 멈춤                    man bash
$
```

마치 man 명령어가 종료된 것처럼 보이지만 실은 그렇지 않습니다. 대신에 man bash라는 잡이 **정지 상태가 되었을 뿐**입니다. 일시 정지된 잡은 다시 정지한 상태에서부터 실행하는 것이 가능합니다.

그러면 이 상태에서 에디터를 기동하여 ~/.bashrc를 편집해 보겠습니다.

○ vim 기동

```
$ vim ~/.bashrc
```

파일을 편집하다가 다시 bash의 매뉴얼을 확인하고 싶다면 이번에도 Vim을 종료하는 것이 아니라 Ctrl + z를 누릅니다.

○ Ctrl + z로 Vim을 일시 정지

```
[2]+ 멈춤                    vim ~/.bashrc
$
```

여기서 지금까지 만든 잡 목록을 확인해 보겠습니다. 다음과 같이 jobs라는 명령어를 사용하면 됩니다.

○ jobs 명령어로 현재 잡 목록 확인

```
$ jobs
[1]-  멈춤                    man bash
[2]+  멈춤                    vim ~/.bashrc
```

정지 상태인 잡 두 개가 표시되었습니다. 앞쪽에 표시되는 [1]이나 [2]는 잡 번호를 의미합니다. 위 예에서는 man bash가 1, vim ~/.bashrc가 2입니다. 그리고 둘 다 정지된 상태입니다. 잡 번호뿐만 아니라 프로세스 ID도 표시하려면 -l 옵션을 지정합니다.

○ 잡 목록에 프로세스 ID도 함께 표시

```
$ jobs -l
[1]-  3060  정지됨              man bash
[2]+  3078  정지됨              vim ~/.bashrc
```

 fg 명령어: 잡을 포그라운드로 전환

사용자의 입력을 받아들일 수 있는 잡의 상태를 포그라운드(foreground)라고 합니다. 정지 상태에 있는 bash 매뉴얼을 다시 확인하기 위해서는 포그라운드로 되돌려야 합니다.

잡을 포그라운드로 전환하려면 fg 명령어를 사용합니다.

○ 잡을 포그라운드로 전환

```
fg %<잡 번호>
```

man bash의 잡 번호가 1이므로 다음과 같이 실행하면 됩니다.

○ 잡 번호 1을 포그라운드로 전환

```
$ fg %1
```

그러면 이전에 읽었던 부분에서부터 다시 볼 수 있으며 키보드로 조작할 수도 있습니다. 이처럼 일시 정지된 잡을 fg 명령어를 사용하여 재개할 수 있습니다.

그림 10-4 잡의 정지와 포그라운드

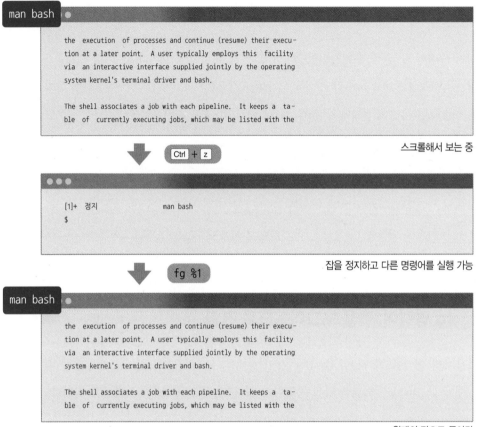

그리고 fg 명령어를 사용할 때 잡 번호를 생략하면 현재 잡(jobs 명령어에서 +로 표시된 잡)이 포그라운드가 됩니다. 정지한 잡이 한 개뿐이라면 굳이 잡 번호를 지정하지 않아도 해당 잡이 포그라운드가 됩니다.

다음은 Vim으로 편집하던 중 셸로 잠시 돌아가서 ls 명령어를 실행한 뒤 다시 Vim으로 돌아가는 예입니다. 여기서는 잡 번호를 지정하지 않았습니다.

● 잡 번호를 지정하지 않고 포그라운드 전환하는 예

```
$ vim file1.txt
...(파일 편집 중)...     ← Ctrl + z 입력
[1]+ 멈춤      vim file1.txt
$ ls /                 ← ls 명령어 실행
$ fg                   ← 다시 Vim으로 전환
```

3 bg 명령어: 잡을 백그라운드로 전환

Ctrl + z로 잡을 정지하면 해당 잡이 동작을 멈춥니다. 예를 들어 다음과 같이 cp 명령어로 파일을 복사하는 중에 Ctrl + z를 누르면 복사 처리가 정지되어 한없이 기다려도 복사가 완료되지 않습니다.

● cp 명령어 실행 중에 Ctrl + z를 누르면 복사가 멈춤[1]

```
$ cp file1 file2
^Z     ← Ctrl + z 입력
[1]+  멈춤  cp file1 file2
$
```

이러한 경우에는 잡을 멈추지 않은 채 셸로 돌아가는 것이 좋습니다. **포그라운드와 반대로 사용자가 조작할 수 없는 잡의 상태를 백그라운드(background)라고 합니다.**

잡을 백그라운드에서 실행하는 명령어로 bg가 있습니다.

● 백그라운드에서 잡 실행하기

```
bg %<잡 번호>
```

fg와 마찬가지로 잡 번호를 생략하면 현재 잡이 백그라운드에서 실행됩니다.

---

1 역주 파일이 커야 실습 결과처럼 나옵니다. 실습하기 전 fallocate -l 1000000000 file1을 먼저 실행하기 바랍니다.

● 백그라운드에서 잡 실행하기

```
$ bg %1
[1]+ cp file1 file2 &
$
```

위 예에서는 cp 명령어를 백그라운드로 돌리고 있습니다. 프롬프트가 표시되어 셸을 사용할 수 있게 되었지만 **여전히 복사 작업은 백그라운드에서 실행되고 있습니다.** 이처럼 긴 시간이 걸리는 작업을 백그라운드로 실행하면 작업이 끝나는 것을 기다리지 않고도 다른 작업을 진행할 수 있습니다.

백그라운드에서 실행 중인 잡도 jobs 명령어로 상태를 확인할 수 있습니다.

● 백그라운드의 잡 확인

```
$ jobs
[1]+   실행 중    cp file1 file2 &
```

앞서 Ctrl + z 로 잡을 일시 정지했을 때는 '멈춤'이라고 표시되었지만 이번에는 '실행 중'이라고 표시되었습니다. 즉, 복사 작업이 진행되고 있음을 의미합니다. 마지막에 표시된 &는 잡이 백그라운드로 돌고 있음을 의미합니다.

백그라운드에서 실행 중인 잡이 종료되면 다음과 같은 메시지가 출력됩니다.

● 백그라운드 잡 종료 메시지

```
[1]+   완료    cp file1 file2
```

처음부터 잡을 백그라운드에서 실행할 수도 있습니다. 다음과 같이 **커맨드 라인의 마지막에 &를 추가**하면 됩니다.

● cp 명령어를 백그라운드로 실행

```
$ cp file1 file2 &
[1] 4810
```

그러면 포그라운드로 실행하고 Ctrl + z로 정지한 뒤 bg 명령어를 입력하는 번거로움을 덜 수 있습니다.

 ## 4 잡의 상태 전이

지금까지 소개한 잡 상태를 표로 정리하면 다음과 같습니다.

표 10-2 잡 상태

상태	내용
포그라운드	사용자가 조작하면서 실행 중인 상태
백그라운드	사용자가 조작할 수 없지만 실행 중인 상태
정지	처리를 일시적으로 중단된 상태

잡 상태는 다음과 같이 Ctrl + z, fg, bg로 전환할 수 있습니다.

그림 10-5 잡 정지와 포그라운드

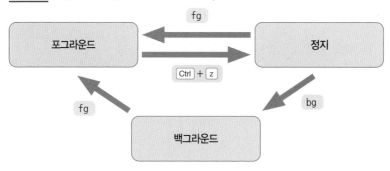

참고로 잡에 대한 조작을 위한 명령어인 jobs, fg, bg는 전부 셸의 내장 명령어입니다.

● 셸의 내장 명령어인 jobs, fg, bg

```
$ type jobs fg bg
jobs 는 쉘 내장임
fg 는 쉘 내장임
bg 는 쉘 내장임
```

앞서 설명했듯이 프로세스는 리눅스 커널의 처리 단위이며 잡은 셸의 처리 단위입니다. 프로세스에 부여된 프로세스 ID를 확인하여 조작해도 되지만, 셸과 결부된 보다 상위 개념인 잡을 조작하는 것이 편리한 때가 많습니다.

리눅스를 다루다 보면 명령어를 잘못 입력하거나 실행 중인 프로그램이 비정상적으로 동작하여 강제로 종료해야 하는 경우가 종종 발생합니다. 이 절에서는 잡이나 프로세스를 종료하는 방법을 알아보겠습니다.

1 잡 종료

잡을 종료하는 방법은 잡 상태에 따라 다릅니다.

포그라운드로 실행 중인 잡을 종료하기 위해서는 Ctrl + c 를 입력하면 됩니다. **많은 프로그램이 Ctrl + c 를 입력 받으면 종료되도록 설계되어 있습니다.**

다음은 cp 명령어를 실행하자마자 곧바로 Ctrl + c 로 종료하는 예입니다.

● Ctrl + c 를 입력하여 포그라운드에서 실행 중인 잡을 종료

```
$ cp file1 file2
^C     ← Ctrl + c 입력
$      ← 종료되어 셸로 돌아옴
```

한편 백그라운드에서 실행 중인 잡을 종료하려면 잡 번호를 지정하여 kill 명령어를 실행합니다.

● 잡을 종료하는 방법

```
kill %<잡 번호>
```

예를 들어 다음과 같이 백그라운드 잡이 세 개인 경우를 생각해 보겠습니다.

◉ 백그라운드 잡이 세 개인 경우

```
$ jobs
[1]    멈춤                man bash
[2]-   멈춤                vim ~/.bashrc
[3]+   멈춤                less /etc/crontab
```

이 중에서 man bash 잡을 종료하고 싶은 경우에는 해당 잡의 번호 1을 지정하여 kill %1이
라고 입력하면 됩니다.

◉ 백그라운드 잡을 종료

```
$ kill %1
[1]    종료됨                   man bash
```

잡이 종료되면 위와 같이 '종료됨'이라는 메시지가 표시됩니다.

잡이 종료되었는지 확인하기 위해 다시 jobs 명령어를 실행한 예입니다.

◉ man bash로 잡이 종료되었는지 확인

```
$ jobs
[2]-   멈춤                vim ~/.bashrc
[3]+   멈춤                less /etc/crontab
```

이번에는 잡의 목록에서 man bash가 출력되지 않았습니다. 즉, 잡이 종료된 것입니다.

 ## 2 프로세스 종료

프로세스를 종료할 때도 백그라운드 잡과 마찬가지로 kill 명령어를 사용합니다.

◉ 프로세스 종료

```
kill <프로세스 ID>
```

프로세스의 경우에는 %로 붙이지 않고 프로세스 ID만을 지정합니다.

다음 예는 터미널 두 개에서 접속하여 한 터미널에서 less 명령어를 실행한 뒤 다른 터미널
에서 ps 명령어를 실행한 결과입니다.

● 터미널 2개의 프로세스 목록

```
$ ps xf
   PID TTY      STAT    TIME COMMAND
  3315 ?        S       0:00 sshd: ldk@pts/0
  3316 pts/0    Ss      0:00  \_ -bash
  3323 pts/0    S+      0:00      \_ less /etc/crontab
  2937 ?        S       0:00 sshd: ldk@pts/2
  2938 pts/2    Ss      0:00  \_ -bash
  3331 pts/2    R+      0:00      \_ ps xf
```

여기서 프로세스 ID 3323인 less 명령어를 종료하려면 다른 터미널에서 다음과 같이 프로
세스 ID를 지정해서 kill 명령어를 실행하면 됩니다.

● 프로세스 종료

```
$ kill 3323
```

그러면 프로세스 ID 3323인 프로세스가 종료됩니다.

그런데 다른 사용자가 실행 중인 프로세스는 함부로 종료할 수 없습니다.

다음 예에서는 ldk라는 사용자가 sumi가 실행한 프로세스를 kill 명령어로 종료하려 했지만
에러가 출력된 것을 알 수 있습니다.

```
[ldk@localhost ~] $ ps aux        ← ldk 사용자가 프로세스 목록 확인
... 생략 ...
root      2852  0.0  0.8  13980  8880 ?       Ss   11:20   0:00 sshd: ldk [priv]
ldk       2937  0.0  0.5  14112  5884 ?       S    11:20   0:00 sshd: ldk@pts/2
ldk       2938  0.0  0.5  22792  5732 pts/0   Ss   11:20   0:00 -bash
ldk       3060  0.0  0.4  20684  4668 pts/0   T    11:37   0:00 man bash
sumi      3392  0.0  0.2  18604  2564 pts/2   S+   11:37   0:00 less /etc/crontab
[ldk@localhost ~] $ kill 3392     ← ldk가 sumi의 프로세스 종료 시도
-bash: kill: (3392) - 명령을 허용하지 않음
```

하지만 예외적으로 슈퍼 사용자는 모든 사용자의 프로세스를 강제 종료할 수 있습니다.

실제 리눅스 시스템을 운영하기 위해서는 프로세스를 종료하는 법을 반드시 알아야 합니다. 대부분의 서비스 애플리케이션은 단말과 분리되어 실행되어서 잡 번호를 가지지 않기 때문입니다.

 ## kill 명령어: 시그널 전송

앞서 등장한 **kill 명령어는 사실 잡이나 프로세스를 종료하는 명령어가 아니라 시그널을 전송하는 명령어입니다.** 여기서는 시그널에 관해 알아보겠습니다.

시그널이란 말 그대로 프로세스에게 전송되는 신호입니다. 프로세스는 전달받은 시그널의 종류에 따라 종료, 정지, 재기동 등의 처리를 수행합니다. 즉, 시그널을 통해 프로세스에게 메시지를 보내는 것입니다.

전송할 시그널의 종류는 kill -<시그널 이름>과 같이 지정할 수 있습니다. 시그널 이름을 지정하지 않으면 기본값으로 TERM이라는 시그널이 전송됩니다. 즉, 다음 두 명령어는 동일합니다.

```
kill 4695
kill -TERM 4695
```

그리고 시그널에는 고유 번호가 있어 이를 지정하는 것도 가능합니다. TERM 시그널의 경우 15번이며, 다음 명령어도 위 두 명령어와 동일합니다.

```
kill -15 4695
```

여기서 등장한 TERM이라는 시그널은 terminate, 즉 종료 시그널입니다. 그래서 시그널 이름을 지정하지 않고 kill 명령어를 실행하면 잡이나 프로세스가 종료됩니다.

그리고 포그라운드에서 동작하는 잡에게 입력한 Ctrl + z 나 Ctrl + c 도 사실은 내부적으로 시그널을 전송합니다. Ctrl + z 는 TSTP, Ctrl + c 는 INT라는 시그널을 전송합니다. 이에 따라 잡이 정지 혹은 종료합니다.

시그널의 전체 목록은 kill 명령어에 -1 옵션을 붙여 확인할 수 있습니다. 이때 시그널 이름 앞에 SIG라는 문자열이 붙어 표시됩니다.

● 시그널의 종류

```
$ kill -l
 1) SIGHUP       2) SIGINT       3) SIGQUIT      4) SIGILL       5) SIGTRAP
 6) SIGABRT      7) SIGBUS       8) SIGFPE       9) SIGKILL     10) SIGUSR1
11) SIGSEGV     12) SIGUSR2     13) SIGPIPE     14) SIGALRM     15) SIGTERM
16) SIGSTKFLT   17) SIGCHLD     18) SIGCONT     19) SIGSTOP     20) SIGTSTP
... 생략 ...
```

위 시그널 목록 중에서 9) SIGKILL은 다소 예외적인 시그널입니다. 이 시그널만큼은 프로세스에 전달되지 않고 리눅스 커널이 처리합니다. 리눅스 커널은 이 시그널을 받으면 지정한 프로세스를 강제로 종료합니다. 즉, TERM 시그널을 받아도 종료하지 않는 상태에 빠진 프로세스를 종료하기 위한 시그널입니다.

SIGKILL 시그널은 마지막 수단으로 생각해야 합니다. 프로그램의 구현에 따라 TERM 시그널을 수신 받으면 현재 상태를 보존하거나 임시 파일을 지우는 등 종료 전에 수행해야 할 작업을 수행하고 종료합니다. 하지만 KILL 시그널을 전송받으면 이러한 종료 처리를 수행하지 않고 곧바로 프로세스가 종료됩니다.

따라서 프로세스를 종료하고 싶을 때는 먼저 TERM 시그널을 보내 보고 그래도 종료하지 않으면 KILL 시그널을 사용하는 것이 바람직합니다.

마무리 이 장에서 배운 잡과 프로세스 관리는 리눅스에서 무척 중요한 개념이므로 정확하게 이해해야 합니다. 특히 리눅스에서 작업을 병렬로 실행할 때 이 장에서 배운 내용이 도움이 될 것입니다.

## 11장

표준 입출력과 파이프라인

리눅스는 각 명령어가 가능한 한 작고 간단한 동작만을 수행하도록 설계되었습니다. 한 명령어에 다양한 기능을 포함하기보다는 적은 기능을 포함하는 것이 알기 쉽고 사용하기 쉽기 때문입니다.

이렇게 적은 기능을 갖춘 개별 명령어를 잘 조합할 수 있어야 리눅스에서 좀 더 복잡하고 정교한 처리를 수행할 수 있습니다. 이 장에서는 명령어들을 조합하는 두 가지 방법인 리다이렉션과 파이프라인을 알아보겠습니다.

명령어를 조합하기 전에 먼저 명령어 간에 실행 결과를 주고받는 원리를 이해해야 합니다. 이를 위한 배경 지식으로 표준 입출력이라는 용어를 알아보겠습니다.

리눅스에서는 cat 같은 명령어를 실행하면 자동으로 표준 입출력 채널이 열립니다. 여기서 채널은 데이터가 흐르는 길이라고 생각하면 됩니다.

그림 11-1 명령어가 실행되면 표준 입출력 채널이 열림

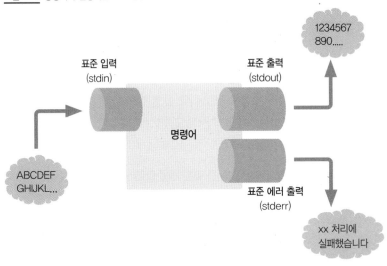

표준 입출력 채널은 다음과 같이 세 가지가 있습니다.

- 표준 입력(stdin): 프로그램에 데이터를 입력하는 채널입니다. 키보드를 통한 입력이 대표적인 예입니다.
- 표준 출력(stdout): 프로그램의 실행 결과가 출력되는 채널입니다. 기본값으로 단말 디스플레이에 출력합니다.
- 표준 에러 출력(stderr): 프로그램 실행 중 발생하는 에러 메시지가 출력되는 채널입니다. 보통 표준 출력과 동일하게 단말 디스플레이에 출력합니다.

이 세 채널을 합쳐서 표준 입출력이라고 합니다.

보통 리눅스 명령어는 표준 입출력이 실제 어디에 연결되었는지 신경 쓰지 않습니다. 명령어의 입장에서는 단순히 표준 입력을 읽어서 결과를 표준 출력으로 출력할 뿐입니다. 표준 입력은 키보드로 입력될 수도 있고 파일이 될 수도 있습니다. 또한, 표준 출력은 모니터, 프린터 혹은 파일이 될 수도 있습니다.

그림 11-2 표준 입출력 채널과 명령어

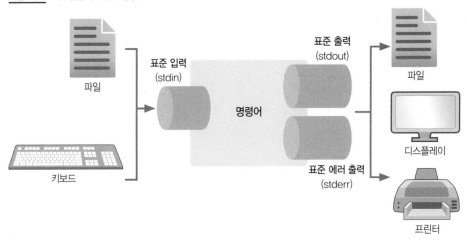

실제 명령어에 연결되는 표준 입출력은 사용자가 셸에서 명령어를 실행할 때 지정할 수 있습니다.

정리하면, 리눅스에서는 명령어의 입출력을 표준 입출력으로 추상화하고 있습니다. 그래서 명령어의 내부에서는 실제 입출력이 어디에 연결되었는지 신경 쓰지 않으며 사용자가 명령어를 실행할 때 자유롭게 지정할 수 있습니다.

11.2 리다이렉션 LINUX FOR EVERYONE

표준 입출력을 어디로 연결할지 변경하는 것을 리다이렉션(redirection)이라 합니다. 입력과 출력 각각의 리다이렉션 방법에 대해 알아보겠습니다.

표준 입력의 리다이렉션

여기서 5장에서 소개한 cat 명령어를 다시 한번 살펴보겠습니다. 5장에서는 cat 명령어를 실행할 때 인자를 지정하지 않으면 키보드로 입력될 때까지 커서가 정지된다고 설명했습니다.

◉ 인자를 지정하지 않고 cat 명령어를 실행

```
$ cat
Hello    ← 키보드에서 Hello 입력
Hello    ← Hello 표시됨
         ← Ctrl + d 입력
$        ← 프롬프트 표시
```

이는 cat 명령어가 표준 입력으로 입력한 내용을 읽어서 그대로 표준 출력에 출력하는 명령어이기 때문입니다. 표준 입력은 보통 키보드 입력이므로 키보드 입력을 기다렸다가 그대로 출력합니다.

그러면 키보드 대신에 파일을 표준 입력으로 연결해 보겠습니다. 이를 **입력 리다이렉션**이라고 하며 기호로 <를 사용합니다. 다음은 /etc/crontab 파일을 표준 입력으로 연결한 예입니다.

그러면 /etc/crontab 파일의 내용이 표준 입력으로 cat 명령어에 전달됩니다. 그러면 cat 명령어는 그 내용을 그대로 표준 출력에 출력합니다. 결과적으로 다음과 같이 /etc/crontab의 내용이 그대로 출력되는 것입니다.

◉ /etc/crontab 파일을 입력 리다이렉션으로 cat 명령어에 전달

```
$ cat < /etc/crontab
# /etc/crontab: system-wide crontab
# Unlike any other crontab you don't have to run the `crontab'
# command to install the new version when you edit this file
# and files in /etc/cron.d. These files also have username fields,
# that none of the other crontabs do.

SHELL=/bin/sh
PATH=/usr/local/sbin:/usr/local/bin:/sbin:/bin:/usr/sbin:/usr/bin
```

```
# Example of job definition:
# .---------------- minute (0 - 59)
# |  .------------- hour (0 - 23)
# |  |  .---------- day of month (1 - 31)
# |  |  |  .------- month (1 - 12) OR jan,feb,mar,apr ...
# |  |  |  |  .---- day of week (0 - 6) (Sunday=0 or 7) OR
sun,mon,tue,wed,thu,fri,sat
# |  |  |  |  |
# *  *  *  *  * user-name command to be executed
17 *    * * *   root    cd / && run-parts --report /etc/cron.hourly
25 6    * * *   root    test -x /usr/sbin/anacron || ( cd / && run-parts
--report /etc/cron.daily )
47 6    * * 7   root    test -x /usr/sbin/anacron || ( cd / && run-parts
--report /etc/cron.weekly )
52 6    1 * *   root    test -x /usr/sbin/anacron || ( cd / && run-parts
--report /etc/cron.monthly )
#
```

입력 리다이렉션과 파일 지정

cat 명령어로 파일 내용을 출력하는 방식은 다음과 같이 두 가지입니다.

```
cat < /etc/crontab     ← 입력 리다이렉션 사용
cat /etc/crontab       ← 인자로 파일 지정
```

두 방식의 출력 결과는 같지만, 내부적인 차이점은 명확히 이해하고 있어야 합니다.

리다이렉션을 사용한 경우는 '표준 입력을 읽어서 표준 출력에 그대로 출력한다'는 cat 명령어의 기본 동작에 충실한 방식입니다. 한편 파일을 실행 인자로 지정하는 방식은 사용자의 편의를 위해 cat 명령어가 특별히 제공하는 방식을 사용한 것입니다.

여러분이 앞으로 리눅스 명령어를 만들게 된다면 표준 입력을 읽어 들이는 방식을 반드시 지원하도록 구현하는 것이 좋습니다. 그래야 여러분이 만든 명령어가 다른 프로그램과 연동하여 더 강력한 기능을 수행할 수 있기 때문입니다.

표준 출력의 리다이렉션

표준 출력도 리다이렉션할 수 있습니다. 자주 사용되는 패턴은 **명령어의 실행 결과를 화면에 출력하는 것이 아니라 파일에 저장하는 것입니다.**

표준 출력도 기호 >를 사용합니다. 다음은 ls 명령어의 실행 결과를 list.txt 파일에 저장하는 예입니다. 이렇게 명령어의 실행 결과가 화면에 출력되지 않고 지정한 파일에 저장되면 시간이 지난 뒤에도 결과를 다시 확인할 수 있습니다.

◉ ls 명령어의 결과를 파일에 저장

```
$ ls -l / > list.txt      ← 명령어의 실행 결과를 list.txt에 리다이렉션
$ cat list.txt            ← list.txt의 내용 확인
합계 459344
lrwxrwxrwx    1 root root        7  5월  6 18:43 bin -> usr/bin
drwxr-xr-x    4 root root     4096  5월 16 11:21 boot
drwxrwxr-x    2 root root     4096  5월  6 19:07 cdrom
drwxr-xr-x   19 root root     4080  5월 16 18:40 dev
drwxr-xr-x  130 root root    12288  5월 17 17:37 etc
drwxr-xr-x    3 root root     4096  5월  6 19:11 home
lrwxrwxrwx    1 root root        7  5월  6 18:43 lib -> usr/lib
lrwxrwxrwx    1 root root        9  5월  6 18:43 lib32 -> usr/lib32
lrwxrwxrwx    1 root root        9  5월  6 18:43 lib64 -> usr/lib64
lrwxrwxrwx    1 root root       10  5월  6 18:43 libx32 -> usr/libx32
drwx------    2 root root    16384  5월  6 18:39 lost+found
... 생략 ...
```

참고로 리다이렉션된 파일을 touch 같은 명령어로 미리 만들지 않아도 됩니다. 자동적으로 만들어지기 때문입니다.

③ 표준 에러 출력

출력 채널에는 표준 출력 외에도 표준 에러 출력이라는 것이 있습니다.

표준 에러 출력은 **프로그램의 에러 메시지를 출력하기 위해 사용됩니다.** 예를 들어 ls 명령어를 실행할 때 존재하지 않는 파일을 지정하면 다음과 같이 에러 메시지가 출력되는데, 이 메시지는 표준 에러 출력에 출력된 것입니다.

● 명령어의 에러 메시지는 표준 에러 출력에 출력된다

```
$ ls /xxxxx
ls: '/xxxxx'에 접근할 수 없습니다: 그런 파일이나 디렉터리가 없습니다
```

콘솔에 출력된 메시지가 표준 출력에 의해 출력된 건지, 표준 에러 출력에 의해 출력된 건지 판단하기는 어렵습니다.

그림 11-3 표준 에러 출력은 표준 출력과 동일한 단말 디스플레이에 연결되어 있음

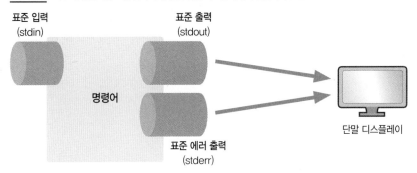

하지만 표준 출력을 파일에 리다이렉션해 보면 그 차이를 알 수 있습니다.

다음은 표준 출력을 list.txt 파일에 리다이렉션하는 예입니다. 따라서 명령어의 실행 결과는 단말 디스플레이에 출력되지 않습니다.

● 표준 출력을 파일에 리다이렉션해도 에러 메시지는 출력됨

```
$ ls /xxxxx > list.txt
ls: '/xxxxx'에 접근할 수 없습니다: 그런 파일이나 디렉터리가 없습니다
```

에러 메시지가 화면에 출력된 것을 알 수 있습니다. 이는 **표준 출력과 표준 에러 출력이 별도의 채널을 사용하기 때문입니다.**

그림 11-4 표준 출력을 파일에 리다이렉션하면 표준 에러 출력만 콘솔에 표시됨

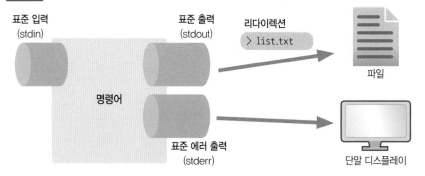

표준 출력을 파일에 리다이렉션했지만 표준 에러 출력은 별도로 리다이렉션하지 않아서 에러 메시지가 콘솔에 출력된 것입니다.

이때 표준 에러 출력도 파일에 리다이렉션할 수 있습니다. 이때는 **2>라는 기호를 사용해야** 합니다.

다음 예는 표준 에러 출력을 error.txt 파일에 리다이렉션하고 있는데, 명령어 실행 중 발생한 에러가 콘솔에 출력되지 않고 지정한 파일에 저장됩니다.

◉ 에러 메시지를 파일에 저장

```
$ ls /xxxxx 2> error.txt
$ cat error.txt
ls: '/xxxxx'에 접근할 수 없습니다: 그런 파일이나 디렉터리가 없습니다
```

이처럼 명령어의 실행 결과와 에러 메시지를 별도로 다루려고 표준 출력과 표준 에러 출력이 별도로 존재하는 것입니다.

◉ 표준 출력과 표준 에러 출력을 각각 다른 파일에 리다이렉션

```
$ ls /xxxxx > list.txt 2> error.txt
```

그러면 콘솔에는 아무것도 출력되지 않습니다. ls 명령어의 실행 결과는 list.txt에 저장되며

에러 메시지는 error.txt에 저장됩니다.

 4 **표준 출력과 표준 에러 출력을 함께 리다이렉션**

표준 출력과 표준 에러 출력을 파일 하나에 리다이렉션할 때도 있을 것입니다. 이때는 **표준 출력을 리다이렉션한 뒤에 2>&1을 붙여주면 됩니다.**

다음은 표준 출력과 표준 에러 출력 둘 다 result.txt로 리다이렉션하는 예입니다.

● 표준 출력과 표준 에러 출력 둘 다 result.txt로 리다이렉션하기

```
$ ls /xxxxx > result.txt 2>&1
```

위 명령어는 먼저 >를 통해 표준 출력을 result.txt로 리다이렉션합니다. 이어서 표준 에러 출력을 &1로 리다이렉션하고 있습니다. 여기서 &1은 표준 출력을 의미합니다.

표 11-1 표준 입출력에 매핑된 숫자

입출력 채널	숫자
표준 입력	0
표준 출력	1
표준 에러 출력	2

위 표와 같이 리눅스에서는 내부적으로 **표준 입출력을 숫자로 관리**하고 있습니다. 그래서 2>&1이 의미하는 것은 표준 에러 출력(2)을 표준 출력(1)과 같은 파일로 리다이렉션한다는 뜻입니다.

표준 출력과 표준 에러 출력을 동일한 파일에 저장할 때 자주 사용합니다.

 5 **리다이렉션으로 파일 덮어쓰기**

이미 존재하는 파일에 표준 출력을 리다이렉션하면 **기존 파일을 지우고 덮어쓰게 됩니다.**

● 리다이렉션으로 파일 덮어쓰기

```
$ echo 123 > number.txt
$ cat number.txt
123                          ← 123이 적힌 number.txt
$ echo 456 > number.txt      ← 동일 파일 이름으로 리다이렉션함
$ cat number.txt
456                          ← 기존의 number.txt 파일이 덮어쓰여짐
```

따라서 리다이렉션으로 인해 중요 파일을 분실하는 경우가 종종 있습니다. 이를 방지하려면, > 대신 >>를 사용하면 **덮어쓰지 않고 파일의 끝에 이어서 기록하게 됩니다.**

● 기존 파일에 이어서 리다이렉션하기

```
$ echo 789 >> number.txt     ← 기존 파일에 이어서 리다이렉션
$ cat number.txt
456
789                          ← 추가됨
```

기존 파일뿐만 아니라 신규 파일을 지정해도 문제 되지 않으므로 리다이렉션으로 인한 덮어쓰기가 걱정된다면 언제나 >>를 사용하는 것이 좋습니다.

또 다른 방법으로는 셸 옵션으로 noclobber라는 값을 set 명령어로 지정하는 것입니다. 그러면 리다이렉션으로 덮어쓸 때 에러가 발생하게 됩니다.

● 리다이렉션으로 덮어쓰는 것을 방지

```
$ set -o noclobber
$ ls -l > list.txt
-bash: list.txt: 이미 있는 파일을 덮어쓸 수 없음
```

리다이렉션과 관련해 지금까지 알아본 기호를 정리하면 다음과 같습니다.

표 11-2 리다이렉션을 위한 기호와 의미

기호	내용
〈 FILE	표준 입력을 FILE로 변경
〉 FILE	표준 출력을 FILE로 변경
〉〉 FILE	표준 출력의 출력을 FILE의 끝에 추가
2〉 FILE	표준 에러 출력을 FILE로 변경
2〉〉 FILE	표준 에러 출력을 FILE의 끝에 추가
〉 FILE 2〉&1	표준 출력과 표준 에러 출력을 FILE로 변경

 /dev/null

리눅스를 다루다 보면 종종 /dev/null이라는 파일에 리다이렉션할 때가 있습니다. 여기서는 /dev/null에 관해 알아보겠습니다. 먼저 ls 명령어로 여러분의 시스템에 /dev/null이란 파일이 있는지 확인하기 바랍니다.

```
$ ls -l /dev/null
crw-rw-rw- 1 root root 1, 3  5월 16 18:40 /dev/null
```

/dev/null은 특수 파일로서 다음 특성을 가집니다.

- 입력 파일로 지정해도 아무 내용도 입력되지 않습니다.
- 출력 파일로 지정해도 어떤 내용도 기록되지 않습니다.

예를 들어 다음과 같이 /dev/null을 표준 입력으로 리다이렉션하면 아무 내용도 입력되지 않아서 아무 내용도 출력되지 않습니다.

◎ 빈 내용의 표준 입력

```
$ cat < /dev/null
$     ← 아무것도 표시되지 않음
```

표준 출력을 /dev/null로 리다이렉션하면 표준 출력이 콘솔에 출력되지 않습니다. 이때 표준 에러 출력만이 콘솔에 출력됩니다.

◉ 표준 출력을 무시

```
$ cat /etc/crontab > /dev/null
$     ← 아무것도 표시되지 않음
```

표준 출력으로 출력되는 양이 너무 많거나 표준 에러 출력만 확인할 때 자주 사용하는 방식입니다.

◉ 에러 메시지만 출력

```
$ ls / /xxxxx > /dev/null
ls: '/xxxxx'에 접근할 수 없습니다: 그런 파일이나 디렉터리가 없습니다
```

표준 에러 출력을 /dev/null로 리다이렉션하는 경우도 있습니다. 이는 확인하지 않아도 되는 에러 메시지가 너무 많이 출력되는 경우에 사용합니다.

◉ 에러 메시지 출력을 무시

```
$ ls / /xxxxx 2> /dev/null
/:
bin   cdrom  etc    lib    lib64  lost+found  mnt  proc  run   snap  swapfile  tmp  var
boot  dev    home   lib32  libx32  media       opt  root  sbin  srv   sys       usr
```

그리고 다음과 같이 표준 출력과 표준 에러 출력을 모두 /dev/null로 리다이렉션하면 콘솔에는 아무것도 출력되지 않습니다.

◉ 표준 출력과 표준 에러 출력을 무시

```
$ ls / /xxxxx > /dev/null 2>&1
```

군이 출력되는 메시지를 확인하지 않아도 되거나 명령어의 실행 시간을 확인할 때 이 방식을 사용합니다.

11.3 파이프라인

여러 명령어를 연결하려면 한 명령어의 실행 결과를 다른 명령어에 입력할 수 있어야 합니다. 이를 위해 존재하는 기능이 파이프라인입니다. 파이프라인을 사용하면 **명령어의 표준 출력을 다른 명령어의 표준 입력으로 연결할 수 있습니다.**

ls 명령어의 실행 결과가 너무 큰 경우를 생각해 보겠습니다. 다음과 같이 실행 결과를 파일에 리다이렉션한 뒤에 less 명령어로 해당 파일을 조회하는 것도 한 방법입니다.

● 명령어의 실행 결과를 임시 파일에 저장한 뒤 조회

```
$ ls -l / > temp_list.txt
$ less temp_list.txt
```

하지만 이렇게 매번 실행 결과를 파일에 저장하는 방식은 비효율적입니다. 파이프라인을 사용하면 중간에 파일을 만들지 않고도 명령어의 실행 결과를 다른 명령어에 전달할 수 있습니다.

파이프라인은 파이프 기호(|)를 사용합니다.

● 파이프라인

```
<명령어 1> | <명령어 2> [| <명령어 3>] ...
```

그러면 첫 번째 명령어의 표준 출력이 두 번째 명령어의 표준 입력으로 전달됩니다.

그림 11-5 명령어 두 개를 파이프라인으로 연결

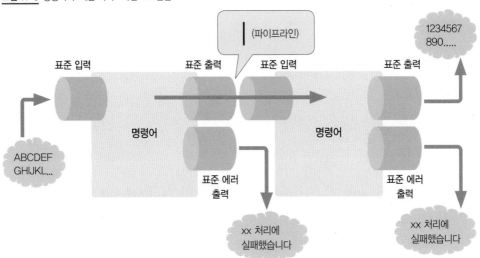

다음과 같이 실행하면 첫 번째 명령어인 ls -l /의 표준 출력이 두 번째 명령어인 less의 표준 입력으로 전달됩니다.

● ls 명령어의 결과를 less 명령어에 전달

```
$ ls -l / | less
합계 459344
lrwxrwxrwx   1 root root         7  5월  6 18:43 bin -> usr/bin
drwxr-xr-x   4 root root      4096  5월 16 11:21 boot
drwxrwxr-x   2 root root      4096  5월  6 19:07 cdrom
drwxr-xr-x  19 root root      4080  5월 16 18:40 dev
...(생략)...
drwxr-xr-x  14 root root      4096  2월 10 03:56 var
（END）
```

less 명령어도 파일을 지정하지 않으면 표준 입력을 읽습니다. 따라서 앞의 예에서는 ls 명령어의 출력을 less 명령어가 읽은 것입니다. 명령어의 실행 결과가 방대할 때 자주 사용하는 패턴입니다.

ls 외에도 표준 출력으로 결과를 출력하는 모든 명령어를 파이프로 연결할 수 있습니다. 이번에는 history라는 명령어의 실행 결과를 파이프로 연결해 보겠습니다.

배시에 입력한 커맨드 라인은 ~/.bash_history라는 파일에 기록되며, 이를 커맨드 라인 이력이라고 합니다. 저장된 커맨드 라인 이력은 다음과 같이 history 명령어로 출력할 수 있습니다.

● 커맨드 라인 이력 출력

```
$ history
    1  ls
    2  mkdir tmp
    3  cd tmp
    4  ls
    5  touch file1.txt
... 생략 ...
```

이력이 많으면 한 화면에 전부 출력할 수 없습니다. 이때 다음과 같이 파이프라인으로 less와 연동하면 페이지 단위로 읽을 수 있습니다.

● 명령어 이력을 less로 읽기

```
$ history | less
```

파이프라인을 사용하면 두 명령어뿐만 아니라 더 많은 명령어도 얼마든지 연결할 수 있습니다. 다음 예는 ls 명령어의 결과를 cat 명령어로 행 번호를 붙여 출력하고 그 결과를 다시 less로 한 페이지씩 표시하고 있습니다.

● 명령어 세 개를 파이프라인으로 연결

```
$ ls -l /etc | cat -n | less
    1  합계 1108
    2  drwxr-xr-x  7 root root   4096  2월 10 03:52 NetworkManager
    3  drwxr-xr-x  2 root root   4096  2월 10 03:52 PackageKit
    4  drwxr-xr-x  2 root root   4096  2월 10 03:51 UPower
    5  drwxr-xr-x 11 root root   4096  2월 10 03:52 X11
    6  drwxr-xr-x  3 root root   4096  2월 10 03:51 acpi
    7  -rw-r--r--  1 root root   3028  2월 10 03:47 adduser.conf
    ↑ cat 명령어에 의하여 추가된 행 번호
```

이와 같이 리눅스에서는 파이프라인을 사용하면 작은 명령어들을 부품처럼 조합하여 복잡하고 다양한 처리를 수행할 수 있습니다.

한편 파이프라인은 기본적으로 표준 출력만 다음 명령어에 연결합니다. 표준 에러 출력도 함께 보내려면 앞서 소개했던 2>&1을 사용하여 표준 에러 출력을 표준 출력과 동일한 곳으로 리다이렉션해야 합니다. 다음은 ls 명령어의 표준 출력과 표준 에러 출력을 less 명령어로 전달한 예입니다.

● 표준 에러 출력도 표준 출력과 함께 파이프라인으로 전달

```
$ ls -l / /xxxxx 2>&1 | less
```

필터 명령어

지금까지 사용한 cat 명령어처럼 **표준 입력을 받아들여 표준 출력으로 출력하는 명령어**를 필터 명령어라 합니다.

 필터 명령어의 예: head 명령어

대표적인 필터 명령어로 head가 있습니다. head는 지정한 파일의 첫 행부터 지정한 행까지 출력합니다. 이때 출력할 행 수를 지정하지 않으면 첫 10행을 출력합니다. 다음은 head 명령어로 /etc/crontab의 첫 10행을 출력하는 예입니다.

● 파일의 첫 10행을 출력

```
$ head /etc/crontab
# /etc/crontab: system-wide crontab
# Unlike any other crontab you don't have to run the `crontab'
```

```
# command to install the new version when you edit this file
# and files in /etc/cron.d. These files also have username fields,
# that none of the other crontabs do.

SHELL=/bin/sh
PATH=/usr/local/sbin:/usr/local/bin:/sbin:/bin:/usr/sbin:/usr/bin

# Example of job definition:
```

head 명령어를 사용할 때 입력 파일을 지정하지 않으면 표준 입력을 입력으로 사용합니다. 즉, head 명령어는 필터 명령어입니다. 다음과 같이 head 명령어와 history 명령어를 파이프라인으로 연결하면 명령어 이력의 첫 10행만 출력할 수 있습니다.

◉ 명령어 이력의 첫 10행만 출력

```
$ history | head
    1  ldk
    2  ls
    3  exit
    4  less /etc/bash.bashrc
    5  cat /etc/bash.bashrc | wc -l
    6  less /etc/bash.bashrc
    7  cp dir2 dir3
    8  mkdir dir2
    9  cp dir2 dir3
   10  LANG=ko_KR.UTF_8
```

기본적으로 필터 명령어는 파이프라인과 함께 많이 사용됩니다.

 2 대표적인 필터 명령어

리눅스에 있는 대표적인 필터 명령어는 다음과 같습니다.

표 11-3 대표적인 필터 명령어

명령어	역할
cat	입력 내용을 그대로 출력
head	파일 앞부분을 출력
tail	파일 뒷부분을 출력
grep	검색 패턴에 일치하는 행을 출력
sort	정렬
uniq	중복된 행을 제거하여 출력
tac	역순으로 출력
wc	행 수나 바이트 수를 출력

이 중에서도 가장 특징적인 명령어인 sort와 grep에 대해서는 12장과 13장에서 다루겠습니다. 그 외 각 명령어의 구체적인 사용법은 man 명령어로 참고하기 바랍니다.

 명령어 조합

필터 명령어를 독립적으로 사용하는 경우도 있지만, 파이프라인을 사용하여 다른 명령어와 조합할 때 그 진가가 발휘됩니다. 여기서는 필터와 다른 명령어를 어떻게 조합할 수 있는지 구체적인 예를 소개하겠습니다.

/bin 디렉터리에 있는 파일을 크기가 큰 순서대로 출력하고 싶은 경우를 생각해 보겠습니다.

먼저, 파일의 크기를 출력하는 명령어로는 du가 있습니다.

● 파일이나 디렉터리의 크기를 출력

```
du [옵션] [파일/디렉터리]
```

du 명령어에 -b 옵션을 지정하면 파일 크기를 바이트 단위로 출력합니다. 다음 예는 /bin 디렉터리 아래의 모든 파일의 크기를 출력합니다.

● du 명령어로 파일 크기 출력

```
$ du -b /bin/*
11       /bin/GET
11       /bin/HEAD
11       /bin/POST
141856  /bin/VGAuthService
4        /bin/X
1        /bin/X11
2434568 /bin/Xephyr
274      /bin/Xorg
2324456 /bin/Xwayland
59736    /bin/[
... 생략 ...
```

du 명령어의 출력 결과를 살펴보면, 왼쪽은 파일 크기를 의미하며 오른쪽은 파일 이름입니다.

이제 이 결과를 크기순으로 정렬해 보겠습니다. 리눅스에서는 sort 명령어를 사용해 결과를 정렬할 수 있습니다. sort 명령어를 사용할 때 아무 옵션도 지정하지 않으면 알파벳순으로 정렬합니다. 숫자를 기반으로 정렬하려고 하니 −n 옵션을 추가해야 합니다.

다음은 du 명령어의 출력 결과를 sort 명령어로 정렬하고 있습니다.

● 파일 크기가 작은 순으로 정렬하여 출력

```
$ du -b /bin/* | sort -n
1        /bin/X11
2        /bin/ghostscript
2        /bin/lz
2        /bin/unxz
2        /bin/xzcat
3        /bin/captoinfo
3        /bin/geqn
3        /bin/gpic
... 생략 ...
```

파일 크기가 작은 것부터 차례로 출력된 것을 알 수 있습니다. sort 명령어에 대해서는 12장에서 자세히 다룰 것입니다.

이번에는 파일 크기가 큰 순부터 출력해 보겠습니다. sort에는 -r이라는 옵션이 있어 반대로 정렬하는 것이 가능하지만, 여기서는 파이프라인을 연습하기 위해 tac이라는 명령어를 사용해 보겠습니다. 다음과 같이 sort의 결과를 tac에 파이프라인으로 연결하면 파일 크기가 큰 순으로 출력됩니다.

● 파일 크기가 큰 순으로 출력

```
$ du -b /bin/* | sort -n | tac
23618992        /bin/snap
8440200 /bin/gdb
7744792 /bin/ubuntu-report
5486384 /bin/python3.8
5410280 /bin/gnome-control-center
4934880 /bin/Shotwell
3478464 /bin/perl5.30.0
3478464 /bin/perl
2906824 /bin/vim.basic
2434568 /bin/Xephyr
... 생략 ...
```

여기서 한 걸음 더 나아가 파일 크기가 큰 상위 5개의 파일만 출력하려면 head 명령어에 연결하면 됩니다.

● 파일 크기가 큰 상위 5개 파일을 출력

```
$ du -b /bin/* | sort -n | tac | head -n 5
23618992        /bin/snap
8440200 /bin/gdb
7744792 /bin/ubuntu-report
5486384 /bin/python3.8
5410280 /bin/gnome-control-center
```

이처럼 각 필터 명령어는 단순한 기능을 수행하지만 파이프라인으로 연결함으로써 좀 더 고도의 기능을 수행할 수 있습니다. '디렉터리 안의 파일 크기가 큰 상위 5개의 파일을 출력하는' 전용 명령어를 만들기보다는 명령어를 조합하는 방식이 다양한 상황에 좀 더 유연하게 응용할 수 있습니다.

그림 11-6 파이프라인으로 명령어를 조합

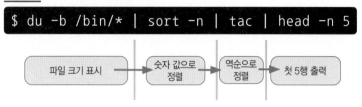

리눅스는 다양한 필터 명령어를 제공하며 이들을 조합할 수 있는 파이프라인 기능도 갖추고 있어 텍스트 처리에 강점을 가지고 있습니다.

마무리 이 장에서는 리다이렉션과 파이프라인을 살펴봤습니다. 이 두 가지는 리눅스를 사용할 때 무척 중요한 개념이며 뒤에서 셸 스크립트를 만들 때도 등장하니 확실히 이해하고 넘어가세요.

텍스트 처리

리눅스에서는 애플리케이션의 데이터나 시스템의 설정 항목이 대부분 텍스트로 되어 있습니다.

따라서 텍스트를 다루는 일이 무척 많은데, 이를 위해 리눅스에는 텍스트를 효과적으로 다루는 명령어가 다수 존재합니다. 대표적으로 11장에서 소개한 필터 명령어가 있는데 이들을 잘 조합하면 무척 다양한 처리를 수행할 수 있습니다.

이 장에서는 리눅스에서 자주 사용되는 텍스트 처리 관련 명령어를 살펴보겠습니다.

wc 명령어는 입력 파일의 행 수, 단어 수, 바이트 수를 출력하는 명령어입니다. 옵션을 지정하지 않은 경우에는 다음과 같이 행 수, 단어 수, 바이트 수를 차례대로 출력합니다.

그림 12-1 wc 명령어

```
$ wc /etc/passwd
   21  31 973 /etc/passwd
```
행 수   단어 수   바이트 수   파일 이름

그리고 -l, -w, -c 옵션을 지정하면 각각 행 수, 단어 수, 바이트 수만 출력합니다.

◉ wc 명령어의 옵션

```
$ wc -l /etc/passwd
47 /etc/passwd        ← 행 수 표시
$ wc -w /etc/passwd
82 /etc/passwd        ← 단어 수 표시
$ wc -c /etc/passwd
2778 /etc/passwd      ← 바이트 수 표시
```

이 중에서도 **행 수를 출력하는 -l 옵션은 자주 사용됩니다.** 이를테면 한 행에 한 건의 데이터가 기록되어 있는 파일의 행 수를 세면 데이터의 총 건수를 확인할 수 있습니다. 그리고 다음과 같이 ls /로 출력되는 행 수를 세면 루트 디렉터리에 파일과 디렉터리가 몇 개 있는지도 알 수 있습니다.

◉ 루트 디렉터리에 파일과 디렉터리가 몇 개 있는지 출력

```
$ ls / | wc -l
20
```

이 예에서는 wc 명령어에 파일을 지정하지 않은 대신에 ls 명령어의 결과를 파이프로 연결했습니다. 11장에서 배운 대로 필터 명령어는 파일을 지정하지 않으면 표준 입력을 읽습니다. 이 장에서 소개하는 명령어들은 전부 동일하게 동작합니다.

참고로 필터 명령어를 사용할 때 표준 입력을 사용하도록 명시적으로 지정하기 위해 −을 지정하기도 합니다.

● 입력 파일로 −를 지정하면 표준 입력을 읽음

```
$ ls / | wc -l -
25 -
```

12.2 sort 명령어: 행 단위로 정렬하기   LINUX FOR EVERYONE

sort 명령어는 행 단위로 정렬하여 결과를 출력합니다. 정렬이란 특정 기준에 맞춰 요소를 나열하는 것을 말합니다. 아무 옵션을 지정하지 않으면 sort는 알파벳순으로 정렬합니다.

다음과 같은 내용이 있는 file1 파일을 만듭니다.

file1

```
Seoul
Busan
Incheon
Daegu
Daejeon
Gwangju
Suwon
```

이 파일에 sort 명령어를 사용하면 다음과 같이 알파벳순으로 정렬된 결과가 출력됩니다.

● file1을 알파벳순으로 정렬

```
$ sort file1
Busan
Daegu
Daejeon
Gwangju
Incheon
Seoul
Suwon
```

sort 명령어는 기본적으로 각 행의 첫 글자부터 마지막 글자까지를 기준으로 정렬하지만 각 행의 특정 항목을 기준으로 정렬하는 것도 가능합니다. 여기서는 ps 명령어의 결과를 예로 설명하겠습니다.

ps 명령어를 실행하면 다음과 같이 프로세스 ID(PID)순으로 출력됩니다.

● ps 명령어는 PID순으로 결과를 출력함

```
$ ps x
   PID TTY        STAT    TIME COMMAND
  1131 ?          Ss      0:00 /lib/systemd/systemd -user
  1132 ?          S       0:00 (sd-pam)
  1143 ?          SNsl    0:00 /usr/libexec/tracker-miner-fs
  1167 ?          Ssl     0:00 /usr/libexec/gvfsd
  1212 ?          Sl      0:00 /usr/libexec/goa-daemon
  1228 ?          Sl      0:00 /usr/libexec/goa-identity-service
  3118 ?          Ssl     0:00 /usr/libexec/gvfsd-metadata
  3315 ?          S       0:00 sshd: ldk@pts/0
  3316 pts/0      Ss      0:00 -bash
  4056 ?          Ssl     0:00 /usr/libexec/tracker-store
  4062 pts/0      R+      0:00 ps x
  4066 pts/0      T       0:00 bzip2 zero.dat
```

결과를 보면 공백을 기준으로 필드가 구분된 것을 알 수 있습니다. 위 예에서는 PID가 첫 번째 필드고 TTY가 두 번째 필드에 해당합니다.

여기서 COMMAND 필드를 기준으로 정렬하고 싶다면 -k 옵션을 사용하면 됩니다. COMMAND는 5번째 필드이므로 -k 5라고 지정하면 됩니다.

● ps 명령어의 결과를 COMMAND 필드로 정렬

```
$ ps x | sort -k 5
   1132 ?         S      0:00 (sd-pam)
   3316 pts/0     Ss     0:00 -bash
   1131 ?         Ss     0:00 /lib/systemd/systemd -user
   1212 ?         Sl     0:00 /usr/libexec/goa-daemon
   1228 ?         Sl     0:00 /usr/libexec/goa-identity-service
   1167 ?         Ssl    0:00 /usr/libexec/gvfsd
   1143 ?         SNsl   0:00 /usr/libexec/tracker-miner-fs
   4056 ?         Ssl    0:00 /usr/libexec/tracker-store
    PID TTY       STAT   TIME COMMAND
   4066 pts/0     T      0:00 bzip2 zero.dat
   4063 pts/0     R+     0:00 ps x
   4064 pts/0     S+     0:00 sort -k 5
   3315 ?         S      0:00 sshd: ldk@pts/0
```

위 결과를 자세히 보면 COMMAND에 이어 bzip2 zero.dat이 출력된 것을 알 수 있습니다. C에 이어 b가 나왔기 때문에 알파벳순으로 정렬되지 않은 것으로 보입니다. 사실 이는 sort 명령어가 ASCII 코드를 기준으로 정렬하기 때문입니다.

ASCII 코드란 컴퓨터에서 문자를 표현하기 위한 코드 체계 중 하나입니다. ASCII 코드에서는 문자 하나가 숫자 하나로 대응됩니다. 이때 역사적인 이유로 소문자가 대문자보다 큰 숫자에 대응되었습니다. 예를 들어 대문자 A는 65, B는 66이지만 소문자 a는 97, b는 98이란 값에 대응됩니다. 따라서 sort의 결과에서 C가 b보다 먼저 나온 것입니다.

한편 sort 명령어와 함께 자주 사용되는 옵션으로 -n(숫자 값으로 정렬), -r(역순으로 정렬)이 있습니다. 각각에 대해 설명하겠습니다.

숫자 값으로 정렬(-n)

-n 옵션은 **문자열을 숫자 값으로 인식하고 정렬하는 옵션입니다.** 우선 다음과 같이 1부터 10까지의 값이 무작위로 적은 텍스트 파일 number.txt를 만듭니다.

number.txt

```
5
6
8
2
9
10
1
7
3
4
```

이 파일을 sort 명령어로 정렬하면 1 다음에 10이 나오고 그 뒤에 2가 나온 것을 확인할 수 있습니다.

◉ 숫자로 인식하지 않고 정렬한 경우

```
$ sort number.txt
1
10
2
3
4
5
6
7
8
9
```

이는 sort 명령어가 기본적으로 각 행을 문자열로 인식하기 때문입니다. -n 옵션을 지정하면 다음과 같이 숫자로 인식하고 정렬합니다.

◉ 각 행을 숫자 값으로 인식하고 정렬

```
$ sort -n number.txt
1
2
3
4
5
6
7
8
9
10
```

 역순으로 정렬(-r)

sort 명령어를 사용할 때 -r 옵션을 지정하면 역순으로 정렬됩니다. sort 명령어는 기본적으로 알파벳 오름차순으로 정렬하므로 역순(-r)일 때는 알파벳 내림차순으로 정렬하게 됩니다.

◉ 역순(내림차순)으로 정렬

```
$ sort -r file1
Suwon
Seoul
Incheon
Gwangju
Daejeon
Daegu
Busan
```

이때 먼저 sort 명령어로 정렬한 뒤에 uniq 명령어를 실행하면 파일 전체에서 중복을 전부 없앨 수 있습니다.

● sort를 하고 uniq를 하면 파일 전체의 중복을 없앨 수 있음

```
$ sort file3 | uniq
Busan
Incheon
Seoul
```

파일 전체에서 중복을 제거하는 것이 목적이라면 sort를 먼저 실행하고 uniq를 실행하면 됩니다.

sort 명령어에도 중복된 데이터를 한 번만 표시하는 -u 옵션이 있습니다. 이 옵션을 사용해도 다음과 같이 중복을 없앨 수 있습니다.

● -u 옵션을 지정하여 sort 명령어를 실행해도 중복을 제거할 수 있음

```
$ sort -u file3
Busan
Incheon
Seoul
```

 중복 데이터의 개수 세기

이번에는 uniq 명령어의 옵션 중에서 비교적 활용도가 높은 -c 옵션을 알아보겠습니다. 이 옵션은 중복된 데이터의 개수를 알려줍니다.

다음 예에서는 Seoul이 2건, Incheon이 3건이라고 표시되었습니다.

```
$ sort file2 | uniq -c
    1 Busan
    1 Daegu
    3 Incheon
    2 Seoul
```

uniq –c의 출력 결과를 sort 명령어에 연결하면 중복이 가장 많거나 가장 적은 항목을 쉽게 찾을 수 있습니다.

● uniq –c의 결과를 정렬하여 중복이 많은 순으로 출력

```
$ sort file2 | uniq -c | sort -rn
    3 Incheon
    2 Seoul
    1 Daegu
    1 Busan
```

● uniq –c의 결과를 역순으로 정렬하여 중복이 적은 순으로 출력

```
$ sort file2 | uniq -c | sort -n
    1 Busan
    1 Daegu
    2 Seoul
    3 Incheon
```

이처럼 sort 명령어와 uniq 명령어를 조합하면 데이터의 출현 빈도를 쉽게 파악할 수 있습니다.

cut 명령어는 입력의 일부를 추출하여 출력하는 명령어입니다.

◉ 입력의 일부를 추출하여 출력

```
cut -d <구분자> -f <필드 번호> [<파일 이름>]
```

cut은 <구분자>로 지정한 문자를 기준으로 입력 데이터를 분할하여 그중에서 <필드 번호>로 지정한 필드만 출력합니다.

예를 들어 -d , -f 3 같이 지정하면 ,를 기준으로 분할하여 3번째 필드만 출력합니다. 이러한 cut 명령어는 csv 파일의 특정 컬럼만 출력할 때 사용할 수 있습니다.

```
cut -d , -f 3 file.csv
```

-d로 구분자를 지정하지 않으면 기본으로 탭이 사용됩니다.

한 가지 예를 더 살펴보겠습니다. /etc/passwd 파일의 경우는 :을 구분자로 사용하고 있습니다.

◉ /etc/passwd 파일

```
$ cat /etc/passwd
root:x:0:0:root:/root:/bin/bash
daemon:x:1:1:daemon:/usr/sbin:/usr/sbin/nologin
bin:x:2:2:bin:/bin:/usr/sbin/nologin
sys:x:3:3:sys:/dev:/usr/sbin/nologin
sync:x:4:65534:sync:/bin:/bin/sync
games:x:5:60:games:/usr/games:/usr/sbin/nologin
man:x:6:12:man:/var/cache/man:/usr/sbin/nologi
... 생략 ...
```

/etc/passwd 파일의 각 필드는 다음과 같은 의미를 가집니다.

1 | 사용자 이름

2 | 암호(진짜 암호가 아닌 임의의 값이 기록되어 있음)

3 | 사용자 ID

4 | 그룹 ID

5 | 주석

6 | 홈 디렉터리

7 | 로그인 셸

여기서 로그인 셸만 출력하려면 :을 구분자로 7번째 필드만 출력하면 됩니다.

● 콜론을 기준으로 7번째 필드를 출력

```
$ cut -d : -f 7 /etc/passwd
/bin/bash
/usr/sbin/nologin
/usr/sbin/nologin
/usr/sbin/nologin
/bin/sync
/usr/sbin/nologin
/usr/sbin/nologin
/usr/sbin/nologin
... 생략 ...
```

출력할 필드는 쉼표를 사용하여 여러 개를 지정할 수 있습니다. 다음 예는 1번째 필드인 사용자 이름, 6번째 필드인 홈 디렉터리, 7번째 필드인 로그인 셸을 출력합니다.

● 1, 6, 7번째 필드를 출력

```
$ cut -d : -f 1,6,7 /etc/passwd
root:/root:/bin/bash
daemon:/usr/sbin:/usr/sbin/nologin
bin:/bin:/usr/sbin/nologin
```

```
sys:/dev:/usr/sbin/nologin
sync:/bin:/bin/sync
games:/usr/games:/usr/sbin/nologin
man:/var/cache/man:/usr/sbin/nologin
```

이처럼 cut 명령어는 원래 데이터에서 일부분을 추출하여 출력할 때 사용하는 명령어입니다.

12.5 tr 명령어: 문자 교환과 삭제하기

tr은 문자를 치환하는 명령어입니다.

◉ 입력 문자를 치환

```
tr <치환 전 문자> <치환 후 문자>
```

다음 예는 앞서 살펴본 /etc/passwd 파일을 변환하여 :을 전부 ,로 바꾸고 있습니다.

◉ :을 ,로 치환

```
$ cat /etc/passwd | tr : ,
root,x,0,0,root,/root,/bin/bash
daemon,x,1,1,daemon,/usr/sbin,/usr/sbin/nologin
bin,x,2,2,bin,/bin,/usr/sbin/nologin
sys,x,3,3,sys,/dev,/usr/sbin/nologin
sync,x,4,65534,sync,/bin,/bin/sync
games,x,5,60,games,/usr/games,/usr/sbin/nolog
... 생략 ...
```

문자 여러 개를 동시에 바꾸는 것도 가능합니다. 다음 예에서는 a를 A, b를 B, c를 C로 치환
하고 있습니다.

● 문자 여러 개를 동시에 치환

```
$ cat /etc/passwd | tr abc ABC
root:x:0:0:root:/root:/Bin/Bash
dAemon:x:1:1:dAemon:/usr/sBin:/usr/sBin/nologin
Bin:x:2:2:Bin:/Bin:/usr/sBin/nologin
sys:x:3:3:sys:/dev:/usr/sBin/nologin
synC:x:4:65534:synC:/Bin:/Bin/synC
gAmes:x:5:60:gAmes:/usr/gAmes:/usr/sBin/nologin
... 생략 ...
```

여기서 abc라는 문자열을 ABC로 바꾼 것이 아니라 a, b, c 각 문자를 A, B, C로 바꾼 것에
주의해야 합니다.

그림 12-2 tr 명령어로 문자 치환

• a를 A로 치환
• b를 B로 치환
• c를 C로 치환

또한, 하이픈(-)으로 치환할 문자의 범위도 지정할 수 있습니다. 예를 들어 a-g는 abcdefg와
같은 의미를 가집니다. 다음 예에서는 a-z와 A-Z를 지정하여 모든 소문자를 대문자로 바꿉
니다.

● 소문자를 대문자로 치환

```
$ cat /etc/passwd | tr a-z A-Z
ROOT:X:0:0:ROOT:/ROOT:/BIN/BASH
DAEMON:X:1:1:DAEMON:/USR/SBIN:/USR/SBIN/NOLOGIN
BIN:X:2:2:BIN:/BIN:/USR/SBIN/NOLOGIN
SYS:X:3:3:SYS:/DEV:/USR/SBIN/NOLOGIN
SYNC:X:4:65534:SYNC:/BIN:/BIN/SYNC
GAMES:X:5:60:GAMES:/USR/GAMES:/USR/SBIN/NOLOGIN
... 생략 ...
```

a-z는 소문자를 의미하고 A-Z는 대문자를 의미하므로 tr a-z A-Z는 모든 소문자를 대문자
로 바꾸는 것입니다. 하이픈으로 문자 범위를 지정하는 것은 tr 명령어를 사용할 때 무척 자

주 사용됩니다.

tr 명령어는 문자 단위의 치환 명령어입니다. 문자열 단위로 치환하고 싶을 때는 tr 명령어가 아니라 14장에서 소개하는 sed나 awk 명령어를 사용하면 됩니다.

 ## 파일은 지정할 수 없다

지금까지 살펴본 필터 명령어들은 파일을 지정하지 않으면 표준 입력을 읽고, 지정하면 해당 파일을 읽습니다. 하지만 tr 명령어는 표준 입력만 받아들이도록 설계되었습니다.

그래서 **파일을 지정할 수 없으며** 지정하면 다음과 같이 에러가 발생합니다.

● tr 명령어를 실행할 때 파일을 지정하면 에러가 발생

```
$ tr : , /etc/passwd
tr: 추가 연산자 `/etc/passwd'
Try 'tr --help' for more information.
```

따라서 텍스트 파일에 대해 tr 명령어를 실행하려면 다음과처럼 cat 명령어의 결과를 파이프라인으로 전하거나 입력 리다이렉션해야 합니다.

```
cat /etc/passwd | tr : ,      ← 파이프를 사용
tr : , < /etc/passwd          ← 리다이렉션을 사용
```

 ## 문자 삭제하기

tr 명령어로 특정 문자를 삭제할 수도 있습니다.

● tr 명령어로 문자 삭제

```
tr -d <삭제할 문자>
```

tr 명령어로 문자를 지우는 것은 개행문자를 전부 없앨 때 자주 사용합니다. 다음과 같이 -d 옵션으로 개행문자 \n을 지정하면 개행문자를 전부 지우고 한 행으로 만들 수 있습니다.

◉ 개행문자 제거

```
$ cat /etc/passwd | tr -d "\n"
root:x:0:0:root:/root:/bin/bashdaemon:x:1:1:daemon:/usr/sbin:/usr/sbin/nolo
... 생략 ...
↑ 모든 개행문자가 지워져서 한 행이 됨
```

12.6 tail 명령어: 마지막 부분 출력하기 LINUX FOR EVERYONE

tail은 파일의 마지막 부분을 출력하는 명령어입니다. 옵션을 지정하지 않으면 다음과 같이 마지막 10행을 출력합니다.

◉ 파일의 마지막 10행 출력

```
$ tail /etc/passwd
whoopsie:x:120:125::/nonexistent:/bin/false
colord:x:121:126:colord colour management daemon,,,:/var/lib/colord:/usr/
sbin/nologin
geoclue:x:122:127::/var/lib/geoclue:/usr/sbin/nologin
pulse:x:123:128:PulseAudio daemon,,,:/var/run/pulse:/usr/sbin/nologin
gnome-initial-setup:x:124:65534::/run/gnome-initial-setup/:/bin/false
gdm:x:125:130:Gnome Display Manager:/var/lib/gdm3:/bin/false
ldk:x:1000:1000:ldk,,,:/home/ldk:/bin/bash
systemd-coredump:x:999:999:systemd Core Dumper:/:/usr/sbin/nologin
sshd:x:126:65534::/run/sshd:/usr/sbin/nologin
sumi:x:1001:1001:,,,:/home/sumi:/bin/bash
```

-n 옵션으로 출력할 행 수를 지정합니다. 다음 예에서는 -n 1을 지정하여 마지막 한 행만

출력합니다.

◉ 마지막 한 행을 출력

```
$ tail -n 1 /etc/passwd
sumi:x:1001:1001:,,,:/home/sumi:/bin/bash
```

tail의 반대로 동작하는 명령어가 head입니다. head도 기본으로 첫 10행을 출력하고 -n 옵션으로 몇 행을 출력할지 지정합니다.

◉ 파일의 첫 행을 출력

```
$ head -n 1 /etc/passwd
root:x:0:0:root:/root:/bin/bash
```

 1 파일 모니터링하기

애플리케이션의 로그처럼 파일 내용이 계속해서 추가되는 경우에는 tail의 -f 옵션을 사용하면 됩니다. 추가될 때마다 **실시간으로 내용을 출력하여 파일을 모니터링**할 수 있습니다.

◉ tail 명령어로 파일 내용을 모니터링

```
tail -f <파일 이름>
```

다음 예는 output.log 파일을 모니터링합니다. 모니터링 상태를 벗어나려면 Ctrl + C를 입력해야 합니다.

◉ output.log를 모니터링

```
$ touch output.log      ← output.log 생성
$ tail -f output.log


      ← 여기서 커서가 멈춤
```

위와 같이 tail -f를 실행하면 커서가 멈춘 것처럼 보입니다. 이 상태에서 별도의 터미널에서 output.log에 Hello라는 문자열을 추가해 보겠습니다.

⦿ output.log에 데이터 추가

```
$ echo Hello >> output.log
```

그러면 tail -f로 대기 중이던 터미널에 추가한 Hello가 출력됩니다.

⦿ output.log 내용을 모니터링 중인 터미널

```
$ tail -f output.log
Hello      ← 파일에 추가된 내용이 곧바로 출력됨
           ← 다시 여기서 커서가 멈춤
```

리눅스를 운영할 때 이처럼 로그 파일을 실시간으로 모니터링하는 경우가 많습니다.

12.7 diff 명령어: 차이 출력하기   LINUX FOR EVERYONE

diff 명령어는 두 파일의 차이점을 출력합니다.

⦿ 파일 비교

```
diff [옵션] <비교 파일 1> <비교 파일 2>
```

소스 코드나 설정 파일의 **편집 전과 후의 차이점**을 확인할 때 이 명령어를 자주 사용합니다.

다음은 bashrc 파일과 .bashrc.org 파일을 diff 명령어로 실행한 것입니다. 셸 변수 PS1의 값이 다름을 확인할 수 있습니다.

12장 텍스트 처리   269

```
$ diff .bashrc.org .bashrc
12c12
< PS1='\$ '
---
> PS1='[\u@\h] \w\$ '
```

diff의 출력 결과를 좀 더 상세히 설명하겠습니다.

먼저 12c12는 비교 파일에서 어떠한 변화가 있었는지를 나타냅니다. <변경 범위 1><변경 종류><변경 범위 2>와 같은 형식을 따릅니다. 변경 종류는 a, c, d 세 가지가 있는데, 각각 a는 add(추가), c는 change(변경), d는 delete(삭제)를 의미합니다.

표 12-1 변경 종류

기호	내용
<범위 1>a<범위 2>	첫 번째 파일의 '범위 1' 뒤에 두 번째 파일의 '범위 2'의 내용이 추가
<범위 1>c<범위 2>	첫 번째 파일의 '범위 1' 부분이 두 번째 파일의 '범위 2'의 내용으로 변경
<범위 1>d<범위 2>	첫 번째 파일의 '범위 1' 부분이 삭제

즉, 위 예에서는 .bashrc.org 파일의 12번째 행이 .bashrc파일의 12번째 행으로 변경되었음을 의미합니다.

그림 12-3 diff의 변경 종류

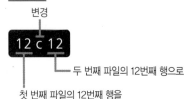

diff 명령어의 출력 결과 중 2번째 행 이후는 실제 파일의 변경 내용이 표시됩니다. 각 행의 앞에 있는 <는 첫 번째 파일에만 있는 행을, >는 두 번째 파일에만 있는 행을 의미합니다. 즉, <는 지워진 행을 의미하고 >는 추가된 행을 의미합니다.

```
< PS1='\$ '               ← 지워진 행
---
> PS1='[\u@\h] \w$ '       ← 추가된 행
```

이때 두 파일의 차이점만 표시되며 공통점은 표시되지 않습니다. 따라서 두 파일이 완전히 같은 내용이라면 아무것도 표시되지 않습니다.

파일 안에서 여러 부분을 수정했으면 차이점이 범위 단위로 표시됩니다. 다음은 세 군데를 변경한 경우에 해당합니다. 여기서 각 변경 범위를 헝크(hunk)라 부릅니다.

그림 12-4 파일에서 여러 군데를 수정한 경우 diff의 출력 예

```
$ diff .bashrc.org .bashrc
12c12
< PS1='\$ '
---
> PS1='[\u@\h] \w\$ '
20,21d19
<
< set -o ignoreeof
40a39,41
> alias ls='ls -F'
> alias la='ls -a'
> alias ll='ls -l'
```
(A), (B), (C)

위 예를 해석하면 다음과 같습니다.

(A) 첫 번째 파일의 12번째 행이 두 번째 파일의 12번째 행으로 변경됨

(B) 첫 번째 파일의 20번째 행과 21번째 행이 삭제됨

(C) 첫 번째 파일의 40번째 행 뒤에 2번째 파일의 39~41번째 행의 내용이 추가됨

실제 변경된 내용은 <, >로 시작되는 행에 표시됩니다.

1 통일 포맷

diff 명령어로 차이를 출력하는 형식에는 여러 가지가 있습니다. 앞서 살펴본 형식은 <, > 를 사용하여 표시하지만 그 외에도 자주 사용되는 형식으로 **통일 포맷(unified format)**이 있습니다.

diff 명령어를 실행할 때 -u 옵션을 지정하면 통일 포맷을 사용할 수 있습니다. 다음은 세 군데를 변경한 뒤 통일 포맷으로 차이점을 출력한 예입니다.

```
$ diff -u .bashrc.org .bashrc
--- .bashrc.org 2021-05-23 18:10:47.663980336 +0900        ← 비교 파일 이름과 변경 시각
+++ .bashrc     2021-05-23 18:09:40.519129350 +0900        ← 비교 파일 이름과 변경 시각
@@ -19,6 +19,7 @@                                                      ┐
 HISTSIZE=1000                                                         │
 HISTFILESIZE=2000                                                     │
 shopt -s checkwinsize                                                 ├─ 헝크(A)
+set -o ignoreeof                                                      │
                                                                       │
 # make less more friendly for non-text input files, see lesspipe(1)  │
 [ -x /usr/bin/lesspipe ] && eval "$(SHELL=/bin/sh lesspipe)"          ┘
@@ -84,6 +85,9 @@                                                      ┐
 alias ll='ls -alF'                                                    │
 alias la='ls -A'                                                      │
 alias l='ls -CF'                                                      │
+alias ls='ls -F'                                                      │
+alias la='ls -a'                                                      ├─ 헝크(B)
+alias ll='ls -l'                                                      │
                                                                       │
 # Add an "alert" alias for long running commands.  Use like so:       │
 #    sleep 10; alert                                                  ┘
@@ -110,6 +114,6 @@                                                    ┐
 Fi                                                                    │
                                                                       │
 export LANG=ko_KR.UTF-8                                               ├─ 헝크(C)
-PS1='[\u@\h] \w\$ '                                                   │
+PS1='\$ '                                                             ┘
```

통일 포맷에서는 첫 두 행에 지정한 파일의 이름과 변경 시각이 표시됩니다. 3번째 행부터는 차이가 출력되는데 추가된 경우에는 +가, 삭제된 경우에는 -가 표시됩니다.

통일 포맷에서는 변경된 부분뿐만 아니라 앞뒤 몇 행이 함께 표시됩니다. 따라서 어디를 수정했는지 파악하기가 좀 더 쉽습니다.

@@로 시작하는 행은 다음과 같은 의미를 가집니다.

@@-〈첫 번째 파일의 변경이 시작된 행〉-〈변경된 행 수〉+〈2번째 파일의 변경이 시작된 행〉-〈변경된 행 수〉@@

여기서 변경되기 시작된 행은 파일의 행 번호를 의미하고, 변경된 행 수는 각 헝크의 행 수 (변경이 발생한 행과 그 전후를 포함)를 의미합니다.

예를 들어 @@-17,8 +17,6@@가 의미하는 것은 다음과 같습니다.

- 첫 번째 파일의 17번째 행부터 8행
- 두 번째 파일의 17번째 행부터 6행

그림 12-5 헝크의 헤더

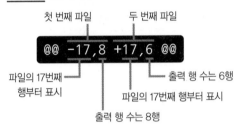

2 diff의 사용법과 패치

어떤 파일을 변경한 뒤 다른 사람에게 전달할 때 파일 전체를 전달하는 게 아니라 diff 명령어로 출력된 부분만 전달하는 것도 가능합니다. 변경된 부분을 전달받은 사람은 원래의 파일에 변경된 부분을 적용하여 변경이 완료된 파일을 얻을 수 있습니다. 그러면 크기가 큰 파일을 변경했을 때 굳이 파일 전체를 전달하지 않아도 됩니다.

변경된 내용만 담은 파일을 **패치**(patch)라고 합니다. diff 명령어로 얻은 변경 사항은 patch 명령어로 적용할 수 있습니다.

패치를 적용할 때 원본 파일이 변경되어 행 번호가 바뀌었다면 에러가 발생할 수 있습니다. 하지만 통일 포맷을 사용하면 변경 앞뒤의 내용이 포함되어 있어서 어느 정도 변경 사항이 있어도 패치에 성공합니다. 따라서 요즘에는 변경 사항을 파악하기 쉽고 패치하기 쉬운 통일 포맷을 많이 사용하고 있습니다.

통일 포맷은 diff뿐만 아니라 버전 관리 도구인 깃(Git)에서도 사용되고 있습니다. 따라서 통일 포맷을 통해 차이를 파악하는 것에 익숙해지는 것이 좋습니다.

마무리 이 장에서는 필터 명령어를 사용한 텍스트 처리를 알아봤습니다. 필터의 각 명령어는 간단한 동작을 수행하는 명령어이지만 파이프라인으로 조합하면 강력한 기능을 수행할 수 있습니다. 이를 응용하여 다양한 처리를 수행할 수 있도록 충분히 연습하기 바랍니다.

## 13장

정규 표현식

지금까지 알아본 것처럼 리눅스를 사용하다 보면 많은 텍스트 파일을 다루게 됩니다. 수많은 텍스트 파일을 다룰 때 중요한 기능이 특정 문자열 패턴을 검색하는 기능입니다.

리눅스에서는 grep이라는 명령어를 사용하여 문자열을 검색합니다. grep은 강력한 검색 기능을 갖추고 있어 활용도가 무척 높은 명령어입니다. 단순 문자열뿐만 아니라 정규 표현식을 사용하여 검색할 수도 있습니다. 예를 들어 'ex로 시작하고 txt로 끝나는 행'을 검색할 수 있습니다.

이 장에서는 grep 명령어와 정규 표현식을 알아봅니다. 정규 표현식은 grep뿐만 아니라 일반적으로 널리 사용되므로 이번 기회에 잘 익혀 둔다면 다양한 텍스트 처리에 활용할 수 있습니다.

grep은 문자열을 검색하는 명령어로 활용도가 무척 높습니다.

● 문자열 검색

```
grep [옵션] <검색 패턴> <파일 이름>
```

grep은 <파일 이름>에서 <검색 패턴>에 일치하는 행을 출력합니다.

다음 예는 /etc/passwd 파일에서 bash라는 문자열을 검색합니다.

● 문자열 bash를 포함하는 행 출력

```
$ grep bash /etc/passwd
root:x:0:0:root:/root:/bin/bash
ldk:x:1000:1000:ldk,,,:/home/ldk:/bin/bash
sumi:x:1001:1001:,,,:/home/sumi:/bin/bash
```

여기서는 grep에 있는 다양한 옵션 중 많이 사용되는 대표적인 세 가지를 살펴보겠습니다.

-n 옵션은 행 번호를 출력합니다. 파일에서 검색한 문자열의 위치를 파악하기 위해 사용됩니다. 다음은 /etc/bash.bashrc에서 PS1이라는 문자열을 검색하여 행 번호와 함께 출력하고 있습니다.

● 검색 결과를 행 번호와 함께 표시

```
$ grep -n PS1 /etc/bash.bashrc
7:[ -z "$PS1" ] && return
19:# but only if not SUDOing and have SUDO_PS1 set; then assume smart user.
20:if ! [ -n "${SUDO_USER}" -a -n "${SUDO_PS1}" ]; then
21:  PS1='${debian_chroot:+($debian_chroot)}\u@\h:\w\$ '
```

대소문자를 구별하지 않고 검색할 때는 -i 옵션을 사용합니다. 다음 예는 system이라는 문자열을 검색하고 있습니다. 이때 -i 옵션을 지정해서 System도 검색된 것을 알 수 있습니다.

● 대소문자를 구별하지 않고 검색

```
$ grep system /etc/bash.bashrc        ← 아무것도 검색되지 않음
$ grep -i system /etc/bash.bashrc     ← 대소문자를 구분하지 않아서 검색됨
# System-wide .bashrc file for interactive bash(1) shells.
```

-v 옵션을 사용하면 검색할 문자열이 나타나지 않는 행을 출력합니다. 로그 파일이나 데이터 파일에서 불필요한 부분이 출력되지 않도록 할 때 이 옵션을 자주 사용합니다. 다음은 bash라는 문자열이 포함되지 않는 행만 출력하고 있습니다.

● 문자열 bash를 포함하지 않는 행 출력

```
$ grep -v bash /etc/passwd
daemon:x:1:1:daemon:/usr/sbin:/usr/sbin/nologin
bin:x:2:2:bin:/bin:/usr/sbin/nologin
sys:x:3:3:sys:/dev:/usr/sbin/nologin
sync:x:4:65534:sync:/bin:/bin/sync
games:x:5:60:games:/usr/games:/usr/sbin/nologin
... 생략 ...
```

다른 필터와 마찬가지로 grep 명령어도 파일을 지정하지 않으면 표준 입력을 읽습니다. 다음 예는 ls 명령어의 출력 결과를 grep으로 검색한 것입니다. 파일 이름을 검색할 때 자주 사용하는 패턴입니다. 이처럼 **다른 명령어의 실행 결과를 grep으로 검색하는 방식**을 자주 사용합니다.

● /etc 디렉터리에 있는 파일 중에 cron이라는 글자를 포함하는 파일을 검색

```
$ ls /etc | grep cron
Anacrontab
cron.d
cron.daily
cron.hourly
cron.monthly
cron.weekly
crontab
```

grep은 해당 문자열이 포함된 행의 전체를 출력합니다. 따라서 위 예에서는 anacrontab이라는 문자열에 cron이 포함되어 있기 때문에 출력되었습니다.

 ## 정규 표현식이란

grep에서는 일반적인 문자열 외에도 정규 표현식이라는 검색 패턴을 지정할 수 있습니다.

정규 표현식을 사용하면 조건에 일치하는 문자열 집합을 표현할 수 있습니다. 예를 들어 cron이라는 문자열로 시작하거나 숫자 없이 알파벳으로만 구성된 문자열 등을 표현할 수 있습니다.

다음 예에서는 ^라는 기호를 사용하였습니다. ^는 행의 시작을 의미하기 때문에 ^cron은 cron으로 시작하는 문자열을 말합니다. 이에 따라 anacrontab은 검색 결과에서 제외됩니다.

◉ 정규 표현식 ^을 사용하여 cron으로 시작하는 행만 출력

```
$ ls /etc | grep '^cron'
cron.d
cron.daily
cron.hourly
cron.monthly
cron.weekly
crontab
```

여기서 정규 표현식을 '(작은따옴표)로 감싸주었습니다. 이는 셸이 정규 표현식을 확장하지 않도록 하기 위해서입니다.

정규 표현식에서는 *, {, }, $ 등의 기호가 특별한 의미로 사용됩니다. 이러한 문자를 메타 문자라 부르며 메타 문자의 대부분은 셸에서도 특별한 의미를 가집니다. 가령 *는 셸에서 와일드카드로 해석되어 경로가 확장됩니다.

그림 13-1 정규 표현식을 작은따옴표로 감싸지 않으면 셸이 먼저 해석함

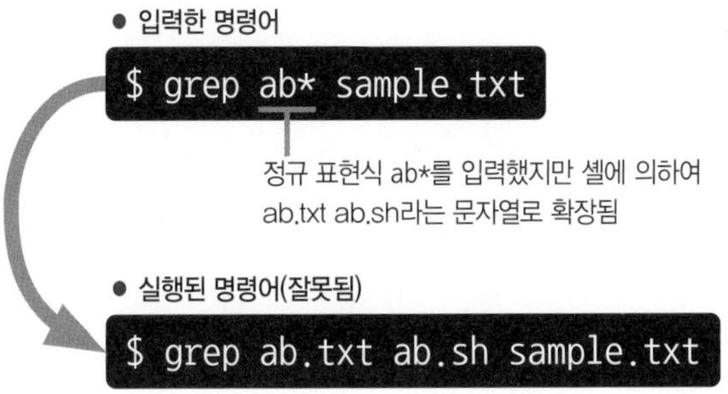

● 입력한 명령어

```
$ grep ab* sample.txt
```

정규 표현식 ab*를 입력했지만 셸에 의하여
ab.txt ab.sh라는 문자열로 확장됨

● 실행된 명령어(잘못됨)

```
$ grep ab.txt ab.sh sample.txt
```

따라서 grep에서 정규 표현식을 사용하고 싶을 때는 'ab*'처럼 작은따옴표로 감싸줘야 합니다.

정규 표현식의 메타 문자 중에는 작은따옴표로 감싸주지 않아도 되는 문자도 있지만, 항상 작은따옴표로 감싸면 문제가 발생할 여지를 줄일 수 있습니다. 따라서 이 책에서도 정규 표현식에 해당하는 부분은 작은따옴표로 감싸겠습니다.

그러면 지금부터 정규 표현식에서 사용하는 메타 문자를 차례대로 살펴보겠습니다. 참고로 정규 표현식은 기능이 상당히 많아서 모든 내용을 다루려면 책 한 권으로는 부족할 정도입니다. 따라서 여기서는 자주 사용되는 패턴을 중심으로 개념을 살펴보겠습니다.

13.2 임의의 문자를 지정하는 메타 문자   LINUX FOR EVERYONE

먼저 사용 빈도가 높은 메타 문자인 .(점)을 소개하겠습니다. **.은 임의의 문자 하나를 의미합니다.**

다음과 같은 내용의 텍스트 파일 example.txt가 있습니다.

example.txt

```
test.example.net
tfst.example.net
tzst.example.net
tzzst.example.net
```

```
www.example.com
www.example.org
netapp.example.com
mail1.example.com
mail3.example.com
mail7.example.com
borg.example.com
```

example.txt에서 test, tfst, tzst와 같이 t에 이어 임의의 문자 하나가 있고 그 뒤에 st가 있는 문자열을 찾는다고 가정해 보겠습니다. 메타 문자 .이 임의의 한 문자를 의미하므로 t.st라는 정규 표현식을 사용해 검색하면 됩니다.

◉ 점을 사용하여 임의의 문자 하나를 지정

```
$ grep 't.st' example.txt
test.example.net
tfst.example.net
tzst.example.net
```

메타 문자를 한 번 더 써서 t..st로 검색하면 t에 이어 임의의 문자 두 개 뒤에 st가 나오는 패턴이 검색됩니다. 결과로 tzzst가 검색되었습니다.

◉ t..st로 검색

```
$ grep 't..st' example.txt
tzzst.example.net
```

메타 문자 .은 알파벳과 숫자뿐만 아니라 기호도 포함합니다. 그래서 .org라는 정규 표현식으로 검색하면 다음과 같이 borg와 .org가 검색됩니다.

◉ 메타 문자 .은 기호도 포함

```
$ grep '.org' example.txt
```

```
www.example.org
borg.example.com
```

임의의 문자가 아니라 점이라는 기호 자체를 검색하고 싶을 때는 \.라고 표시해야 합니다. 메타 문자 앞에 \를 붙이면 메타 문자로 인식되지 않습니다. 다음은 .org라는 문자열을 검색한 예입니다. 여기서는 borg는 검색되지 않은 것을 알 수 있습니다.

◉ 점이라는 기호를 검색

```
$ grep '\.org' example.txt
www.example.org
```

이렇게 메타 문자 앞에 \를 붙여서 메타 문자로 인식하지 않게 하는 것을 '이스케이프'라 합니다.

 ## 특정 문자를 지정하는 메타 문자

임의의 문자 하나가 아니라 **여러 문자 중 하나를 지정하고 싶다면 메타 문자 [ ]를 사용해야** 합니다. 이 메타 문자는 괄호 안에 있는 문자 중 하나를 의미합니다. 예를 들어 t[ef]st는 test 혹은 tfst라는 문자열이 검색됩니다.

◉ test 혹은 tfst를 검색

```
$ grep 't[ef]st' example.txt
test.example.net
tfst.example.net
```

그런데 알파벳 a부터 k까지를 지정할 때 [abcdefghijk]라고 전부 기록하는 것은 무척 번거롭습니다. 이때 문자의 범위를 표현하는 하이픈을 사용하여 [a-k]라고 쓰면 됩니다. 하이픈을 연속해서 사용한 [a-zA-Z]는 알파벳 전체를 의미합니다.

다음 예는 하이픈을 사용해 mail1, mail2, mail3, mail4라는 문자열을 검색하고 있습니다.

● mail1부터 mail4까지 검색

```
$ grep 'mail[1-4]' example.txt
mail1.example.com
mail3.example.com
```

지정한 문자 이외의 문자를 찾을 수도 있습니다. 괄호 안에 첫 글자로 ^를 지정하면 됩니다. 예를 들어 mail[^13]의 경우 mail 뒤에 1과 3 이외의 문자를 의미하여 mail1과 mail3는 검색에서 제외됩니다. 그래서 다음과 같이 mail7만 검색됩니다.

● 지정한 문자 이외의 문자를 검색

```
$ grep 'mail[^13]' example.txt
mail7.example.com
```

여기까지 소개한 메타 문자를 정리하면 다음과 같습니다.

표 13-1 문자에 대한 메타 문자

메타 문자	의미
.	임의의 문자 하나
[]	[] 안에 포함된 임의의 문자 하나
[^]	[] 안에 포함되지 않는 문자
\	\ 다음의 문자를 메타 문자로 인식하지 않는다

13.3 위치를 지정하는 메타 문자

이번에는 위치를 지정하는 메타 문자를 알아보겠습니다. 이 메타 문자는 **다른 메타 문자와 조합하여 위치를 지정할 때 사용됩니다.**

예를 들어 net으로 시작하는 문자열을 검색하는 경우를 생각해 보겠습니다. 단순히 net으로 검색하면 다음과 같이 net을 포함하는 모든 문자열이 검색됩니다.

● net을 포함하는 모든 문자열이 검색됨

```
$ grep 'net' example.txt
test.example.net
tfst.example.net
tzst.example.net
tzzst.example.net
netapp.example.com
```

여기서 행의 첫 부분을 의미하는 ^를 사용하여 ^net으로 검색하면 다음과 같이 net으로 시작하는 문자열만 검색됩니다.

● net으로 시작하는 문자열을 검색

```
$ grep '^net' example.txt
netapp.example.com
```

문장의 마지막을 의미하는 메타 문자는 $입니다. net$으로 검색하면 net으로 끝나는 행이 검색됩니다.

● net으로 끝나는 행 검색

```
$ grep 'net$' example.txt
test.example.net
tfst.example.net
tzst.example.net
tzzst.example.net
```

^와 $를 함께 지정할 수도 있습니다. 가령 ^$는 시작이 곧 끝인 행을 의미하는데, 이는 빈 행을 의미합니다. 그래서 grep의 -v 옵션을 사용하여 ^$를 제외한 행을 검색하면 빈 행을 제거한 결과를 얻을 수 있습니다.

13.4 반복을 지정하는 메타 문자

이번에는 반복을 의미하는 메타 문자를 알아보겠습니다. 이 메타 문자는 **다른 정규 표현식의 뒤에서 사용되어 직전의 정규 표현식이 일정 횟수만큼 반복되는 것**을 의미합니다. 참고로 이 메타 문자는 단독으로 사용되지 않습니다.

여기서는 다음과 같은 텍스트 파일로 설명하겠습니다.

```
drink.txt

Ber
Beer
BeerBeer
BeerBeerBeer
Beeeeeeeeer!!!
Bear
Br
My Vodka
My Wine
Wine Wine
WineWine
```

먼저 메타 문자 *에 대해 알아보겠습니다. 부척 많이 사용되는 메타 문자인 *은 0회 이상의 반복을 의미합니다. **여기서 0회가 의미하는 것은 직전의 문자가 나타나지 않는 것도 포함한다는 뜻입니다.**

그림 13-2 반복을 의미하는 메타 문자 *

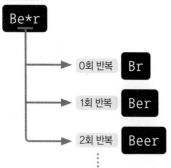

284

예를 들어 Be*r는 Ber, Beer, Beeeeer뿐만 아니라 Br도 해당합니다. 하지만 Bear는 해당되지 않습니다.

⊙ *의 사용 예

```
$ grep 'Be*r' drink.txt
Ber
Beer
BeerBeer
BeerBeerBeer
Beeeeeeeeer!!!
Br
```

*는 일반 문자뿐만 아니라 메타 문자 뒤에도 사용할 수 있습니다. 다음과 같이 [ea]*라고 쓰면 ea가 0번 이상 반복되는 Beer, Bear, Bar, Br 등이 검색됩니다.

⊙ *의 사용 예2

```
$ grep '^B[ea]*r$' drink.txt
Ber
Beer
Bear
Br
```

그리고 임의의 문자를 나타내는 .과 함께 .* 같은 정규 표현식이 많이 사용됩니다. 이는 임의의 문자가 0회 이상 반복되는 것을 의미하므로 **결국 모든 문자열을 의미합니다**. 예를 들어 ex로 시작해 txt로 끝나는 행의 경우에 정규 표현식은 ^ex.*txt$로 표현할 수 있습니다.

* 외에도 반복을 지정하는 메타 문자가 더 있는데 이들은 확장 정규 표현식에 정의되어 있습니다. 따라서 먼저 확장 정규 표현식이 무엇인지부터 살펴보겠습니다.

확장 정규 표현식이란

지금까지 소개한 정규 표현식은 기본 정규 표현식이라 불리는 것으로 정규 표현식을 지원하는 모든 명령어에서 사용할 수 있습니다. 그리고 사용할 수 있는 메타 문자가 늘어난 확장 정규 표현식도 있습니다. 확장 정규 표현식을 지원하지 명령어도 있기 때문에 이 둘을 구분해서 사용해야 합니다.

grep은 옵션을 지정하지 않으면 지정한 정규 표현식을 기본 정규 표현식으로 해석합니다. **그리고 -E 옵션을 지정하면 확장 정규 표현식으로 해석합니다.** 다음은 확장 정규 표현식의 메타 문자 +를 사용한 예입니다.

● -E 옵션을 지정하여 확장 정규 표현식으로 검색

```
$ grep 'Be+r' drink.txt      ← 기본 정규 표현식으로는 검색되지 않음
$ grep -E 'Be+r' drink.txt   ← 확장 정규 표현식으로 검색됨
Ber
Beer
BeerBeer
BeerBeerBeer
Beeeeeeeeer!!!
```

리눅스의 grep(GNU grep)은 -E 옵션을 붙이지 않아도 메타 문자에 \를 붙여서 일부 확장 정규 표현식을 사용하는 것이 가능합니다.

● 확장 정규 표현식을 사용하는 또 다른 방법

```
$ grep 'Be\+r' drink.txt
Ber
Beer
BeerBeer
BeerBeerBeer
Beeeeeeeeer!!!
```

하지만 GNU grep이 아닌 다른 명령어에서는 사용할 수 없기 때문에 이 방법을 추천하지는 않습니다. 명시적으로 -E 옵션을 붙여서 확장 정규 표현식을 사용하는 것이 좋습니다.

2 확장 정규 표현식에서 반복 횟수를 지정

확장 정규 표현식에서 반복을 나타내는 메타 문자로 +와 ?가 있습니다.

+는 바로 전 문자가 1회 이상 반복되는 것을 의미합니다. *와 비슷하지만 0번 나타나는 것은 포함하지 않는다는 점이 다릅니다. **바로 전의 문자가 최소 1번 이상 나타나는 패턴을 의미합니다.**

그림 13-3 반복을 위한 메타 문자 +

예를 들어 다음과 같이 Be+r로 하면 Br은 검색되지 않습니다.

● e가 1번 이상 나타나는 경우를 검색

```
$ grep -E 'Be+r' drink.txt
Ber
Beer
BeerBeer
BeerBeerBeer
Beeeeeeeeer!!!
```

메타 문자 ?는 0회 혹은 1회를 의미합니다. 예를 들어 다음과 같이 공백에 이어 ?를 사용하면 두 Wine 사이에 공백이 하나 있는 경우와 없는 경우 모두 검색됩니다.

● 공백이 0회 혹은 1회 나타나는 경우를 검색

```
$ grep -E 'Wine ?Wine' drink.txt
Wine Wine
WineWine
```

3 반복 횟수를 지정하는 메타 문자

지금까지 소개한 *와 같은 메타 문자는 반복 횟수를 지정할 수 없었습니다. 따라서 반복 횟수를 지정하려면 { }를 사용합니다. 이 메타 문자의 사용법은 기본 정규 표현식과 확장 정규 표현식에서 달라서 여기서는 확장 정규 표현식을 기준으로 소개하겠습니다.

{m,n}은 m회 이상 n회 이하 반복을 의미합니다. 예를 들어 Be{1,2}r을 지정하면 Ber 혹은 Beer가 검색됩니다.

◉ e가 1회 이상 2회 이하 반복되는 패턴을 지정

```
$ grep -E 'Be{1,2}r' drink.txt
Ber
Beer
BeerBeer
BeerBeerBeer
```

{m}은 정확히 m번 반복되는 패턴을 의미합니다. 다음과 같이 Be{2}r을 지정하면 Beer만 검색됩니다.

◉ e가 2번 반복되는 것을 검색

```
$ grep -E 'Be{2}r' drink.txt
Beer
BeerBeer
BeerBeerBeer
```

반복 횟수를 지정하는 메타 문자는 전화번호나 우편번호와 같이 자릿수가 정해진 숫자 패턴을 지정할 때 유용합니다. 예를 들어 전화번호는 [0-9]{3}-[0-9]{4}-[0-9]{3} 같이 지정합니다.

{m,}은 m회 이상 반복을 의미합니다. 다음과 같이 Be{4,}r이라고 지정하면 Beeeeeeer!!!가 검색됩니다.

● e가 4번 이상 나타나는 패턴 검색

```
$ grep -E 'Be{4,}r' drink.txt
Beeeeeeeeer!!!
```

반복과 관련된 정규 표현식을 다음 표에 정리하였습니다. { }를 기본 정규 표현식에서 사용하려면 \를 앞에 붙여야 합니다.

표 13-2 반복 횟수를 지정하는 메타 문자

기본 정규 표현식	확장 정규 표현식	의미
*	*	0회 이상 반복
없음	+	1회 이상 반복
없음	?	0회 또는 1회 반복
\{m,n\}	{m,n}	m회 이상 n회 이하 반복
\{m\}	{m}	m회 반복
\{m,\}	{m,}	m회 이상 반복

여기서 +와 ?의 경우, GNP grep에서는 \+나 \?라고 써서 기본 정규 표현식으로 사용할 수 있지만, 이는 GNP grep에서만 가능하기 때문에 없음이라고 했습니다.

13.5 그 외의 메타 문자

마지막으로 메타 문자 ( )와 |를 소개하겠습니다. 이 메타 문자들도 확장 정규 표현식을 기준으로 설명하겠습니다.

( )는 정규 표현식을 그룹화할 때 사용합니다. 예를 들어 Wine이란 네 글자가 2회 이상 반복해서 나타나는 경우를 검색하고 싶을 때 Wine{2,} 같이 지정하면 Wineeeee와 같은 패턴이 검색됩니다. 이는 메타 문자가 바로 전 문자 하나에 대해 적용되기 때문입니다.

이때 메타 문자 ( )로 Wine이라는 네 글자를 한 그룹으로 묶으면 됩니다. 그래서 (Wine) {2,}라고 지정하면 Wine이라는 네 글자가 **반복되는 패턴을 검색**할 수 있습니다.

● Wine이라는 단어가 2회 이상 반복되는 패턴을 검색

```
$ grep -E '(Wine){2,}' drink.txt
WineWine
```

메타 문자 |는 복수의 정규 표현식을 OR 조건으로 연결할 때 사용합니다. 예를 들어 abc|xyz는 abc 혹은 xyz라는 문자열에 해당합니다. 그리고 abc|def|xyz는 abc, def, xyz 중 하나에 해당합니다.

메타 문자 |는 보통 그룹화할 때 사용하는 ( )와 함께 사용됩니다. 예를 들어 My (Vodka|Wine)은 My Vodka 혹은 My Wine이 검색됩니다.

● My Vodka 혹은 My Wine을 검색

```
$ grep -E 'My (Vodka|Wine)' drink.txt
My Vodka
My Wine
```

여기서 배운 정규 표현식을 표로 정리하면 다음과 같습니다.

표 13-3 기타 메타 문자

기본 정규 표현식	확장 정규 표현식	의미
\(\)	( )	그룹화할 때 사용
없음	|	여러 정규 표현식을 OR 조건으로 연결

기본 정규 표현식에서 ( )를 사용하려면 \를 앞에 붙여야 합니다. 그리고 |는 기본 정규 표현식에서 사용할 수 없습니다.

13.6 정규 표현식 사용하기 LINUX FOR EVERYONE

지금까지 grep에서 정규 표현식을 사용하는 방법을 알아봤습니다. 그런데 정규 표현식은

grep만을 위한 것이 아닙니다. 다른 많은 명령어와 프로그램에서도 정규 표현식을 사용할 수 있습니다.

예를 들어 Vim이나 less 명령어에서 /를 입력하면 텍스트를 검색할 수 있는데 여기서도 정규 표현식을 사용할 수 있습니다.

그림 13-4 Vim과 less 명령어에서 정규 표현식으로 검색

14장에서 소개하는 sed, awk에서도 정규 표현식을 사용할 수 있습니다. 그리고 펄(Perl), 루비(Ruby), 자바(Java) 같은 프로그래밍 언어에서도 정규 표현식을 다루는 라이브러리가 있습니다. 따라서 정규 표현식은 한번 배워 두면 여러 곳에서 활용할 수 있는, 텍스트 처리를 위한 필수 지식이라고 할 수 있습니다.

 마무리 정규 표현식으로 무척 다양한 문자열 패턴을 표현할 수 있습니다. 이렇게 특정 조건에 해당하는 문자열을 정규 표현식으로 생각하는 것은 마치 퍼즐을 푸는 것과 같습니다. 이런 이유로 인터넷에서 더 효과적인 정규 표현식에 대한 경쟁이 벌어지기도 합니다.

여러분도 텍스트 파일을 준비해서 다양한 정규 표현식을 테스트해 보세요. 특정 조건에 해당하는 정규 표현식을 생각해 내는 것은 수학 문제를 푸는 것만큼이나 재미있는 일입니다.

리눅스에서는 다양한 소프트웨어를 무료로 사용할 수 있지만 지원 기간이 지난 버전은 사용하지 않는 것이 좋습니다. 즉, 소프트웨어를 정기적으로 업데이트해야 합니다.

예를 들어 리눅스 배포판 중 하나인 CentOS는 지원 기간이 끝나면 패키지 업데이트가 제공되지 않습니다. 게다가 웹 서버인 Apache httpd도 오래된 버전에 대해서 문제가 발견돼도 수정판을 제공하지 않습니다.

OS나 미들웨어뿐만 아니라 프로그래밍 언어인 PHP나 루비도 마찬가지입니다. 2014년 8월에는 PHP 5.3 버전의 지원이 종료되었고, 2015년 2월에는 루비 1.9버전의 지원도 종료되었습니다.

더 이상 지원되지 않는 버전의 소프트웨어를 계속 사용하면 보안의 위험이 커집니다. 취약점이 발견되어도 지원이 끝난 소프트웨어에 대해서는 수정 버전을 제공하지 않기 때문입니다. 따라서 오래된 소프트웨어를 사용하는 것은 공격자의 좋은 먹이감이 될 수 있습니다.

리눅스 배포판이 관리하는 패키지는 이미 지원이 끝난 소프트웨어에 대해서도 독자적으로 패치를 제공하는 경우가 있습니다. 가령 CentOS 6에서는 PHP 패키지로 PHP 5.3.3을 제공하고 있는데, 자체적으로 패치를 제공하면서 계속 지원을 이어가고 있습니다.

리눅스를 사용할 때 소프트웨어를 정기적으로 업데이트하는 것은 무척 중요한 일입니다. 소프트웨어는 한번 설치하면 끝나는 것이 아니라 정기적인 업데이트와 관리가 필요하다는 것을 꼭 기억하세요.

## 14장

고도의
텍스트 처리

이전 장에서는 정규 표현식으로 텍스트를 검색하는 방법을 알아봤습니다. 이 장에서는 검색뿐만 아니라 텍스트의 일부를 변경하고 지우는 것도 수행할 수 있는 sed와 awk 명령어를 알아볼 것입니다.

sed와 awk는 무척 활용도가 높은 명령어입니다. sed는 주로 문자열을 치환할 때 사용되고, awk는 변수나 조건식을 사용할 수 있어 일종의 프로그래밍 언어라고 해도 무방할 정도로 다양한 처리를 수행할 수 있습니다.

sed와 awk에 익숙해진다면 텍스트 처리에 자신감을 가질 수 있을 것입니다.

14.1 sed 명령어: 스트림 에디터

LINUX FOR EVERYONE

먼저 sed를 소개하겠습니다. 이 명령어는 문자열을 치환할 때 많이 사용됩니다. sed의 내부 동작부터 알아보겠습니다.

1 비대화형 에디터란

Stream Editor의 약자인 sed는 그 이름에서도 알 수 있듯이 에디터입니다. 하지만 sed는 비 대화형 에디터입니다. 따라서 대화형 에디터인 윈도의 메모장이나 리눅스의 Vim과는 동작 방식이 크게 다릅니다.

대화형 에디터는 다음 그림과 같이 파일을 열어 메모리상에서 편집하고 적절한 시점에 저장 하는 형태로 파일을 편집합니다.

그림 14-1 대화형 에디터

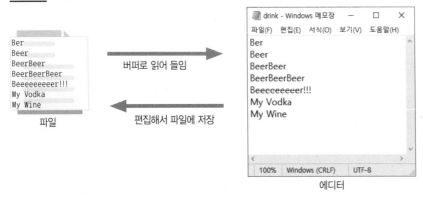

한편 비대화형 에디터인 sed는 다음과 같이 동작합니다.

1 | 셸에서 편집 내용을 인자로 지정하여 sed 명령어를 실행합니다.

2 | sed가 편집을 수행합니다.

3 | 편집이 완료된 내용을 표준 출력으로 출력합니다.

이처럼 sed는 비대화형으로 동작하는 필터 명령어입니다. 예를 들어 여러 파일에서 Incheon 이라는 문자열을 Seoul로 바꿀 때 유용합니다. 또한, 정규 표현식도 사용할 수 있습니다.

그림 14-2 비대화형 에디터

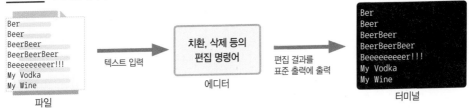

그리고 sed는 편집한 내용을 표준 출력으로 출력만 할 뿐 **원래 파일의 내용을 바꾸지 않습니다.** 따라서 원본 파일이 손상되는 것에 대해서 걱정하지 않아도 됩니다. 따라서 원본 파일이 손상되는 것에 대해 걱정하지 말고 몇 번이고 명령어를 실행하면서 동작을 확인할 수 있습니다. 그리고 sed도 필터 명령어이므로 편집할 파일을 지정하지 않으면 표준 입력을 읽습니다. 그래서 파이프를 사용하여 다른 명령어의 출력 결과를 편집하는 목적으로도 많이 사용됩니다.

② sed 명령어의 형식

sed 명령어의 서식은 다음과 같습니다.

● sed로 텍스트 편집

```
sed [옵션] 〈스크립트〉 〈대상 파일〉
```

여기서 〈스크립트〉는 주소와 명령어를 조합한 문자열입니다. 주소를 지정하지 않으면 입력으로 들어오는 모든 행에 대해 명령어가 실행됩니다. 그리고 명령어에는 인자나 플래그를 지정할 수 있습니다.

다음은 sed 명령어를 실행한 예입니다.

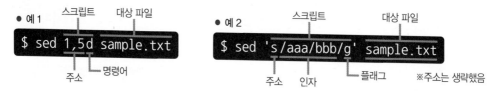

그림 14-3 sed 실행 예

sed에는 많은 기능이 있지만 여기서는 행을 지우는 d, 행을 표시하는 p, 행을 치환하는 s를 알아보겠습니다.

먼저 실습을 위한 파일 drink2.txt를 준비합니다.

```
drink2.txt

Ber
Beer
BeerBeer
BeerBeerBeer
Beeeeeeeer!!!
My Vodka
My Wine
```

③ 행 삭제

d는 행을 삭제하는 명령어입니다. 여기서는 주소를 지정하여 삭제하는 방법을 알아보겠습니다. 앞서 설명한 대로 sed는 원본 파일을 수정하지 않으므로 걱정 없이 마음껏 실행해도 됩니다.

sed 명령어는 주소로 지정한 행에 대해서만 처리를 수행합니다. 주소를 지정하는 방법이 몇 가지 있는데 먼저 행 번호를 지정하는 방법을 알아보겠습니다.

다음은 주소로 1을 지정하여 첫 번째 행만 d 명령어로 지웁니다.

● 첫 번째 행을 삭제

```
$ sed 1d drink2.txt
Beer
BeerBeer
BeerBeerBeer
Beeeeeeeer!!!
My Vodka
My Wine
```

또한, n,m 형태로 n행에서 m행까지의 주소를 지정할 수도 있습니다. 다음 예에서는 2행에서 5행까지 지정하여 결과적으로 1행과 6, 7행이 출력되었습니다.

● 2행에서 5행까지 삭제

```
$ sed 2,5d drink2.txt
Ber
My Vodka
My Wine
```

그리고 주소에서 $는 마지막 행을 의미합니다. 예를 들어 3,$는 3번째 행에서 마지막 행까지를 의미합니다. 다음 예에서는 3번째 행에서 마지막 행까지 삭제하여 1, 2번째 행만 출력되었습니다.

● 3번째 행에서 마지막 행까지 삭제

```
$ sed '3,$d' drink2.txt
Ber
Beer
```

이때 $라는 문자를 셸에서 해석하지 않도록 작은따옴표로 감쌌습니다.

주소를 지정하지 않으면 명령어가 모든 행에 적용됩니다. 따라서 다음과 같이 d라고만 지정하면 모든 행이 지워져 아무것도 출력되지 않습니다.

● 모든 행을 삭제

```
$ sed d drink2.txt
$     ← 모든 행이 지워져서 아무것도 출력되지 않음
```

주소에는 행 번호뿐만 아니라 **정규 표현식도 사용할 수도 있습니다**. 이때 정규 표현식은 /로 감싸야 합니다. 다음 예는 정규 표현식을 사용하여 B로 시작하는 행을 주소로 지정합니다.

● B로 시작하는 행을 삭제

```
$ sed /^B/d drink2.txt
My Vodka
My Wine
```

이 예에서는 /^B/가 주소입니다. 이처럼 주소에 정규 표현식을 사용하여 다양한 패턴을 지정하는 것도 가능합니다.

4 행 출력

p는 행을 출력하는 명령어입니다. 다음 예는 1p라고 지정하여 첫 번째 행을 출력합니다.

● 첫 번째 행을 출력하도록 지정했는데 모든 행이 출력됨

```
$ sed 1p drink2.txt
Ber
Ber
Beer
BeerBeer
BeerBeerBeer
Beeeeeeeeer!!!
My Vodka
My Wine
```

하지만 예상 외의 결과가 출력되었습니다. 첫 번째 행의 Ber이 두 번 출력되었고 이어서 입력 파일의 모든 내용이 그대로 출력되었습니다. 이는 sed가 기본적으로 패턴 스페이스를 출력하기 때문입니다.

sed는 한 행을 읽으면 먼저 **패턴 스페이스라는 장소에 복사하고 편집 명령어를 실행한 뒤 패턴 스페이스의 내용을 출력합니다.** 즉, 위 예에서 첫 번째 행의 Ber는 1p라는 스크립트로 출력된 것이고 2번째 행인 Ber부터 마지막 행인 My Wine은 패턴 스페이스의 내용이 출력된 것입니다.

그림 14-4 sed의 패턴 스페이스

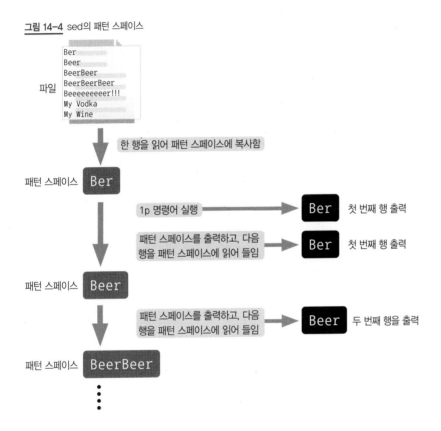

패턴 스페이스의 내용을 출력하지 않으려면 −n 옵션을 사용해야 합니다. 그래서 **−n 옵션과 p 명령어를 함께 사용하면 특정 행만 출력할 수 있습니다.** 다음 예에서는 첫 번째 행만 출력합니다.

◉ 첫 번째 행을 출력

```
$ sed -n 1p drink2.txt
Ber
```

-n 옵션은 이어서 소개할 치환에서도 쓸 수 있어 '치환이 발생한 행만 출력'하는 데 사용되기도 합니다.

 5 행 치환

s는 행을 치환하는 명령어입니다. sed는 **주로 치환을 위해 사용**되기 때문에 무척 자주 사용되는 명령어입니다.

s 명령어를 사용하는 형식은 다음과 같습니다.

◉ sed로 문자열 치환

```
s/치환 전 문자열/치환 후 문자열/옵션
```

여기서 마지막에 나오는 옵션은 생략할 수 있습니다. 다음은 Beer라는 문자열을 Whisky라는 문자열로 치환하고 있습니다. 주소는 생략했기 때문에 모든 행에 적용됩니다.

◉ Beer를 Whisky로 치환

```
$ sed 's/Beer/Whisky/' drink2.txt
Ber
Whisky
WhiskyBeer
WhiskyBeerBeer
Beeeeeeeeer!!!
My Vodka
My Wine
```

결과를 자세히 보면 3번째 행과 4번째 행에는 여전히 Beer가 남아 있는 것을 알 수 있습니다. 이는 sed가 각 행에서 처음 발견한 문자열만 치환했기 때문입니다.

그림 14-5 첫 번째로 발견한 문자열만 치환

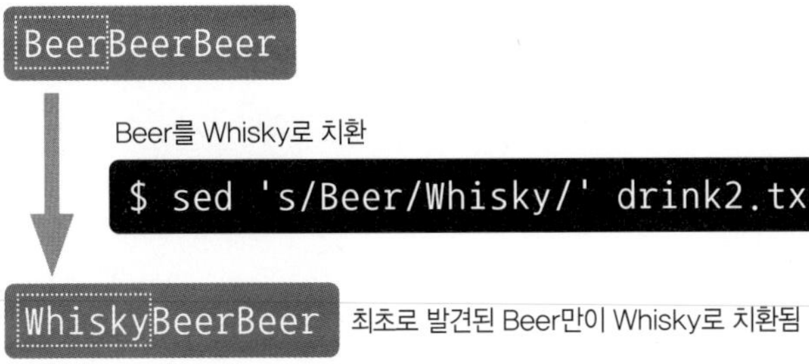

BeerBeerBeer

Beer를 Whisky로 치환

```
$ sed 's/Beer/Whisky/' drink2.txt
```

WhiskyBeerBeer 최초로 발견된 Beer만이 Whisky로 치환됨

발견한 모든 문자열을 치환하려면 다음과 같이 **g**라는 옵션을 지정해야 합니다. 그러면 모든 Beer가 Whisky로 바뀌 BeerBeerBeer는 WhiskyWhiskyWhisky가 됩니다.

◉ g 옵션을 지정하여 모든 Beer를 Whisky로 치환

```
$ sed 's/Beer/Whisky/g' drink2.txt
Ber
Whisky
WhiskyWhisky
WhiskyWhiskyWhisky
Beeeeeeeeer!!!
My Vodka
My Wine
```

치환 전 문자열에 정규 표현식을 지정할 수도 있습니다. 다음은 B.*r이라는 정규 표현식을 지정하여 B로 시작하고 r로 끝나는 문자열을 Whisky로 치환합니다.

◉ 정규 표현식을 사용하여 치환

```
$ sed 's/B.*r/Whisky/g' drink2.txt
Whisky
Whisky
Whisky
Whisky
Whisky!!!
My Vodka
My Wine
```

치환 전 문자열에 정규 표현식을 사용하는 경우가 많아서 s 명령어를 사용할 때는 언제나 위와 같이 작은따옴표로 감싸는 것이 좋습니다.

그리고 **치환 후 문자열을 비운 채 실행하면 해당 문자열 패턴을 지우는 것이 가능합니다.** 다음 예와 같이 실행하면 !가 전부 삭제된 결과가 출력됩니다.

◉ !를 삭제

```
$ sed 's/!//g' drink2.txt
Ber
Beer
BeerBeer
BeerBeerBeer
Beeeeeeeeer
My Vodka
My Wine
```

그리고 패턴 스페이스를 출력하지 않는 -n 옵션과 치환이 발생한 경우에만 출력하는 p 옵션을 지정하면 다음과 같이 치환이 발생한 행만 출력할 수 있습니다. 그러면 큰 파일에서 치환할 때 어디서 치환이 발생했는지 쉽게 파악할 수 있습니다.

◉ 치환한 행만 표시

```
$ sed -n 's/!//gp' drink2.txt
Beeeeeeeeer
```

sed에서의 확장 정규 표현식

sed에서 확장 정규 표현식을 사용하려면 -r 옵션을 지정해야 합니다. 다음 예에서는 확장 정규 표현식을 사용해 Be+r을 치환합니다.

```
$ sed -r 's/Be+r/Whisky/' drink2.txt
Whisky
Whisky
WhiskyBeer
WhiskyBeerBeer
Whisky!!!
My Vodka
My Wine
```

한편 GNU sed에서는 확장 정규 표현식의 +와 ?를 각각 \+와 \?로 지정해 -r 옵션을 지정하지 않고도 사용할 수 있습니다. 즉, 다음 두 가지 사용법이 가능합니다.

```
sed -r 's/Be+r/Whisky/' drink2.txt      ← 확장 정규 표현식 사용
sed 's/Be\+r/Whisky/' drink2.txt        ← 기본 정규 표현식 사용
```

오래전부터 리눅스를 사용한 사용자라면 기본 정규 표현식을 더 선호하겠지만 어느 쪽을 선택해도 무방합니다.

후방 참조

정규 표현식을 사용하여 치환할 때 **검색된 문자열의 일부를 치환하고 싶은 경우에는 후방 참조를 사용합니다.**

후방 참조란 정규 표현식에서 ( )를 사용하여 그룹화한 뒤 \1 같이 참조하는 것을 말합니다. 이러한 후방 참조를 사용하는 방법은 기본 정규 표현식과 확장 정규 표현식에서 차이가 있는데, 다음 표에 정리하였습니다.

표 14-1 기본 정규 표현식과 확장 정규 표현식에서의 후방 참조

기본 정규 표현식	확장 정규 표현식
\(\)로 그룹화하여 \1로 참조	()로 그룹화하여 \1로 참조

그룹이 여러 개 있을 때 각각 \1, \2로 참조할 수 있습니다. 다음은 My에 이어지는 문자열을 \(.*\)로 그룹을 지정하고 치환할 문자열에서 \1로 참조합니다.

● 그룹을 지정하고 치환될 문자열에서 참조

```
$ sed 's/My \(.*\)/--\1--/' drink2.txt
Ber
Beer
BeerBeer
BeerBeerBeer
Beeeeeeeeer!!!
--Vodka--
--Wine--
```

주소 지정

s 명령으로 치환할 때도 주소를 지정하여 치환할 행을 한정할 수 있습니다. 파일의 일부만 치환하고 싶을 때 사용합니다.

다음은 1행과 3행 사이의 문자열 중에서 Beer를 Whisky로 치환하고 있습니다. 4행부터는 치환의 대상이 아니므로 Beer가 그대로 남아 있음을 알 수 있습니다.

● 주소 지정하여 치환

```
$ sed '1,3s/Beer/Whisky/g' drink2.txt
Ber
Whisky
WhiskyWhisky
BeerBeerBeer
Beeeeeeeeer!!!
My Vodka
My Wine
```

구분자 변경

치환할 문자열 안에서 /를 사용하려면 \를 앞에 붙여서 \/라고 입력하면 됩니다. 다음은 Beer를 /Beer/로 치환하는 예입니다.

◉ Beer를 /Beer/로 치환

```
$ sed 's/Beer/\/Beer\//g' drink2.txt
Ber
/Beer/
/Beer//Beer/
/Beer//Beer//Beer/
Beeeeeeeeer!!!
My Vodka
My Wine
```

하지만 이것보다 더 좋은 방법이 있습니다. 지금까지 s 명령어를 사용할 때 /가 구분자로 사용되었는데 이는 s 바로 뒤에 나오는 문자가 구분자로 사용된 것일 뿐입니다. 즉, **s 뒤에 다른 문자를 지정하면 해당 문자가 구분자로 사용됩니다.**

다음 예에서는 구분자로 !를 사용합니다. 덕분에 문자열 안에서 /를 사용할 때 \/ 같이 입력하지 않아도 됩니다. 보통 구분자로 / 외에 ! 또는 %가 많이 사용됩니다.

◉ 구분자를 !로 사용하여 치환

```
$ sed 's!Beer!/Beer/!g' drink2.txt
Ber
/Beer/
/Beer//Beer/
/Beer//Beer//Beer/
Beeeeeeeeer!!!
My Vodka
My Wine
```

awk는 텍스트 검색, 추출, 가공과 같은 편집 작업을 위한 명령어입니다. '오크'라고 발음합니다.

awk도 sed처럼 셸에서 지정한 편집 작업을 실행하고 그 결과를 출력합니다. 하지만 sed가 비대화형 에디터인 반면, awk는 좀 더 고도의 기능을 제공하여 텍스트 처리에 특화된 프로그래밍 언어라고까지 인정받고 있습니다.

현재는 텍스트 편집을 위해 루비나 파이썬 같은 스크립트 언어가 많이 사용되고 있지만, awk도 여전히 많이 사용되고 있습니다. awk의 사용법을 잘 익혀 두면 리눅스를 사용할 때 도움이 많이 됩니다.

 ## awk 명령어의 형식

awk도 sed와 마찬가지로 awk 〈스크립트〉 〈대상 파일〉 형식으로 실행합니다. 대상 파일을 지정하지 않으면 표준 입력을 읽으며, 입력 텍스트를 한 행씩 읽어서 지정한 처리를 수행한다는 점도 sed와 같습니다. 하지만 awk를 사용하면 훨씬 더 고도의 스크립트를 지정할 수 있습니다.

awk의 스크립트는 패턴과 액션으로 구성됩니다.

● awk의 스크립트

```
패턴 { 액션 }
〈/서식〉
```

패턴에 액션을 실행할지 여부를 결정하는 조건을 기술합니다. awk는 대상 텍스트의 행마다 이 조건에 부합하는지를 확인합니다. 여기서 텍스트의 한 행을 awk에서는 레코드라 부릅니다.

액션에는 텍스트 추출, 치환, 삭제 등의 처리를 지정하며 패턴에 일치할 때만 액션이 실행됩니다. 만약 **패턴이 생략되면 모든 레코드에 대해 액션이 실행됩니다.**

다음 그림은 awk의 동작을 설명한 것입니다. 스크립트 부분은 셸에서 확장하지 않도록 작은 따옴표로 감쌌습니다.

그림 14-6 awk의 동작

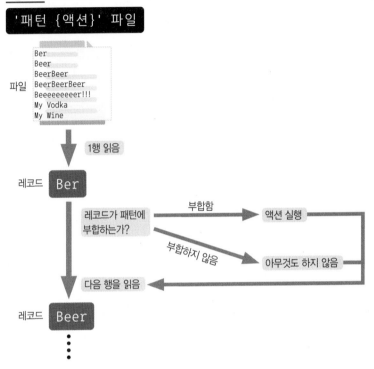

예를 통해 awk의 동작을 살펴보겠습니다. 다음은 공백으로 세 필드가 분리된 파일 score.txt에서 두 번째와 세 번째 필드만 출력하고 있습니다. 여기서는 패턴 지정을 생략하여 모든 행에 액션이 실행되었습니다.

```
$ awk '{print $2, $3}' score.txt
mina 39
jieun 74
dabin 59
ina 12
yuri 98
minsoo 41
```

다음은 첫 번째 필드인 메일 주소가 s로 시작하는 레코드만 추출하여 행 번호와 함께 출력한 예입니다.

```
$ awk '$1 ~/^s/ {print NR, $0}' score.txt
3 sushi@example.org dabin 59
6 ss@example.org minsoo 41
```

위 예에 대한 자세한 설명은 잠시 뒤에서 하겠습니다.

2 print와 필드 변수

awk는 특정 필드를 추출할 때 많이 사용됩니다. 여기서는 ls - l 명령어의 결과 중에서 파일 크기와 파일 이름만 출력해 보겠습니다.

/usr/bin 디렉터리에 대해 ls 명령어를 실행하면 다음과 같이 출력됩니다.

◉ /usr/bin 디렉터리의 파일

```
$ ls -l /usr/bin
합계 168880
lrwxrwxrwx 1 root root         11  5월  6 18:43  GET -> lwp-request
lrwxrwxrwx 1 root root         11  5월  6 18:43  HEAD -> lwp-request
lrwxrwxrwx 1 root root         11  5월  6 18:43  POST -> lwp-request
-rwxr-xr-x 1 root root     141856  3월 17 16:14  VGAuthService
lrwxrwxrwx 1 root root          4  4월  8 21:29  X -> Xorg
lrwxrwxrwx 1 root root          1  5월  6 18:43  X11 -> .
-rwxr-xr-x 1 root root    2434568  4월  8 21:29  Xephyr
-rwxr-xr-x 1 root root        274  4월  8 21:29  Xorg
-rwxr-xr-x 1 root root    2324456  4월  8 21:29  Xwayland
-rwxr-xr-x 1 root root      59736  9월  5 2019  '['
-rwxr-xr-x 1 root root      31248  5월 20 2020  aa-enabled
-rwxr-xr-x 1 root root      35344  5월 20 2020  aa-exec
-rwxr-xr-x 1 root root      22912 10월 17 2020  aconnect
... 생략 ...
```

파일 크기와 파일 이름은 위 결과에서 공백을 구분자로 5번째와 9번째 필드에 해당합니다.
이는 awk를 사용하여 다음과 같이 출력할 수 있습니다.

● ls 명령어의 결과에서 5번째와 9번째의 필드를 출력

```
$ ls -l /usr/bin | awk '{print $5,$9}'
11 GET
11 HEAD
11 POST
141856 VGAuthService
4 X
1 X11
2434568 Xephyr
274 Xorg
2324456 Xwayland
... 생략 ...
```

위 예에서는 필터가 생략되어 모든 행에 적용되었으며 액션을 기술하는 { } 안에서 print
라는 액션이 사용되었습니다. print는 이름 그대로 문자열을 출력하는 액션입니다. 그리고
print와 함께 사용된 $5, $9를 필드 변수라 합니다.

그림 14-7 awk의 필드 변수

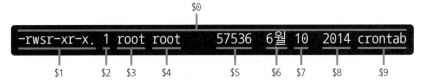

위 그림과 같이 awk는 각 레코드를 필드로 자동으로 분리하여 각각 $1…과 같이 변수에 대
입합니다. 그리고 레코드 전체에 대해서는 $0에 대입합니다. 공백이나 탭을 구분자로 사용
하여 필드를 분할합니다. 이때 공백이 여러 개로 이어지면 하나로 간주하기 때문에 ls 명령
어의 출력 결과처럼 **공백이 불규칙하게 사용된 경우에도 문제없습니다.**

print할 때 변수 여러 개를 쉼표로 구분하여 지정하면 각 값 사이에 공백이 표시되어 출력
됩니다. 그리고 다음과 같이 쉼표 대신 공백으로 구분하여 지정하면 값 사이에 공백이 표시
되지 않으니 주의합니다.

● 변수를 나열할 때 공백을 사용하면 값들 사이에 공백 없이 출력됨

```
$ ls -l /usr/bin | awk '{print $5 $9}'
11GET
11HEAD
11POST
141856VGAuthService
4X
1X11
2434568Xephyr
274Xorg
2324456Xwayland
```

필드 변수와 함께 자주 사용하는 변수로 NF 변수가 있습니다. NF는 레코드의 필드 개수를 담고 있는 변수입니다. 그래서 **$NF를 print하면 레코드의 마지막 필드가 출력**되며 위 예에서 $9대신 $NF를 지정해도 동일한 결과가 출력됩니다.

그림 14-8 NF 변수는 마지막 필드 값을 담고 있음

awk의 액션에서는 연산을 수행할 수 있어 다음과 같이 NF에서 1을 뺀 값 $(NF-1)은 마지막에서 두 번째 필드를 의미합니다. 이는 필드 수가 많아서 마지막을 기준으로 필드를 지정해야 할 때 유용합니다.

● 마지막 필드와 마지막에서 두 번째 필드를 출력

```
$ ls -l /usr/bin | awk '{print $(NF-1),$NF}'
합계 168880
-> lwp-request
-> lwp-request
-> lwp-request
16:14 VGAuthService
```

```
-> Xorg
-> .
21:29 Xephyr
21:29 Xorg
21:29 Xwayland
```

 ## 패턴 지정

지금까지의 예에서는 패턴을 생략했기 때문에 모든 행에 대해 액션이 실행되었습니다. 이번에는 ls의 결과에서 파일 이름이 cp로 시작하는 문자열을 패턴으로 지정해 보겠습니다.

awk에서는 확장 정규 표현식을 사용하는 것이 가능합니다. 이때 **정규 표현식은 슬래쉬(/)로 감싸야 합니다.** 그리고 정규 표현식을 확인할 필드를 지정하기 위해 다음과 같이 ~(틸드)를 사용합니다.

그림 14-9 정규 표현식 패턴

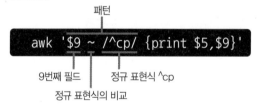

예에서는 9번째 필드가 /^cp/, 즉 cp로 시작하는지를 확인합니다. 결과적으로 다음과 같이 cp로 시작하는 문자열만 출력의 대상이 됩니다.

◉ 파일 이름이 cp로 시작하는 행만 출력의 대상이 됨

```
$ ls -l /usr/bin | awk '$9 ~ /^cp/ {print $5,$9}'
153976 cp
8155 cpan
8176 cpan5.30-x86_64-linux-gnu
165504 cpio
5 cpp
22 cpp-9
```

그리고 정규 표현식을 확인할 필드를 지정하지 않을 수도 있는데, 그러면 레코드 전체가 정규 표현식에 해당하는지 확인하게 됩니다. 다음은 필드를 지정하지 않고 정규 표현식 /^l/으로 l로 시작하는 경우, 즉 심볼릭 링크만 출력하는 예입니다.

 l로 시작하는 행만 액션의 대상으로 지정하기

```
$ ls -l /usr/bin | awk '/^l/ {print $5,$9}'
11 GET
11 HEAD
11 POST
4 X
1 X11
10 apport-collect
6 apropos
18 apt-add-repository
5 arecord
12 avahi-browse-domains
```

4 액션 생략

액션을 생략하면 단순히 레코드를 출력합니다. 즉, {print $0}이 실행됩니다. 그리고 print에 아무런 인자를 지정하지 않으면 레코드 전체가 출력합니다. 따라서 다음 세 가지 사용법은 동일한 결과를 출력합니다.

```
awk '$9 ~/^cp/'              ← 액션 생략
awk '$9 ~/^cp/ {print}'      ← 액션 인자 생략
awk '$9 ~/^cp/ {print $0}'   ← 생략하지 않음
```

awk가 능숙한 사람들은 이 세 가지 방식을 적절히 선택해서 사용합니다. 하지만 이제 막 awk에 입문한 사람이라면 생략하지 않고 전부 기술하는 것을 추천합니다.

5 실전 예제: CSV 파일의 점수 집계

awk를 사용하는 실전 예제를 살펴보겠습니다. 여기서는 다음과 같이 번호, 이름, 점수로 구성된 csv 파일(score.csv)을 읽어서 평균 점수를 구해 봅시다.

> **score.csv**
>
> ```
> 1,mina,39
> 2,jieun,74
> 3,dabin,59
> 4,ina,12
> 5,yuri,98
> 6,minsoo,41
> ```

엑셀과 같은 스프레드시트 프로그램을 사용해도 되지만, awk를 사용하면 명령어 한 행으로 평균 점수를 구할 수 있습니다.

먼저 csv 파일은 공백이 아니라 쉼표로 필드를 구분합니다. 따라서 awk를 사용할 때 필드 구분자를 지정해야 하므로 다음과 같이 -F 옵션으로 -F,를 입력합니다.

◉ 구분자를 ,로 지정

```
$ awk -F, '{print $1,$2,$3}' score.csv
1 mina 39
2 jieun 74
3 dabin 59
4 ina 12
5 yuri 98
6 minsoo 41
```

이어서 점수 필드만 출력해 보겠습니다. 사실 필드 변수 $3를 사용해도 되지만, 혹여 나중에 이름에 쉼표나 공백이 들어가는 예외적인 경우가 발생할 수도 있으니 마지막 필드를 다루는 NF 변수를 사용하겠습니다.

```
$ awk -F, '{print $NF}' score.csv
39
74
59
12
98
41
```

이어서 평균 점수를 구해 보겠습니다. 평균 점수는 각 학생의 점수를 모두 더한 뒤 학생 수로 나누면 됩니다. 먼저 점수를 다 더하기 위해 sum이라는 변수를 만듭니다.

◉ 점수 총합을 표시

```
$ awk -F, '{sum += $NF} END{print sum}' score.csv
323
```

awk에서는 일반적인 프로그래밍 언어와 달리 변수 선언이나 초기화를 하지 않고도 사용할 수 있습니다. 위 예에서는 sum이라는 변수를 사용했는데 **숫자 값을 가지는 변수의 초기값은 0이므로** 각 레코드를 처리할 때마다 sum에 $NF를 더하면 최종적으로 모든 점수의 합이 됩니다.

그리고 sum +=라는 표현은 프로그래밍에 익숙하지 않은 사람에게 어려울 수 있는데, 다음 두 코드는 같은 의미입니다.

```
{sum += $NF}
{sum = sum + $NF}
```

이렇게 변수의 원래 값에 새로운 값을 더한 뒤 다시 변수에 대입할 때는 +=를 사용합니다. 이는 일반적인 프로그래밍 언어에서도 많이 사용하는 표현입니다.

그리고 예에서는 END 패턴이 사용되었습니다. **END 안에 있는 액션은 모든 입력 파일에 대한 처리가 끝난 뒤 마지막에 한 번 실행됩니다.** 그래서 변수 sum에 담긴 점수의 총합을 마지막에 출력하게 됩니다.

이제 마지막으로 점수의 총합을 학생 수, 즉 텍스트 파일의 행 수로 나누어 평균 점수를 구해 보겠습니다. 입력 파일의 행 수는 변수 NR에 담겨있습니다. **NR에는 지금까지 읽은 레코드의 수가 담겨 있어** END 블록이 실행될 때는 파일의 총 행 수가 됩니다. 따라서 다음과 같이 sum을 NR로 나누면 평균 점수를 구할 수 있습니다.

⊙ 평균 값을 계산

```
$ awk -F, '{sum += $NF} END{print "Average:",sum/NR}' score.csv
Average: 53.8333
```

이렇게 만든 awk 스크립트를 파일로 저장하면 나중에 불러 쓸 수 있습니다. -f 옵션으로 awk 스크립트가 적힌 파일을 지정하면 됩니다.

다음 예에서는 -f 옵션으로 average.awk를 지정하여 실행하고 있습니다.

⊙ awk 스크립트를 파일에 저장한 뒤 재사용

```
$ cat average.awk
{sum += $NF} END{print "Average:",sum/NR}
$ awk -F, -f average.awk score.csv
Average: 53.8333
```

마무리　　awk는 무척 기능이 풍부한 도구입니다. 여기서 다룬 내용만 잘 활용해도 많은 도움이 될 거라 생각하지만 여전히 빙산의 일각에 불과합니다. 공식 문서 등을 참고하여 더 깊이 공부할 것을 권장합니다.

MEMO

## 15장

셸 스크립트 작성

이 장부터 17장까지는 셸 스크립트를 알아보겠습니다. 셸 스크립트란 셸에서 수행할 명령어를 적은 놓은 파일입니다. 셸 스크립트를 잘 활용하면 복잡한 처리를 쉽게 실행할 수 있으니 리눅스에서 작업할 때 효율을 높일 수 있습니다.

이 장에서는 먼저 셸 스크립트에 대한 기초 지식과 실행 방법을 알아보겠습니다.

리눅스를 사용하다 보면 일련의 명령어를 반복적으로 실행해야 할 때가 상당히 많습니다. 그때마다 길고 복잡한 커맨드 라인을 손으로 입력하는 것은 무척 번거로운 일입니다.

이때 실행할 명령어를 미리 파일에 입력해 놓고, 해당 파일을 셸이 실행하도록 할 수 있습니다.

그림 15-1 셸 스크립트란

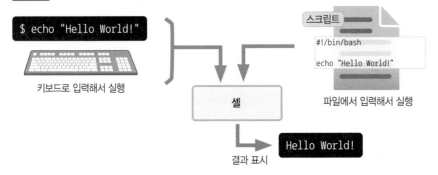

셸에서 실행될 커맨드 라인을 입력해 놓은 파일을 셸 스크립트라 합니다. 단순히 명령어를 나열하기도 하지만 조건 분기와 반복과 같은 복잡한 제어 구조도 사용할 수 있어 프로그래밍 언어에 가깝습니다. 리눅스를 사용하는 것은 곧 셸을 다루는 것이므로 셸 스크립트의 활용도는 무척 높습니다.

이 장부터 17장까지 셸 스크립트를 알아볼 것입니다. 셸 스크립트는 리눅스의 시스템에서도 많이 사용되고 있어 리눅스를 공부하는 데 빠질 수 없는 필수 지식입니다.

셸 스크립트를 사용하면 복잡한 명령어를 직접 입력하는 수고를 덜 수 있으며 작업을 자동화할 수 있고 그 외에도 다음과 같은 이점이 있습니다.

- 셸 스크립트를 한번 작성하면 이후에 비슷한 처리를 수행할 때 쉽게 재사용할 수 있습니다.
- 다른 사람에게 셸 스크립트를 공유할 수 있습니다.
- 명령어를 잘못 입력하는 실수를 방지할 수 있습니다.

먼저 어떤 셸을 바탕으로 셸 스크립트를 작성할 것인지부터 정해야 합니다. 이는 논란의 여지가 있지만 다음과 같은 이유로 이 책에서는 배시를 사용합니다.

 어떤 셸의 셸 스크립트를 작성할 것인가

셸 스크립트는 셸에 의해 해석되기 때문에 어떤 셸을 사용하는지에 따라 문법도 달라집니다. 요즘에는 sh나 bash용 셸 스크립트를 작성하는 것이 보통이므로 둘 중 하나를 선택해야 합니다.

sh는 2장에서 소개한 것처럼 긴 역사를 가졌지만 그만큼 오래전에 설계되어서 기능이 다소 적습니다. 하지만 예전부터 sh를 기반으로 한 셸 스크립트가 많이 작성되었으며, 모든 리눅스에는 기본적으로 sh가 설치되어 있으니 호환성과 이식성이 중요하다면 bash보다는 sh를 기반으로 스크립트를 작성하는 것이 좋습니다.

하지만 요즘에는 sh보다는 bash를 사용하는 것이 좋다는 의견이 대세를 이루고 있습니다. 이 책에서도 **sh가 아닌 bash를 기반으로 한 셸 스크립트를 소개합니다**. 그 이유는 다음 두 가지가 있습니다.

sh로 셸 스크립트를 작성해도 호환성의 문제는 여전하다

CentOS와 같은 레드햇 계열의 배포판에서는 sh는 bash의 별명으로 사용되고 있습니다. 따라서 sh와 bash의 실체가 같습니다(다만, sh를 실행하면 bash가 sh 모드로 동작하여 동작이 조금 변합니다). 우분투와 같은 데비안 계열에서는 sh가 bash라는 셸을 사용하고 있습니다.

즉, sh의 실체가 배포판에 따라 다르고 동작도 다릅니다. CentOS에서 sh용 셸 스크립트를 작성했지만 실제로는 bash의 기능을 사용하는 경우도 쉽게 발생합니다. 그리고 상용 시스템인 솔라리스(Solaris)의 sh는 리눅스의 sh와 미묘한 차이가 있습니다.

이에 반해 bash는 GNU 프로젝트에 의한 구현체밖에 없습니다. 따라서 어떤 운영 체제에서도 bash는 동일하게 동작합니다. 그리고 최근의 리눅스에서는 bash가 거의 기본으로 설치됩니다. 고로 bash 셸 스크립트의 호환성과 이식성이 무척 높다고 볼 수 있습니다.

bash에는 셸 스크립트를 위한 풍부한 기능이 포함되어 있다

sh는 오래전에 만들어져서 최신 셸에 탑재된 많은 기능이 포함되어 있지 않습니다.

예를 들어 sh에서는 1을 더하는 간단한 계산도 외부 명령어인 expr를 사용해야 합니다. 따라서 스크립트를 작성할 때도 불편할 뿐만 아니라 동작 속도도 느립니다. 그런데 bash는 산술 연산을 지원하여 외부 명령어를 사용하지 않고도 계산할 수 있습니다. 셸 내부의 기능이기 때문에 실행 속도도 좀 더 빠릅니다.

이러한 bash의 이점을 생각하면 생산성이 떨어지는 sh보다 bash를 선택하는 것이 합리적입니다.

15.3 셸 스크립트 작성 *LINUX FOR EVERYONE*

그러면 지금부터 셸 스크립트를 만들어보겠습니다.

셸 스크립트는 실행하고 싶은 명령어를 입력한 텍스트 파일입니다. 따라서 Vim과 같은 텍스트 에디터로 입력하면 됩니다. Vim이 아직 익숙하지 않다면 7장을 참고하기 바랍니다.

첫 셸 스크립트에 다음과 같이 단순한 커맨드 라인을 입력해 보겠습니다. 먼저 다음 명령어를 실행해 봅니다.

◉ 홈 디렉터리의 파일 사용량을 출력

```
$ du -h ~ | tail -n 1
12M     /home/ldk
```

여기서 사용된 du 명령어는 디렉터리 안의 파일 사용량을 출력하는 명령어입니다. 디렉터리로 ~를 지정하여 홈 디렉터리의 사용량을 출력합니다. du 명령어는 모든 서브 디렉터리의 사용량도 출력하지만, 여기서는 홈 디렉터리 전체의 사용량만 출력하기 위해 tail을 사용해 마지막 한 행만 출력합니다.

이제 다음과 같이 Vim을 실행하여 신규 파일을 만듭니다. 셸 스크립트의 이름은 homesize. sh라고 하겠습니다.

● Vim으로 셸 스크립트 homesize.sh 작성

```
$ vim homesize.sh
```

확장자인 sh를 붙이지 않아도 동작하지만 파일 이름만 봐도 셸 스크립트인 것을 알 수 있게 sh라는 확장자를 붙이는 것이 좋습니다.

Vim이 작동하면 다음 두 행을 입력합니다.

homesize.sh

```
#!/bin/bash
du -h ~ | tail -n 1
```

#!로 시작하는 첫 번째 행을 셔뱅(shebang)이라고 합니다. 이에 대한 설명은 잠시 뒤에 하겠습니다.

그리고 두 번째 행이 실제 실행될 커맨드 라인입니다. 이렇게 실행하고 싶은 명령어를 그대로 입력하면 셸 스크립트가 되는 것입니다.

파일을 저장하고 Vim을 종료합니다. 그리고 9장에서 배운 내용에 따라 해당 파일에 실행 권한을 부여해야 합니다. chmod 명령어로 +x를 지정해 **실행 권한을 부여합니다.**

● 셸 스크립트로 실행 권한 부여

```
$ chmod +x homesize.sh
```

그리고 다음과 같이 셸 스크립트를 실행합니다.

● 셸 스크립트 실행

```
$ ./homesize.sh
12M      /home/ldk
```

여기서 **파일 이름 앞에 ./를 붙이는 것을 잊지 마세요**. .은 현재 디렉터리를 의미하므로 '현재 디렉터리에 있는 homesize.sh를 실행'하도록 셸에게 알려야 합니다.

여기까지 간단한 셸 스크립트를 만들고 실행하는 방법을 알아봤습니다.

15.4 셸 스크립트 실행 형식

앞서 셸 스크립트를 만들 때 파일의 상단에 #!로 시작하는 행이 하나 있었습니다. 이를 셔뱅이라 합니다.

이 셔뱅의 의미를 제대로 이해하지 못하면 특정 환경에서 셸 스크립트가 동작하지 않을 수도 있으니 확실히 알아 두어야 합니다.

 셔뱅

리눅스에서 파일을 실행할 때는 셸에서 파일 이름을 지정하면 됩니다. 셸 스크립트에서는 다음과 같았습니다.

```
./homesize.sh
```

이때 셸의 실행 명령을 전달받은 리눅스 커널은 먼저 파일의 첫 부분을 확인합니다. 그래서 #!가 있으면 그 뒤에 적힌 명령어를 실행합니다.

그림 15-2 셔뱅이란

즉, #!/bin/bash란 이 셸 스크립트는 /bin/bash를 사용한다고 명시적으로 선언한 것입니다. 이것이 셔뱅의 역할입니다.

셔뱅이 적혀진 셸 스크립트는 실제로 다음 그림과 같이 리눅스 커널이 확장되는 것입니다.

그림 15-3 셔뱅이 적힌 셸 스크립트 실행

/bin/bash scriptfile.sh와 같이 실행하면 script.sh에 적힌 명령어가 차례로 실행됩니다. 따라서 셔뱅을 입력하면 셸 스크립트를 실행할 때 /bin/bash를 입력하지 않아도 되고, 또한 사용 중인 셸이 배시가 아니어도 자동으로 /bin/bash가 스크립트를 실행합니다.

그리고 셸에서는 #으로 시작하는 행을 주석으로 간주합니다. 따라서 셔뱅도 주석으로 간주됩니다. 주석은 16장에서 다시 설명하겠습니다.

 source 명령어: 파일에서 명령어를 읽어서 실행

셸 스크립트를 실행하는 또 다른 방법으로 source 명령어를 사용하는 것입니다. 이는 위에서 살펴본 방법과 다소 다릅니다.

그 차이를 알아보기 위해 다음과 같이 셔뱅을 사용하지 않은 셸 스크립트 homesize-noshebang.sh를 준비합니다.

homesize-noshebang.sh

```
du -h ~ | tail -n 1
```

셔뱅을 사용하지 않은 셸 스크립트를 다음과 같이 source 명령어로 실행할 수 있습니다.

● source 명령어로 셸 스크립트 실행

```
$ source ./homesize-noshebang.sh
12M     /home/ldk
```

source 명령어는 지정한 파일 안의 커맨드 라인을 마치 셸에서 직접 입력한 것과 동일하게 실행합니다.

그림 15-4 source 명령어로 셸 스크립트 실행

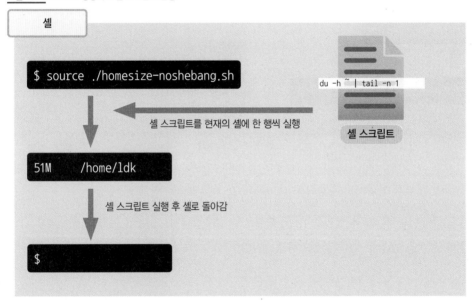

source 명령어를 사용하면 셔뱅으로 지정한 셸이 아니라 언제나 현재 셸이 사용됩니다. 그리고 파일을 직접 실행하는 것이 아니기 때문에 **파일에 실행 권한을 부여할 필요가 없습니다.**

참고로 source 명령어와 동일하게 동작하는 . 명령어가 있습니다. 배시에서는 . 명령어가 source 명령어와 완전히 동일하게 동작합니다.

. 명령어는 source 명령어와 동일함

```
$ . ./homesize-noshebang.sh
12M     /home/ldk
```

역사가 오래된 sh에서는 source 대신에 . 명령어가 사용되었습니다. 그래서 일부 사용자는 여전히 . 명령어를 선호하기도 합니다. 하지만 . 명령어를 사용하다 보면 실수하기 쉽기 때문에 source 명령어를 사용하는 것이 좋습니다.

3 실행 방법에 의한 차이

지금까지 셸 스크립트를 실행하는 세 가지 방법을 알아봤습니다.

1 | 파일 이름만으로 실행

./homesize.sh

2 | 셸의 인자로 지정하여 실행

bash homesize-noshebang.sh

3 | source 명령어를 사용하여 실행

source ./homesize-noshebang.sh

1번의 경우 셔뱅을 기재해야 한다는 점만 빼고는 2번과 거의 동일하게 동작합니다.

3번의 경우 다른 방법과 동작상의 차이점이 있습니다. source 명령어를 사용하면 현재 셸을 기준으로 파일에 기재된 커맨드 라인이 실행됩니다. 따라서 **현재 설정된 셸 환경에 영향을 받습니다.** 예를 들어 현재 셸에 설정한 별명을 셸 스크립트 안에서도 사용할 수 있습니다.

이 차이점에 대해 직접 실습하며 살펴보겠습니다. 먼저 lsalf라는 명령어를 실행하는 셸 스크립트 test1.sh를 준비합니다.

test1.sh

```
#!/bin/bash
lsalf /
```

이어서 현재 셸에서 lsalf라는 별명을 등록합니다.

◉ 별명 등록

```
$ alias lsalf='ls -alF'
```

이 상태에서 source 명령어를 사용한 방법과 사용하지 않는 방법으로 각각 셸 스크립트를
실행해 봅니다.

◉ 두 가지 방법으로 셸 스크립트 실행

```
$ source ./test1.sh      ← source 명령어는 실행이 됨
합계 459352
drwxr-xr-x  20 root root      4096   5월   6 19:07 ./
drwxr-xr-x  20 root root      4096   5월   6 19:07 ../
lrwxrwxrwx   1 root root         7   5월   6 18:43 bin -> usr/bin/
drwxr-xr-x   4 root root      4096   5월  16 11:21 boot/
drwxrwxr-x   2 root root      4096   5월   6 19:07 cdrom/
drwxr-xr-x  19 root root      4080   5월  23 07:27 dev/
drwxr-xr-x 130 root root     12288   5월  23 13:25 etc/
drwxr-xr-x   4 root root      4096   5월  23 13:25 home/
... 생략 ...
$ ./test1.sh            ← 파일 이름으로 실행한 경우에는 에러 발생
./test1.sh: 줄 2: lsalf: 명령어를 찾을 수 없음
```

위 결과를 보면 source 명령어로는 문제없이 실행되었지만, 파일 이름으로 실행하면 에러가
발생했습니다.

이는 source 명령어를 사용한 경우에는 현재 셸에서 실행되었지만 파일 이름으로 실행한 경
우는 서브 셸에서 실행되었기 때문입니다. 여기서 **서브 셸이란 현재 셸에서 새롭게 실행된 자식
프로세스로서의 셸을 의미합니다.**

그림 15-5 서브 셸에서 셸 스크립트 실행

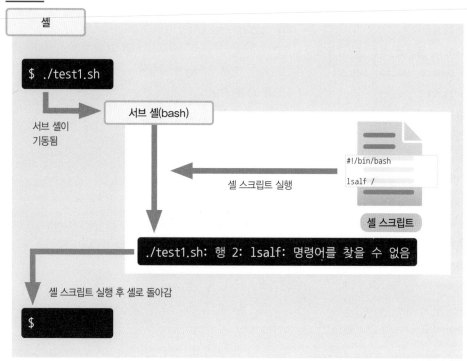

앞선 예에서는 새로운 배시를 서브 셸로써 기동한 뒤 셸 스크립트가 실행된 것입니다. **서브 셸은 원래의 셸과는 별개의 셸**이기 때문에 8장에서 소개한 환경 변수는 사용할 수 있지만, 별명은 사용할 수 없습니다. 그래서 에러가 발생한 것입니다.

또한, source 명령어는 **현재 셸에 영향을 주기 때문에 주의해야 합니다.** 예를 들어 다음과 같이 별명을 설정하는 셸 스크립트 alias_set.sh를 실행해 보겠습니다.

alias_set.sh

```
#!/bin/bash
alias lsalf='ls -alF'
```

터미널을 껐다 다시 켜고 다음처럼 실습합니다.

다음 결과를 보면 셸 스크립트 내에서 설정한 별명이 셸 스크립트가 끝난 뒤에도 남아 있음을 알 수 있습니다. 이는 source 명령어가 현재 셸에서 실행되기 때문입니다.

● 셸 스크립트 내에서 설정한 별명이 현재 셸에 반영됨

```
$ lsalf                 ← 아직 alias가 설정되지 않음
lsalf: 명령을 찾을 수 없습니다
$ source ./alias_set.sh  ← source로 인해 alias가 설정됨
$ lsalf                 ← alias 사용 가능
합계 1204
drwxr-xr-x 22 ldk   ldk    4096  5월 23 22:04 ./
drwxr-xr-x  4 root  root   4096  5월 23 13:25 ../
-rw-------  1 ldk   ldk    6723  5월 23 22:06 .bash_history
-rw-r--r--  1 ldk   ldk     220  5월  6 19:11 .bash_logout
-rw-r--r--  1 ldk   ldk    3812  5월 23 15:58 .bashrc
drwx------ 10 ldk   ldk    4096  5월  9 12:43 .cache/
drwx------ 10 ldk   ldk    4096  5월  7 15:52 .config/
drwx------  3 ldk   ldk    4096  5월  9 11:32 .gnupg/
... 생략 ...
```

다음과 같이 파일 이름을 지정하여 실행하면 셸 스크립트 내에서 설정한 별명이 현재 셸에 반영되지 않습니다. 마찬가지로 터미널을 껐다 다시 시작하고 실행해야 합니다.

● 셸 스크립트 내에서 설정한 별명이 현재 셸에 반영되지 않음

```
$ lsalf               ← alias가 설정되지 않음
lsalf: 명령을 찾을 수 없습니다
$ ./alias_set.sh      ← 셸 스크립트 실행
$ lsalf               ← 여전히 alias가 설정되지 않음
lsalf: 명령을 찾을 수 없습니다
```

이처럼 셸 스크립트를 실행하는 방식에 따라 동작이 달라지므로 실행 방법의 차이점을 명확히 이해하고 적절한 방법을 선택해야 합니다.

source 명령어 사용 예

일반적으로 셸 스크립트를 실행할 때 source를 사용하지 말고 파일 이름으로 실행하는 것이

좋습니다. 그 이유는 다음과 같습니다.

- 셔뱅에 지정한 셸에서 실행되기 때문에 현재 사용자가 사용하는 셸에 영향을 받지 않습니다.
- source를 사용하면 현재 셸의 환경에 따라 실행이 안 되기도 하고, 현재 셸의 변숫값이나 별명을 바꿀 수도 있습니다.

이러한 이유로 source보다는 파일 이름으로 셸 스크립트를 실행하는 것이 좋습니다.

그런데 source 명령어가 유용한 경우도 있습니다. 가장 대표적인 예를 배시의 설정 파일인 ~/.bashrc에서 볼 수 있습니다. 8장에서 소개한 대로 ~/.profile에서 다음과 같이 source 명령어로 ~/.bashrc 파일을 호출합니다.

```
if [ -f "$HOME/.bashrc" ]; then
    . "$HOME/.bashrc"
fi
```

~/.bashrc도 셸 스크립트입니다. 여기서는 셸 설정을 현재 셸에 반영하기 위해 source 명령어가 사용되었습니다.

이외에도 여러 개의 셸 스크립트가 같은 값을 참조할 때 공통된 설정을 셸 스크립트 하나에 입력하고 source 명령어로 읽는 방식이 사용됩니다.

15.5 셸 스크립트 배치

지금까지 셸 스크립트를 실행할 때 파일 이름 앞에 ./를 붙였습니다. ./를 붙이지 않으면 어떻게 될까요?

◉ ./를 붙이지 않고 실행한 경우

```
$ homesize.sh
homesize.sh: 명령을 찾을 수 없습니다
```

명령어를 발견할 수 없다는 에러가 출력되었습니다. 이는 검색 경로에서 homesize.sh라는 명령어를 찾을 수 없었다는 의미입니다.

검색 경로에 대해서는 6장에서 which 명령어를 다룰 때 설명했습니다. 검색 경로란 셸에서 명령어를 실행할 때 명령어의 파일을 찾는 디렉터리를 말합니다. 검색 경로는 환경 변수 PATH에 설정되어 있어 다음과 같이 echo 명령어로 확인할 수 있습니다.

◉ 검색 경로 확인

```
$ echo $PATH
/usr/local/sbin:/usr/local/bin:/usr/sbin:/usr/bin:...(생략)...
```

검색 경로에 등록된 디렉터리에 있지 않는 이상 셸 스크립트를 이름만으로 실행할 수 없습니다. 이때는 상대 경로나 절대 경로로 파일의 위치를 지정해야 합니다. ./는 상대 경로로 파일의 위치를 지정한 것입니다. 이는 다음과 같이 절대 경로로 지정할 수도 있습니다.

```
$ /home/ldk/work/homesize.sh
```

하지만 일일이 절대 경로를 입력하는 것은 번거로우니 보통 상대 경로를 사용하여 실행합니다.

 셸 스크립트 배치용 디렉터리

여기서는 여러분이 작성한 셸 스크립트를 cat이나 ls처럼 이름만으로 실행할 수 있는 방법을 알아보겠습니다.

이를 위해 다음과 같이 ~/bin이라는 디렉터리를 만들고 셸 스크립트를 해당 디렉터리로 옮깁니다.

◉ 셀 스크립트를 ~/bin으로 이동

```
$ mkdir ~/bin
$ mv homesize.sh ~/bin
```

이어서 검색 경로에 ~/bin을 추가합니다. Vim으로 ~/.profile 파일을 열어 다음 내용을 추가합니다.

~.profile

```
PATH="$PATH:~/bin"
```

$PATH에서 검색 경로에 해당하는 디렉터리가 콜론을 구분자로 설정하고 있습니다. 해당 변수에 ~/bin을 추가하면 검색 경로에 추가됩니다.

그림 15-6 환경 변수 PATH에 ~/bin을 추가

이 설정을 적용하려면 로그아웃한 뒤 다시 로그인해야 합니다. 혹은 다음과 같이 ~/.profile을 지정하여 source 명령어를 실행하면 곧바로 적용됩니다.

◉ 설정을 적용하기 위해 ~/.profile을 지정하여 source 명령어 실행

```
$ source ~/.profile
```

이제 어떤 디렉터리에서도 homesize.sh라고 입력하면 ~/bin에 배치된 셀 스크립트가 실행됩니다.

● 이름만으로 셸 스크립트를 실행

```
$ homesize.sh
12M    /home/ldk
```

이처럼 전용 디렉터리를 만들고 검색 경로에 추가하면 cat이나 ls처럼 어디서도 이름만으로 실행할 수 있습니다.

 2 source 명령어와 패스

source 명령어를 사용할 때 한 가지 주의해야 할 점이 있습니다.

source 명령어를 실행할 때 PATH에 지정된 디렉터리에 있는 셸 스크립트라면 상대 경로나 절대 경로가 아닌 **파일 이름만으로 지정할 수 있습니다.** 다음 예를 보면 현재 디렉터리에 없는 homesize.sh를 source로 이름만으로 실행하고 있습니다.

● soure 명령어로 PATH에 있는 셸 스크립트 실행

```
$ ls homesize.sh         ← 현재 디렉터리에 파일이 없음
ls: 'homesize.sh'에 접근할 수 없습니다: 그런 파일이나 디렉터리가 없습니다
$ source homesize.sh     ← 검색 경로에 있으므로 실행 가능
12M    /home/ldk
```

하지만 이렇게 source를 사용할 때 이름만으로 셸 스크립트를 지정하다 보면 의도치 않은 스크립트를 실행할 가능성이 높아집니다. 따라서 상대 경로나 절대 경로를 사용하여 명시적으로 셸 스크립트의 위치를 지정하는 것이 좋습니다.

아예 source 명령어에서 PATH에 지정된 디렉터리에서 파일을 찾지 않도록 설정할 수도 있습니다. 다음과 같이 shopt 명령어로 sourcepath 옵션을 비활성화하면 됩니다.

● source 명령어가 PATH에서 파일을 찾지 않도록 설정

```
$ shopt -u sourcepath    ← 검색 경로에서 파일을 찾지 않도록 설정
$ source homesize.sh     ← 검색 경로에서 찾지 않으므로 에러 발생
-bash: homesize.sh: 그런 파일이나 디렉터리가 없습니다
```

마무리   셀 스크립트를 만들 수 있다면 이제 리눅스의 초보 단계를 벗어났다고 할 수 있습니다. 다양한 셀 스크립트로 본인만의 효율적인 작업 환경을 만들 수 있는 것이 리눅스의 큰 매력입니다.

다음 장부터는 좀 더 구체적인 셀 스크립트 작성법을 알아볼 것입니다. 정확한 셀 스크립트에 대한 지식을 바탕으로 유용한 셀 스크립트를 스스로 만들 수 있기를 바랍니다.

---

ssh와 공개키 인증 column

ssh로 리눅스에 로그인할 때 보통 다음과 같이 암호 인증 과정을 거치게 됩니다.

$ ssh ldk@localhost -p 2222
ldk@localhost's password:

이러한 암호 인증 방식 이외에 자주 사용되는 인증 방식이 공개키 인증 방식입니다.

공개키 인증 방식은 ssh-keygen 명령어로 만든 비밀키와 공개키라는 파일 두 개를 사용해서 인증합니다. 이때 공개키는 서버에 등록하고, 사용자는 비밀키를 이용해서 로그인하게 됩니다.

공개키에 대응하는 비밀키여야만 인증에 성공하게 되며 비밀키는 서버에 전송하지 않은 채로 인증이 진행되므로 공개키 인증 방식이 암호 방식보다 더 안전합니다.

공개키 인증 방식으로만 로그인할 수 있도록 sshd(ssh접속을 받아들이는 서버)를 설정할 수 있습니다. 현재는 인터넷을 경유하여 ssh를 사용할 때는 공개키 인증 방식만 허용하는 것이 일반적입니다.

이 책은 ssh를 깊게 다루지는 않습니다. 하지만 리눅스를 사용하다 보면 원격 서버에 로그인하는 일이 무척 빈번하게 발생합니다. 좀 더 안전한 보안을 위해 공개키 인증 방식이 있다는 것을 기억해 두기 바랍니다.

셸 스크립트의 기초 지식

이 장에서는 셸 스크립트의 기본 문법을 알아보겠습니다.

셸 스크립트의 문법을 공부할 때는 처음부터 모든 문법을 전부 외우려고 하지 말고 먼저 어떤 기능과 문법이 있는지 전반적으로 파악하는 것이 좋습니다. 그리고 나중에 직접 셸 스크립트를 작성할 때 참고하는 방향으로 공부하는 것을 추천합니다.

참고로 셸 스크립트의 문법은 셸에서 직접 명령어를 입력할 때도 사용할 수 있습니다. 즉, 셸 스크립트의 문법을 익혀 두면 셸을 활용하는 능력도 덩달아 높아집니다.

1 셸 스크립트에 입력하기

셸 스크립트는 기본적으로 실행하고 싶은 명령어를 파일에 입력한 것입니다. 여러 명령어를 입력하면 차례로 실행됩니다. 예를 들어 다음 셸 스크립트(rootls.sh)를 보면 echo, cd, ls 명령어가 차례로 입력되어 있습니다.

rootls.sh

```
#!/bin/bash

echo "root directory"
cd /
ls -l
```

이 셸 스크립트를 실행하면 echo, cd, ls 명령어가 실행되어 다음처럼 루트 디렉터리의 파일 목록이 출력됩니다.

● 여러 명령어를 실행

```
$ ./rootls.sh
root directory
합계 459344
lrwxrwxrwx   1 root root         7  5월  6 18:43 bin -> usr/bin
drwxr-xr-x   4 root root      4096  5월 16 11:21 boot
drwxrwxr-x   2 root root      4096  5월  6 19:07 cdrom
drwxr-xr-x  19 root root      4080  5월 23 07:27 dev
drwxr-xr-x 130 root root     12288  5월 23 13:25 etc
drwxr-xr-x   4 root root      4096  5월 23 13:25 home
    ... 생략 ...
```

이때 여러 명령어를 ;으로 연결하면 다음과 같이 한 행으로 입력할 수 있습니다.

rootls.sh

```
#!/bin/bash

echo "root directory";cd /;ls -l
```

셀 스크립트에서 빈 행은 무시됩니다. 따라서 코드의 가독성을 위해 적절히 빈 행을 넣기도 하며, 보통 셔뱅에 이어 빈 행 넣는 경우가 많습니다.

한 커맨드 라인을 여러 행에 표기

커맨드 라인이 길어질 경우에는 **행 끝에 \를 입력하면 여러 행에 걸쳐 입력할 수 있습니다.** 그러면 사람이 보기에는 여러 행으로 나눠져 있지만, 셀 스크립트는 한 행으로 인식합니다.

다음은 rootdir.sh에서 echo 명령어를 여러 행으로 나눠서 입력한 것입니다.

rootdir.sh

```
#!/bin/bash

echo \      ← 개행
    "root directory"
```

◯ 실행 결과

```
$ ./rootdir.sh
root directory      ← 정상적으로 실행됨
```

옵션이나 인자로 인해 하나의 커맨드 라인이 지나치게 길어질 때 여러 행에 나눠 입력하면 가독성을 좀 더 높일 수 있습니다.

또한, 셀을 사용할 때도 \로 커맨드 라인을 여러 행에 나눠서 입력할 수 있습니다. 다음처럼 셀에서 \를 입력하고 Enter를 누르면 프롬프트가 >로 변합니다.

● 셸에서 여러 행에 입력

```
$ echo \
>
```

이는 아직 커맨드 라인의 입력이 끝나지 않은 프롬프트로 **세컨더리 프롬프트**라 합니다. 이때 표시되는 프롬프트의 문자를 셸 변수 PS2로 설정할 수 있습니다.

세컨더리 프롬프트에서도 계속 \를 사용할 수 있습니다. 그리고 마지막에 \를 입력하지 않은 채 Enter 를 누르면 전체 커맨드 라인이 실행됩니다.

● 셸에서 여러 행에 걸친 커맨드 라인을 입력하고 실행

```
$ echo \
> "Hello \
> World"
> Hello World     ← 명령어가 실행됨
```

그리고 파이프라인으로 명령어를 연결할 때 | 뒤에 Enter 를 누르면 여러 행에 걸쳐 한 커맨드 라인을 입력할 수도 있습니다. 즉, 다음과 같이 입력할 수 있습니다.

```
sort file3 |
uniq -c |
sort -n
```

이처럼 여러 행에 걸쳐 입력하면 가독성이 좋아져 실수도 많이 줄어듭니다.

 2 주석

셸 스크립트 안에 주석을 남길 수도 있습니다. 주석은 주로 코드의 동작에 대한 설명을 기록할 때 사용하며 실행에 포함되지는 않습니다. 주석을 잘 남기면 다른 사람이 코드를 쉽게 이해할 수 있을 뿐만 아니라 훗날 자기 자신이 코드를 다시 봤을 때도 도움이 됩니다.

셸 스크립트에서는 **#로 주석을 남깁니다.** #을 행의 첫 부분에 써놓으면 행 전체가 주석이 되며, 중간에 쓰면 이후 부분이 주석이 됩니다.

```
echo "root directory"

#루트 디렉터리로 이동
cd /

ls -l # 파일 크기, 권한 등을 표시
```

주석 안에는 어떤 내용이 있어도 실행되지 않습니다. 그래서 보통 일시적으로 명령어를 실행하지 않도록 할 때 주석으로 만들기도 합니다. 이를 코멘트 아웃이라 합니다.

```
#!/bin/bash

#echo "root directory"
cd /
ls -l
```

위 예에서 echo 명령어가 코멘트 아웃되어 실행되지 않습니다.

16.2 변수

셸 스크립트에서도 일반 프로그래밍 언어처럼 변수를 사용하여 값을 저장할 수 있습니다. 이를 셸 변수라고 합니다.

이미 몇 가지 셸 변수를 다뤄 왔습니다. 8장에서 프롬프트를 설정하기 위해 사용했던 PS1도 셸 변수이고, 환경 변수도 셸 변수입니다.

```
PS1='[\u] \w $ '
```

위 예와 같이 변수명=값이라는 형식으로 셸 변수에 값을 대입합니다.

그리고 **변숫값을 참조하려면 변수명 앞에 $를 붙여야 합니다.** 그러면 셸 스크립트가 변수를 값으로 변환하여 스크립트를 실행합니다. 다음 예는 변수 appdir의 값을 echo 명령어로 출력하고 있습니다.

```
var.sh
#!/bin/bash

appdir=/home/ldk/myapp
echo $appdir
```

var.sh를 실행하면 다음과 같이 셸 변수 appdir의 값이 출력됩니다.

 변수 appdir의 값을 출력

```
$ ./var.sh
/home/ldk/myapp
```

1 변수 사용 시 주의점

셸 스크립트에서 변수를 사용할 때 주의해야 할 점이 있습니다. 특히 다른 프로그래밍 언어에 익숙한 사람일수록 실수하기 쉬운 부분도 있으니 주의 깊게 보기 바랍니다.

대입할 때는 $를 붙이지 않는다

변수에 값을 대입할 때는 $를 붙이지 않아야 합니다. 예를 들어 다음과 같이 작성하면 에러가 발생합니다.

$appdir=/home/osumi/myapp

변숫값을 참조할 때만 변수명 앞에 $를 붙여야 합니다.

= 양옆에 공백이 없어야 한다

많은 프로그래밍 언어에서는 변수에 값을 대입할 때 = 양옆에 공백을 넣을 수 있습니다. 하지만 셸 스크립트에서는 공백이 허용되지 않습니다. 다음과 같이 = 양옆에 공백을 넣으면 에러가 발생합니다.

appdir = /home/osumi/myapp

다른 프로그래밍 언어에 익숙한 사람일수록 이 부분에 주의해야 합니다.

변수명에 사용할 수 있는 문자

변수명에 사용할 수 있는 문자는 **알파벳과 숫자, 언더스코어(_)**뿐입니다. 그리고 숫자는 첫 글자로 사용할 수 없습니다. 즉, 첫 글자에는 알파벳이나 언더스코어만 사용할 수 있습니다.

- 사용할 수 있는 변수명: appdir1, al3_box, _tmp, SEOUL 등
- 사용할 수 없는 변수명: 1appdir, my-app, that's 등

알파벳은 대소문자 모두 사용할 수 있습니다. 보통 환경 변수에는 대문자를 사용하고 그 외의 일반 변수에는 소문자를 사용합니다. 이 책에서도 기본적으로 소문자로 변수를 정의하고 있습니다.

변수를 명확히 구분한다

변숫값에 문자열을 연결하고 싶을 때는 문자열까지 변수 이름에 포함되어 해석되지 않도록 주의해야 합니다.

예를 들어 변숫값에 이어 _backup이라는 문자열을 붙여서 residue.dat_backup이라는 문자열을 얻고 싶은 경우를 생각해 보겠습니다. 다음 셸 스크립트(sep_var.sh)는 변숫값에 문자열을 잘못 연결한 예입니다.

```
#!/bin/bash

filename=residue.dat
echo $filename_backup
```

위 스크립트를 실행하면 아무것도 표시되지 않습니다.

◉ 아무것도 표시되지 않음

```
$ ./sep_var.sh
    ←  아무것도 표시되지 않음
```

이는 filename_backup이라는 변수는 존재하지 않기 때문입니다. 이때 변수명을 { }로 감싸주면 됩니다.

```
#!/bin/bash

filename=residue.dat
echo ${filename}_backup
```

그러면 다음과 같이 residue.dat_backup이라는 파일 이름이 출력됩니다.

◉ 변숫값과 문자열이 올바로 연결되어 출력됨

```
$ ./sep_var.sh
residue.dat_backup
```

배시에서는 공백을 기준으로 명령어 인자를 구분합니다.

그래서 다음처럼 cat 명령어에 파일 두 개를 인자로 지정하면 각각의 내용이 출력됩니다.

```
$ cat file1 file2
```

그러면 my file과 같이 공백을 포함하는 문자열을 인자 하나로 지정하고 싶다면 어떻게 해야 할까요? 이때는 작은따옴표나 큰따옴표로 감싸면 됩니다.

그러면 감싸준 문자열 안에 **공백이 있어도 한 단어로 인식합니다.**

```
cat 'my file'
cat "my file"
```

13장에서 본 것처럼 정규 표현식에서도 셸이 메타 문자를 해석하지 않도록 쿼팅(quoting)해 주었습니다. 다음 예에서 *가 셸의 와일드카드로 인식되지 않도록 작은따옴표로 감쌌습니다.

```
$ grep 'Be*r' drink.txt
```

이처럼 쿼팅하면 공백이나 메타 문자를 의도한 대로 사용할 수 있습니다.

 쿼팅 안에서 변수 확장하기

쿼팅할 때는 작은따옴표 혹은 큰따옴표를 사용할 수 있습니다. 비슷해 보이지만 두 방식에는 커다란 차이가 있습니다. 작은따옴표 안의 $는 특별한 의미를 가지지 않는 일반 문자로 취급됩니다. 그런데 큰따옴표 안에서는 $로 시작하는 변수가 값으로 치환됩니다. 곧 배울 명령어 치환이 실행되는 것입니다.

다음 예를 보면 같은 문자열을 작은따옴표와 큰따옴표로 감쌌습니다.

```
quote.sh

#!/bin/bash


country=Korea
echo 'I came from $country'
echo "I came from $country"
```

위 셸 스크립트를 실행하면 다음과 같이 출력됩니다.

◉ 작은따옴표와 큰따옴표의 차이

```
$ ./quote.sh
I came from $country
I came from Korea
```

작은따옴표를 사용할 때는 변수 확장이 이뤄지지 않아 $country라는 문자열이 그대로 출력되었습니다. 그런데 큰따옴표를 사용했을 때는 변숫값인 Korea가 출력되었습니다. 이처럼 $를 문자 그대로 출력하려면 작은따옴표를, 변숫값을 출력하려면 큰따옴표를 사용합니다.

큰따옴표를 사용할 때도 다음과 같이 $ 앞에 \를 붙이면 문자 그대로 출력할 수 있습니다.

echo "I came from \$country"

16.4 명령어 치환

셸 스크립트를 작성하다 보면 명령어의 출력 결과를 이용하고 싶을 때가 생깁니다. 이때 명령어 치환이라는 기능을 사용하면 **명령어를 실행하고 출력된 결과를 취득할 수 있습니다.**

명령어 치환은 $( ) 같은 형식으로 괄호 안에 실행하려는 명령어를 작성하면 됩니다. 그러면 작성한 명령어를 실행하고 출력되는 표준 출력으로 치환됩니다.

일자를 출력하는 date라는 명령어를 사용하여 명령어 치환의 예를 살펴보겠습니다. date
명령어는 다음과 같이 +%Y-%m-%d라고 인자를 지정하면 날짜를 YYYY-MM-DD 형식으로
출력합니다.

◉ 현재 일자를 YYYY-MM-DD 형식으로 출력

```
$ date '+%Y-%m-%d'
2021-05-23
```

이렇게 출력된 현재 날짜를 셸 스크립트에서 문자열로 다루려면 다음과 같이 명령어 치환을
사용해야 합니다. 다음은 현재 일자로 파일을 만드는 셸 스크립트입니다.

today_date.sh

```
#!/bin/bash

filename=$(date '+%Y-%m-%d')
touch "$filename"
```

위 코드에서 filename에는 현재 날짜(2021-05-23)가 대입됩니다. 그 후에 touch 명령어
로 파일을 만듭니다. 그러면 현재 날짜를 이름으로 하는 빈 파일이 만들어집니다. today_
date.sh를 실행한 후 파일 목록을 살펴보면 현재 날짜로 파일이 만들어진 것을 확인할 수 있
습니다.

명령어 치환은 큰따옴표 안에서도 사용할 수 있습니다. 다음은 echo 명령어 안에서 date 명령어의
결과를 치환하고 있습니다. 그러면 언제 실행해도 현재 날짜가 출력됩니다.

◉ 큰따옴표 안에서 명령어 치환

```
$ echo "Today is $(date '+%Y-%m-%d')."
Today is 2021-05-23.
```

그리고 명령어 치환을 사용하는 또 다른 방법으로 백쿼트(`)가 있습니다. 동작 방식은 $()와
동일합니다.

◉ 백쿼트로 명령어 치환

```
$ echo "Today is `date '+%Y-%m-%d'`."
Today is 2021-05-23.
```

하지만 백쿼트는 $( )에 비해 시작과 끝 위치를 파악하기 어렵다는 단점이 있습니다. 그리고 명령어 치환에서 명령어 치환을 다시 사용하려면 \를 붙여야 합니다.

이러한 이유로 백쿼트보다는 $( )를 사용하는 것이 좋습니다.

16.5 위치 파라미터

대부분의 리눅스 명령어는 인자를 받습니다. **셀 스크립트에서는 위치 파라미터라는 셀 변수를 사용해 전달받은 인자를 다룰 수 있습니다.**

위치 파라미터는 $1, $2, $3...처럼 숫자를 이름으로 하는 변수로 셀 스크립트를 실행할 때 지정한 인자가 각각 할당됩니다.

그림 16-1 커맨드 라인 인자와 위치 파라미터

그림을 보면 $0에는 셀 스크립트의 이름이 할당된 것을 알 수 있습니다. $0는 위치 파라미터와 비슷해 보이지만 특수 파라미터에 해당합니다.

그러면 위치 파라미터의 사용법을 알아보겠습니다. 다음과 같은 parameters.sh라는 스크립트로 설명을 이어가겠습니다.

parameters.sh

```
#!/bin/bash

echo "\$0 = $0"
echo "\$1 = $1"
echo "\$2 = $2"
echo "\$3 = $3"
echo "\$4 = $4"
echo "\$5 = $5"
```

여기서 \$는 $라는 문자를 그대로 출력하기 위해 \를 붙인 것입니다. 이 셸 스크립트를 다음과 같이 인자를 지정하여 실행해 보겠습니다.

● 커맨드 라인 인자 3개를 지정하여 실행

```
$ ./parameters.sh aaa bbb ccc
$0 = ./parameters.sh
$1 = aaa
$2 = bbb
$3 = ccc
$4 =
$5 =
```

위 결과를 보면 알 수 있듯이 $0에는 셸 스크립트의 이름이 대입되었고, 위치 파라미터인 $1, $2...에는 셸 스크립트를 실행할 때 지정한 인자가 대입되었습니다. 인자 세 개를 지정했기 때문에 $4와 $5에는 빈 값이 대입되어 있습니다.

인자로 와일드카드 *를 지정하면 확장한 값이 셸 스크립트에 전달됩니다.

● 와일드카드가 확장되어 셸 스크립트에 전달됨

```
$ ls
file1 file2 parameters.sh test.txt      ← 현재 디렉터리의 파일
$ ./parameters.sh *                     ← 인자에 와일드카드 지정
$0 = ./parameters.sh
$1 = file1
$2 = file2
$3 = parameters.sh
$4 = test.txt
$5 =
```

위 예에서는 *(와일드카드)가 확장되어 file1, file2, parameters.sh, test.txt라는 인자
가 전달된 것을 알 수 있습니다.

① 인자 개수

셸 스크립트를 실행할 때 **지정한 인자 개수는 특수 파라미터인 $#으로 참조할 수 있습니다.** 앞서 실
행한 스크립트에서 가장 마지막 행에 코드를 추가한 뒤 실행해 보겠습니다.

parameters.sh

```
#!/bin/bash

echo "\$0 = $0"
echo "\$1 = $1"
echo "\$2 = $2"
echo "\$3 = $3"
echo "\$4 = $4"
echo "\$5 = $5"
echo "\$# = $#"
```

다시 인자를 지정해 실행합니다.

● 인자 개수 출력

```
$ ./parameters.sh aaa bbb ccc
$0 = ./parameters.sh
$1 = aaa
$2 = bbb
$3 = ccc
$4 =
$5 =
$# = 3      ← 인자는 세 개
```

인자 개수가 출력되었습니다. $#은 스크립트에 전달된 인자 개수를 확인하는 용도로 많이
사용됩니다.

 2 인자 전체 조회하기

위치 파라미터를 사용하면 자동으로 분할된 인자를 참조할 수 있습니다. 그런데 **인자를 분할
하지 않은 채 전체를 참조하고 싶다면 #@ 혹은 $*를 사용해야 합니다.**

다음은 인자 전체를 참조하는 셸 스크립트입니다. 셸 스크립트로 동작을 확인해 보겠습니다.

args.sh

```
#!/bin/bash

echo "\$@ = $@"
echo "\$* = $*"
```

이제 다음과 같이 인자를 지정해 셸 스크립트를 실행해 보겠습니다.

● 인자를 지정해 실행하기

```
$ ./args.sh aaa bbb ccc "Hello World"
$@ = aaa bbb ccc Hello World
$* = aaa bbb ccc Hello World
```

결과를 보면 $@와 $*가 같은 결과를 출력한 것으로 보입니다. 하지만 두 표현에는 큰 차이가 있습니다.

인자 개수가 N이면 $@는 $1 $2 ... $N와 같이 각 위치 파라미터가 문자열로 전개됩니다. 그런데 $*는 $1 $2 ... $N와 같이 한 문자열로 전개됩니다.

대부분의 경우 인자를 하나씩 취득해서 처리하기 때문에 $@가 많이 사용되며, $*가 사용되는 경우는 거의 없습니다.

다음 예는 입력 받은 인자를 그대로 지정하여 다른 명령어를 실행하는 셸 스크립트입니다. 이 스크립트에서는 환경 변수 LANG을 C로 설정하여 영문 환경으로 다른 명령어를 실행하고 있습니다. 이러한 용도의 셸 스크립트를 **래퍼**(wrapper)라 합니다.

```
#!/bin/bash

export LANG=C
./some_command "$@"
```

위 예처럼 다른 명령어에 인자를 그대로 전달할 때는 셸 변수 $@가 사용됩니다.

지금까지 알아본 인자와 관련된 셸 변수를 표 16-1에 정리하였습니다.

표 16-1 커맨드 라인 인자와 관련된 셸 변수

변수	내용
$0	셸 스크립트 파일 이름
$1,$2,...	커맨드 라인 인자의 값(위치 파라미터)
$#	위치 파라미터의 개수
$@	모든 위치 파라미터. 큰따옴표로 감싸면 각각의 위치 파라미터가 큰따옴표로 감싸짐
$*	모든 위치 파라미터. 큰따옴표로 감싸면 전체가 하나의 문자열로 감싸짐

배시에서도 일반 프로그래밍 언어처럼 값에 의한 조건 분기, 반복 처리를 기술할 수 있습니다. 이를 제어 구조라고 하며 프로그래밍의 기본이 되는 중요한 개념입니다.

셸 스크립트에서는 제어 구조를 사용하기 위해 복합 명령어(compound command)를 사용합니다. 여기서는 자주 사용되는 복합 명령어인 if, for, case, while을 알아보겠습니다.

 if 문

if는 주어진 조건을 평가하여 참인지 거짓인지에 따라 처리를 분기하는 제어 구조입니다. 다음 셸 스크립트 if-bin.sh를 통해 동작을 살펴보겠습니다. if-bin.sh 파일은 커맨드 라인 인자가 bin이면 OK를 출력합니다.

if-bin.sh

```
#!/bin/bash

if [ "$1" = "bin" ]; then
    echo "OK"
else
    echo "NG"
fi
```

위 코드는 문법을 잘 몰라도 어느 정도 동작을 예측할 수 있을 것입니다. ["$1" = "bin"] 이 조건식에 해당하여 첫 번째 인자가 bin인지를 판정합니다. 맞으면 OK를 출력하고 아니면 NG를 출력합니다.

● if-bin.sh를 실행한 예

```
$ ./if-bin.sh bin
OK
$ ./if-bin.sh Hello
NG
$ ./if-bin.sh bin
NG
```

참고로 셸 스크립트에서는 들여쓰기로 탭이나 공백을 사용할 수 있으며 들여쓰지 않는다고 해서 에러가 발생하지는 않습니다.

문법상의 주의점

if 문을 사용할 때 주의할 점이 있습니다. 먼저, 기본적으로 조건식에 이어 세미콜론(;)을 붙여야 합니다. 다음과 같이 세미콜론을 생략하면 에러가 발생합니다.

```
if [ "$1" = "bin" ] then      ← 에러
```

그런데 다음과 같이 then을 다음 행에 기재하면 세미콜론을 생략할 수 있습니다.

```
if [ "$1" = "bin" ]      ← 다음 행에 then을 기재하면 세미콜론 생략 가능
then
```

그리고 [ ]의 전후에 반드시 공백이 있어야 합니다.

```
if ["$1" = "bin"]      ← [ ] 안의 문자열과 공백이 없어서 에러
if[ "$1" = "bin" ]      ← if와 [ 사이에 공백이 없어서 에러
if [ "$1" = "bin"]      ← 공백이 적절히 사용되었음
```

if 뒤에 오는 것은 조건식이 아니라 명령어

많은 프로그래밍 언어에서 if 뒤에 오는 것은 조건식입니다. 앞선 예에서도 마치 조건식이 사용된 것처럼 보였을 것입니다.

하지만 **셸 스크립트에서 `if` 문 뒤에 오는 것은 조건식이 아니라 명령어입니다.** 먼저 `if` 문의 사용법을 정리하면 다음과 같습니다.

● if 문의 구조

```
if <명령어 1>; then
    <명령어 1>의 결과가 참일 때 실행될 처리
elif <명령어 2>; then
    <명령어 2>의 결과가 참일 때 실행될 처리
elif <명령어 3>; then
    <명령어 3>의 결과가 참일 때 실행될 처리
else
    위 모든 명령어의 결과가 거짓일 때 실행될 처리
fi
```

위 서식을 보면 알 수 있듯이 `if` 문은 `fi`를 만날 때까지 차례로 명령어의 결과를 확인하며 분기합니다.

`elif`는 `else if`를 의미하며 추가로 분기를 기술할 때 사용하며, `else`는 모든 명령어가 거짓일 때 분기됩니다. `elif`나 `else`는 생략할 수 있습니다.

살펴본 예에서 `if` 뒤에 오는 ["$1" = "bin"]이 마치 조건식처럼 보였을 것입니다. 하지만 사실은 **[가 배시의 내장 명령어에 해당합니다.** 다음과 같이 `type` 명령어로 확인해 보겠습니다.

● [는 단순한 괄호가 아니라 명령어임

```
$ type [
[ 는 쉘 내장임
```

즉, [는 단순한 괄호가 아니라 명령어이며 이어서 이어지는 "$1", =, "bin",]은 전부 [명령어의 인자로 전달됩니다. 따라서 [명령어 뒤에는 반드시 공백이 있어야 합니다.

16장 셸 스크립트의 기초 지식   **353**

그림 16-2 명령어의 구조

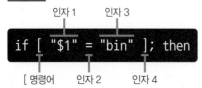

if는 명령어의 결과를 바탕으로 분기하는데, 이를 이해하기 위해서는 먼저 명령어의 종료 상태에 대해 알아야 합니다.

명령어의 종료 상태

ls나 grep 같은 모든 명령어는 종료 상태라고 부르는 정숫값을 반환합니다. 이 값은 $?라는 셸 변수로 확인할 수 있습니다. ls 명령어의 종료 상태를 확인해 보겠습니다.

◉ 명령어의 종료 상태를 확인

```
$ ls          ← ls 명령어 실행
if-args.sh
$ echo $?     ← 직전에 실행한 명령어의 종료 상태를 출력
0             ← 종료 상태는 0
```

일반적으로 **명령어가 정상 종료하면 0**, 에러가 발생하면 0 이외의 값을 반환합니다.

다음 셸 스크립트로 명령어의 종료 상태를 확인해 보겠습니다. 여기서 /dummry는 존재하지 않는 파일입니다.

showstatus.sh
```
#!/bin/bash

ls /
echo "exit status = $?"

ls /dummy
echo "exit status = $?"
```

위 셀 스크립트를 실행한 결과는 다음과 같습니다.

● 종료 상태 출력

```
$ ./showstatus.sh
bin    dev    lib    libx32      mnt  root  snap      sys  var
boot   etc    lib32  lost+found  opt  run   srv       tmp
cdrom  home   lib64  media       proc sbin  swapfile  usr
exit status = 0
ls: '/dummy'에 접근할 수 없습니다: 그런 파일이나 디렉터리가 없습니다
exit status = 2
```

첫 번째 ls는 존재하는 디렉터리를 지정했으므로 종료 상태 0이 출력되었습니다.

이어서 실행한 ls는 존재하지 않는 파일을 지정했으므로 에러가 발생하여 종료 상태 2가 출력되었습니다. ls의 매뉴얼을 확인하면 접근할 수 없는 파일을 지정했을 때 종료 상태 2가 반환된다고 나와있습니다.

이처럼 $?로 명령어의 종료 상태를 확인할 수 있습니다.

if와 종료 상태

[명령어는 인자로 전달된 조건식을 판정하여 **참이면 0을, 그 외에는 0이 아닌 종료 상태를 반환합**니다.

[도 일반 명령어이므로 셀 커맨드 라인에서 직접 ["$1" = "bin"] 같이 실행할 수 있습니다. 다음과 같이 실행해 보면 $1에 값이 아무것도 지정되지 않아서 종료 상태 1이 출력됩니다.

● if의 조건식에 해당하는 부분을 명령어로 실행

```
$ [ "$1" = "bin" ]    ← [ 명령어 실행
$ echo $?
1                     ← 종료 상태는 1
```

if 문은 단순히 지정된 명령어를 실행하여 종료 상태가 0이면 참으로 판단하고 그 외에는 거짓으로 판단합니다.

그림 16-3 if 문이 명령어 결과의 참과 거짓을 판단

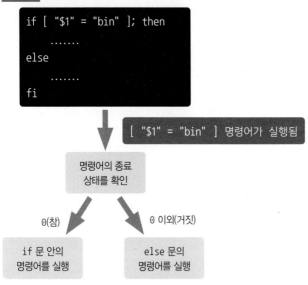

따라서 if 문에 [가 아닌 다른 명령어를 입력할 수도 있습니다. 다음 예에서는 if 문에 grep 명령어를 사용하고 있습니다. grep은 지정한 패턴이 검색된 경우에만 종료 상태 0을 반환합니다. 다음은 /etc/passwd 파일에 bash라는 문자열이 있으면 bash found라는 문자열을 출력하는 스크립트입니다.

if-grep.sh

```
#!/bin/bash

if grep -q 'bash' /etc/passwd; then
    echo 'bash found'
fi
```

참고로 위 코드에서는 grep의 -q 옵션을 사용해 검색 결과를 출력하지 않았습니다. 이렇게 종료 상태만 필요한 경우를 위해 일부 명령어에는 quiet 모드를 위한 옵션(-q)이 존재합니다.

② test 명령어와 연산자

if 문의 동작 원리를 알게 되었으니, 이번에는 [명령어의 조건식에서 사용할 수 있는 연산자를 살펴보겠습니다. 연산자에는 두 문자열의 일치 여부를 확인하는 = 외에도 다양한 연산자가 있습니다.

리눅스의 test 명령어는 [명령어와 유사한 기능을 제공합니다. 유일한 차이점은 test 명령어를 사용할 때는 마지막 인자로]를 지정하지 않아도 된다는 점입니다. 즉, 다음 두 표현은 동일한 의미를 가집니다.

```
if [ "$1" = "bin" ]; then
if test "$1" = "bin"; then
```

가독성의 이유로 [가 더 많이 사용됩니다. 여기서는 부르기 쉽도록 [명령어와 test 명령어를 합쳐서 test 명령어라 지칭하도록 하겠습니다.

문자열 비교

먼저 문자열을 비교하는 연산자를 소개하겠습니다.

표 16-2 문자열에 관한 평가 연산자

연산자	내용
str1 = str2	str1과 str2가 같음
str1 != str2	str1과 str2가 같지 않음
-n str1	str1이 빈 문자열이 아님
-z str1	str1이 빈 문자열임

여기서 str1, str2는 임의의 문자열을 의미합니다.

먼저 -z는 지정한 문자열이 빈 문자열이면 참이 됩니다. 변수에 값이 할당되었는지를 확인할 때 사용됩니다.

```
filename=$1
if [ -z "$filename" ]; then      ← 변수 filename이 빈 문자열이면
    filename="default.dat"        ← default.dat을 대입
fi
```

위 스크립트는 인자로 전달받은 filename의 값이 비었는지 확인하여 비어 있으면 기본값인 default.dat을 지정합니다. 이처럼 문자열 비교는 인자로 값이 전달되지 않았을 때 기본값을 지정하는 용도로도 많이 사용됩니다.

정수 비교

이번에는 정숫값을 비교하는 연산자를 알아보겠습니다. 다음 표에서 int1, int2는 임의의 정수를 의미합니다.

표 16-3 정수에 관한 비교 연산자

연산자	의미
int1 -eq int2	int1과 int2가 같음
int1 -ne int2	int1과 int2가 같지 않음
int1 -lt int2	int1이 int2보다 작음
int1 -le int2	int1이 int2 이하임
int1 -gt int2	int1이 int2보다 큼
int1 -ge int2	int1이 int2 이상임

다음은 -lt 연산자를 사용하여 두 인자의 값을 비교하여 보다 큰 값을 셀 변수 max에 할당하는 셀 스트립트입니다.

if-int.sh

```
#!/bin/bash


num1=$1
num2=$2
max=$num1                          ← max에 num1 대입하기

if [ "$num1" -lt "$num2" ]; then   ← num1이 num2보다 작으면
    max=$num2                      ← num2 값을 max에 대입
fi
```

정수를 비교하는 연산자는 정수만 다룬다는 점에 주의해야 합니다. 다음과 같이 소수점이 포함된 값을 지정하면 에러가 발생합니다.

● 정수가 아닌 경우에는 에러가 발생

```
$ ./if-int.sh 4.2 5.6
./ifint.sh: 7 줄: [: 4.2: 정수 표현식 예상됨
```

파일 속성

이어서 파일의 속성을 평가하는 연산자를 알아보겠습니다. 종류가 많기 때문에 여기서는 자주 사용되는 것만 소개하겠습니다. 더 자세한 내용은 배시의 매뉴얼에서 CONDITIONAL EXPRESSION을 참고하기 바랍니다.

표 16-4 파일 속성에 관한 비교 연산자

연산자	의미
-e file	file이 존재함
-d file	file이 존재하고 디렉터리임
-h file	file이 존재하고 심볼릭 링크임
-L file	file이 존재하며 심볼릭 링크임(h와 동일)
-f file	file이 존재하며, 일반 파일임
-r file	file이 존재하며, 읽기 권한이 부여되어 있음
-w file	file이 존재하며, 쓰기 권한이 부여되어 있음
-x file	file이 존재하며, 실행 권한이 부여되어 있음
file1 -nt file2	file1의 변경 시각이 file2보다 최근임
file1 -ot file2	file1의 변경 시각이 file2보다 오래됨

다음 예는 셸 변수 logdir에 지정된 디렉터리가 존재하는지 -d 연산자로 확인하여 메시지를 출력하는 스크립트입니다.

logdir.sh

```
#!/bin/bash

logdir=/home/ldk/myapp/logs

if [ -d "$logdir" ]; then
    echo "로그 디렉터리: $logdir"
else
```

```
        echo "[ERROR]로그 디렉터리가 존재하지 않습니다: $logdir"
    fi
```

연산자 결합

여러 조건식을 지정할 때는 연산자를 결합할 수 있습니다. 다음은 연산자를 결합하는 방법을 정리한 표입니다.

표 16-5 결합 연산자

연산자	의미
조건식1 -a 조건식2	조건식 1과 조건식 2가 모두 참이면 참(AND)
조건식1 -o 조건식2	조건식 1과 조건식 2 중 적어도 하나가 참이면 참(OR)
! 조건식	조건식의 진위값을 반대로 함(NOT)
( )	조건식을 그룹화

예를 들어 '셸 변수 datadir이 디렉터리이고(-d), 그리고(-a) 읽기 권한이 부여된 경우(-r)'와 같은 조건식은 다음과 같이 기술할 수 있습니다.

그림 16-4 결합 연산자

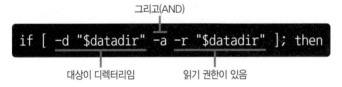

!는 부정을 의미하여 다음과 같이 ! -d라고 기술하면 디렉터리가 아닌 조건을 지정할 수 있습니다.

```
if [ ! -d "$datadir" ]; then
    echo "$datadir directory does not exist"
fi
```

( )을 사용하면 조건식을 그룹화할 수 있습니다. -o(OR)는 -a(AND)보다 우선순위가 높습니다. 따라서 -a, -o, !를 조합할 때 우선순위를 지정하기 위해 사용합니다.

다음 예에서는 '셸 변수 $dir이 디렉터리이며, /home 혹은 /etc인 경우'를 표현하기 위해

-o를 ( )로 감쌌습니다.

```
if [ -d "$dir" -a \( "$dir" = "/home" -o "$dir" = "/etc" \) ]
```

이때 (와)는 배시의 메타 문자이므로 탈출 문자(\)를 붙여주었습니다.

지금까지 다양한 평가 연산자를 알아봤습니다. 이들을 전부 외우지 않아도 되며 필요할 때
찾아서 활용할 수 있을 정도면 충분합니다.

&& 와 ||

&&와 ||를 사용하면 여러 명령어를 순차적으로 평가할 수 있습니다.

명령어1 && 명령어2와 같이 입력하면 **명령어1이 정상 종료하여 0이 반환된 경우에만 명령어2가
실행됩니다.**

다음 예에서는 -f 연산자로 보통 파일 file.txt의 존재를 확인하여 존재할 때만 cat 명령어가
실행됩니다. 여기서 보통 파일이란 디렉터리나 특수 파일이 아닌 일반 파일을 의미합니다.

⊙ 파일이 존재하면 cat 명령어를 실행

```
$ [ -f file.txt ] && cat file.txt
```

위와 같은 조건 처리는 if 문을 사용해서 작성할 수도 있지만 &&을 사용하는 것이 훨씬 간결
합니다.

한편 ||는 명령어1 || 명령어2 같이 사용합니다. 이때는 반대로 명령어1의 종료 상태가 0
이 아니면 명령어2가 실행됩니다. 즉, **명령어1이 정상 종료하지 않아야 명령어2가 실행됩니다.**

다음 예에서는 -f 연산자로 file.txt의 존재 여부를 확인하고 있습니다. 그래서 파일이 존재
하지 않아 종료 상태가 0이 아니면 touch 명령어로 파일을 만듭니다.

⊙ 파일이 존재하지 않으면 touch로 만들기

```
$ [ -f file.txt ] || touch file.txt
```

if에서 && 사용하기

if 문에서 &&를 사용하면 여러 명령어의 종료 상태가 전부 0이라는 AND 조건을 기술할 수 있습니다. 다음 스크립트는 test 명령어 두 개를 &&로 연결하여 셀 변수 int1이 3보다 크고 6보다 작으면 메시지를 출력합니다.

if-and.sh

```
#!/bin/bash

int1=$1
if [ "$int1" -gt 3 ] && [ "$int1" -lt 6 ]; then
    echo "int1 > 3 and int3 < 6"
fi
```

◉ 실행 예

```
$ ./if-and.sh 4
int1 > 3 and int3 < 6      ← 인자로 전달된 값이 3보다 크고 6보다 작은 경우
$ ./if-and.sh 2
$                          ← 그 외의 값이면 아무것도 출력되지 않음
```

if 문에는 test 명령어 이외에도 다른 명령어를 쓸 수 있어서 여러 패턴의 grep 명령어를 전부 만족하는 경우와 같은 조건을 지정할 수도 있습니다.

또한, if 문에서 ||를 사용하면 여러 명령어 중 하나의 종료 상태가 0인 경우와 같은 OR 조건을 지정할 수 있습니다. 다음 예는 셀 변수 str의 값이 home 혹은 usr이면 메시지를 줄력합니다.

if-or.sh

```
#!/bin/bash

str=$1
if [ "$str" = 'home' ] || [ "$str" = 'usr' ]; then
    echo "str = home or str = usr"
fi
```

● 실행 예

```
$ ./if-or.sh home
str = home or str = usr      ← 인자로 전달된 값이 home이나 usr인 경우
$ ./if-or.sh usr
str = home or str = usr
$ ./if-or.sh etc             ← 그 외의 경우에는 아무것도 출력되지 않음
$
```

셀 스크립트의 종료 상태

일반 명령어처럼 여러분이 작성한 셸 스크립트도 종료 상태를 반환할 수 있습니다.

특별히 지정하지 않으면 **셸 스크립트 중에서 마지막으로 실행한 명령어의 종료 상태가 해당 셸 스크립트의 종료 상태가 됩니다.**

그림 16-5 셸 스크립트의 종료 상태는 마지막으로 실행한 명령어의 종료 상태

```
$ ./exit-status.sh
```

exit-status.sh
```
#!/bin/bash


명령어 1
명령어 2
$? ─ 명령어 3
```

셸 스크립트의 마지막 명령어(여기서는 명령어 3)의 종료 상태가,
exit-status.sh의 종료 상태가 됨

명시적으로 종료 상태를 지정하고 싶다면 exit 명령어를 사용해야 합니다.

● 종료 상태 지정

```
exit <종료 상태>
```

exit 명령어를 실행하면 셸 스크립트가 종료하면서 지정한 종료 상태가 반환됩니다.

다음 예에서는 test 명령어와 -z 연산자로 인자 지정 여부에 따라 다른 종료 상태를 반환하

고 있습니다. 인자를 지정하지 않으면 종료 상태 1을 반환하고 종료합니다.

```bash
exit.sh

#!/bin/bash

if [ -z "$1" ]; then      ← 인자가 지정되지 않는 경우
    exit 1                ← 종료 상태를 1로 하고 종료
fi


ls "$1"
```

위 예에서는 인자를 지정하지 않으면 종료 상태 1로 종료합니다. 이렇게 종료 상태를 적절히 반환하면 **다른 프로그램에서 이 셸 스크립트를 호출했을 때 적절히 에러 처리를 할 수 있습니다.**

인자 값 없이 exit 명령어를 사용하면 셸 스크립트에서 마지막으로 실행한 명령어의 종료 상태가 반환됩니다. 다음 예에서는 exit 명령어로 아무것도 지정하지 않아서 그 전에 실행된 ls 명령어의 종료 상태가 exit에 의해 반환됩니다.

```bash
script-exit.sh

#!/bin/bash

date
ls
exit
```

연습 1

여기서는 인자로 지정한 파일이나 디렉터리의 개요를 출력하는 셸 스크립트 summary.sh를 만들어 보겠습니다. 구체적으로 다음과 같은 기능을 구현할 것입니다.

- 인자로 지정한 경로가 일반 파일인지 디렉터리인지 표시합니다.
- 디렉터리면 그 안의 파일 목록을 출력합니다.
- 일반 파일이라면 파일의 첫 5행을 출력합니다.

셸 스크립트는 다음과 같습니다.

summary.sh

```
#!/bin/bash

file=$1                    ← 커맨드 라인의 인자로부터 파일 경로를 취득

if [ -d "$file" ]; then     ← 디렉터리인 경우
    echo "$file is a directory:"
    ls "$file"
elif [ -f "$file" ]; then   ← 보통 파일인 경우
    echo "$file is a regular file:"
    head -n 5 "$file"
fi
```

이 셸 스크립트를 파일(/etc/passwd)과 디렉터리(/home)를 인자로 지정하여 실행해 보면 다음과 같습니다.

● 파일을 지정하여 summary.sh 실행

```
$ ./summary.sh /etc/passwd
/etc/passwd is a regular file:
root:x:0:0:root:/root:/bin/bash
daemon:x:1:1:daemon:/usr/sbin:/usr/sbin/nologin
bin:x:2:2:bin:/bin:/usr/sbin/nologin
sys:x:3:3:sys:/dev:/usr/sbin/nologin
sync:x:4:65534:sync:/bin:/bin/sync
```

● 디렉터리를 지정하여 summary.sh 실행

```
$ ./summary.sh /home
/home is a directory:
ldk  sumi
```

3 for 문

for는 공백이나 탭으로 구분된 **단어 리스트에 대해 반복 처리를 수행하는 구문입니다.** 다음과 같이 작성하면 리스트의 요소별로 do에서 done 사이에 입력된 처리가 실행됩니다.

● for 문 구조

```
for 변수 in 리스트
do
     반복 처리
done
```

변수에는 리스트의 각 요소의 값이 대입되며 반복 처리됩니다.

단순한 예로 동작을 살펴보겠습니다. 다음 셸 스크립트는 aaa, bbb, ccc라는 요소 세 개를 차례로 출력하고 있습니다.

for.sh

```
#!/bin/bash

for name in aaa bbb ccc
do
     echo $ name
done
```

위 셸 스크립트를 실행하면 다음과 같이 출력됩니다.

● for 실행 예

```
$ ./for.sh
Aaa
Bbb
ccc
```

리스트에 **경로 확장을 사용할 수도 있습니다.** 예를 들어 현재 디렉터리의 모든 html 파일에 대해 동일 처리를 수행하려면 *.html을 입력하면 됩니다.

다음은 현재 디렉터리 안의 모든 html 파일의 첫 번째 행을 출력하는 스크립트입니다. for 문에서 경로 확장을 사용하고 있습니다.

```
#!/bin/bash

for filename in *.html
do
    head -n 1 "$filename"
done
```

또한, **명령어 치환을 사용할 수도 있습니다.** 여기서는 seq라는 명령어를 사용해 보겠습니다.

◉ 수열 출력

```
seq <시작 숫자> <마지막 숫자>
```

◉ seq 명령어를 사용한 예

```
$ seq 1 5
1
2
3
4
5
```

seq 명령어를 for 문에서 사용할 수 있습니다. 다음은 1에서 5까지의 숫자를 이용해 0001. txt에서 0005.txt까지의 파일을 touch 명령어로 만듭니다.

for-touch.sh

```
#!/bin/bash

for i in $(seq 1 5)
```

```
do
    touch "000${i}.txt"
done
```

● 실행 예

```
$ ./for-touch.sh
$ ls -l
합계 82
-rw-rw-r-- 1 ldk ldk  0  5월 24 19:51 0001.txt
-rw-rw-r-- 1 ldk ldk  0  5월 24 19:51 0002.txt
-rw-rw-r-- 1 ldk ldk  0  5월 24 19:51 0003.txt
-rw-rw-r-- 1 ldk ldk  0  5월 24 19:51 0004.txt
-rw-rw-r-- 1 ldk ldk  0  5월 24 19:51 0005.txt
-rwxr--r-- 1 ldk ldk 65  5월 24 19:51 for-touch.sh
... 생략 ...
```

커맨드 라인 인자와 for

for 문의 리스트에 $@를 지정하면 모든 커맨드 라인 인자에 대해 동일한 처리를 수행할 수 있습니다.

다음 셸 스크립트는 for 문으로 커맨드 라인 인자를 처리합니다.

parameters.sh

```
#!/bin/bash

for parameter in "$@"
do
    echo "$parameter"
done
```

위 셸 스크립트를 실행하면 다음과 같이 모든 커맨드 라인 인자가 차례로 출력됩니다.

● 모든 커맨드 라인 인자를 차례로 출력

```
$ ./parameters.sh readme.txt 38 "Hello World"
readme.txt
38
Hello World
```

셸 스크립트에서는 for 문과 $@를 함께 사용하는 경우가 많아서 in 〈파일〉을 생략하면 자동으로 $@가 리스트로 지정됩니다. 즉, 다음 두 표현은 동일한 의미를 가집니다.

```
for parameter in "$@"
for parameter
```

하지만 코드의 가독성을 높이고 혼란을 방지하기 위해 생략하지 말고 전부 입력하는 것이 좋습니다.

연습 2

연습 1에서 작성한 summary.sh는 하나의 파일만 대상으로 동작하였습니다. for 문을 사용하여 여러 파일에 대해 동작하도록 수정해 보겠습니다.

summary.sh
```
#!/bin/bash

for file in "$@"
do
    if [ -d "$file" ]; then
        echo "$file is a directory:"
        ls "$file"
    elif [ -f "$file" ]; then
        echo "$file is a regular file:"
        head -n 5 "$file"
    fi
done
```

위 셸 스크립트를 사용하면 다음과 같이 파일 여러 개를 인자로 지정할 수 있습니다.

● 여러 파일을 지정하여 실행

```
$ ./summary.sh /home /etc/passwd
/home is a directory:           ← 첫 번째 파일에 대한 처리
ldk   sumi
/etc/passwd is a regular file:  ← 두 번째 파일에 대한 처리
root:x:0:0:root:/root:/bin/bash
daemon:x:1:1:daemon:/usr/sbin:/usr/sbin/nologin
bin:x:2:2:bin:/bin:/usr/sbin/nologin
sys:x:3:3:sys:/dev:/usr/sbin/nologin
sync:x:4:65534:sync:/bin:/bin/sync
```

 4 case 문

case는 지정한 문자열의 패턴에 따라 분기할 수 있는 제어 구조입니다.

case의 사용법은 다음과 같습니다. 패턴과 세미콜론 사이에 실행하고자 하는 처리를 작성합니다. 이때 패턴은 언제나)로 끝나야 합니다. 그리고 case 문의 마지막은 case를 거꾸로한 esac으로 끝납니다. 패턴 개수에는 제한이 없습니다.

● case 문의 구조

```
case <문자열> in
    <패턴 1>)
        처리 1
        ;;
    <패턴 2>)
        처리 2
        ;;

...
esac
```

case 문은 패턴을 차례로 확인하다 일치하는 패턴이 있으면 처리를 실행합니다. 어느 패턴에도 일치하지 않으면 아무것도 실행하지 않고 case 문을 벗어납니다.

다음 예에서는 인자로 지정한 파일이 .txt로 끝나면 less 명령어를, .sh로 끝나면 vim 명령어를, 둘 다 아니면 not supported file이라고 출력합니다. 첫 번째 인자를 담고 있는 위치 파라미터 $1을 case 문에서 지정하여 패턴 분기를 수행합니다.

```
#!/bin/bash

case "$1" in
    *.txt)
        less "$1"
        ;;
    *.sh)
        vim "$1"
        ;;
    *)
        echo "not supported file : $1"
        ;;
esac
```

이처럼 문자열에 대한 패턴 분기는 if 문보다는 case 문을 사용하는 것이 더 편리합니다.

그리고 case에서 패턴을 지정할 때 와일드카드를 지정할 수도 있습니다. *는 임의의 문자열을 의미하며 ?는 임의의 한 문자를 의미합니다. 위 예에서는 마지막 패턴으로 *를 지정했습니다. 여기서의 *는 빈 문자열을 포함하여 모든 문자열 패턴을 의미합니다. 따라서 **어떤 패턴에도 해당하지 않는 경우를 지정하기 위해 사용합니다.**

그 외에도 |를 사용하면 여러 패턴을 기술할 수도 있습니다. |로 기술한 여러 패턴 중 한 패턴에 일치하면 블록의 내용이 실행됩니다. 다음 예는 커맨드 라인 인자에 start과 stop 둘 중 하나가 지정되면 OK, 그 외에는 NG를 출력합니다.

```
case-exam.sh

#!/bin/bash

case "$1" in
    start | stop)     ← start 혹은 stop인 경우
        echo "OK"
        ;;
    *)                ← 그 외의 경우
        echo "NG"
        ;;
esac
```

 5 while 문

while 문은 **지정한 조건이 참일 동안에만 반복하여 처리를 실행하는 제어 구문입니다.**

◉ while 문의 구조

```
  while <명령어>
do
     반복 처리
done
```

while 뒤에는 명령어가 옵니다. if 문과 마찬가지로 명령어의 종료 상태가 0이면 do와 done 사이에 입력된 처리를 실행합니다. while 뒤에는 보통 if 문과 마찬가지로 test 명령어에 의한 조건식이 옵니다.

다음 예는 셸 변수 i의 값이 10 이하일 동안 i의 값을 출력하고 2를 더하는 동작을 반복하고 있습니다.

```
while.sh

#!/bin/bash

i=1
while [ "$i" -le 10 ]
do
    echo "$i"
    i=$((i + 2))
done
```

셸 스크립트를 실행하면 다음과 같이 10 이하의 홀수가 출력됩니다.

🔘 10 이하의 홀수가 출력

```
$ ./while.sh
1
3
5
7
9
```

위 코드에서는 $((i+2)) 같이 배시의 산술 연산자를 사용했습니다. 산술 연산자는 while과 함께 자주 사용되니 여기서 다루고 넘어가겠습니다.

산술 연산자

sh 기반의 셸 스크립트에서는 간단한 산술 연산에 대해서도 expr이라는 외부 명령어를 사용해야 합니다. 그래서 셸 변수 i에 2를 더하려면 다음과 같이 기술해야 합니다.

i=`expr $i + 2`

위와 같이 expr을 사용하면 매번 외부 명령어를 호출하기 때문에 처리 속도가 느려지고 가독성도 떨어집니다.

이에 반해 배시에서는 $(( ))를 사용하여 산술 연산을 쓸 수 있습니다. 이때 셸 변수에 추가로 $를 붙이지 않아도 됩니다. 다음은 몇 가지 사용 예입니다.

● 산술 연산자 사용 예

```
$ i=10                ← 셸 변수 i에 10 대입
$ echo $(( i + 1))    ← i에 1 더하기
11
$ echo $(( i / 2))    ← i를 2로 나누기
5
$ echo $(( i * 2))    ← i에 2를 곱하기
20
$ echo $(( i ** 2))   ← i의 2제곱
100
```

배시의 산술 연산자는 가독성이 좋고 처리 속도도 빠르므로 적극적으로 사용하는 것을 추천합니다.

16.7 셸 함수

셸 스크립트를 작성하다 보면 똑같은 처리를 여러 곳에서 중복하여 입력하는 경우가 생깁니다. 이때 중복되는 처리를 함수로 정의해 놓으면 코드가 훨씬 깔끔해집니다.

함수는 별명과 비슷하여 한번 정의해 두면 함수 이름만으로 정의한 처리를 수행할 수 있게 됩니다.

셸 함수는 다음과 같이 function이라는 키워드를 사용하여 정의합니다. function 뒤에 함수 이름을 쓰고 처리할 코드를 { } 안에 기술합니다.

● 셸 함수 정의

```
function <함수 이름> ()
{
    처리
}
```

function이나 ( ) 중 하나는 생략할 수 있습니다.

● 괄호를 생략하여 함수 정의

```
function <함수 이름>
{
    처리
}
```

● function을 생략하여 함수 정의

```
<함수 이름> ( ) {
    처리
}
```

세 방식 모두 동일한 효과를 가집니다. 이 책에서는 function 키워드를 생략한 마지막 방법을 사용하도록 하겠습니다. 이 방식이 일반적으로 가장 많이 사용됩니다.

셸 함수를 사용할 때는 다른 명령어를 호출하는 것과 비슷하게 함수 이름을 기술하면 됩니다. 다음 예에서는 homesize라는 셸 함수를 정의하고 호출하고 있습니다.

func-test.sh

```
#!/bin/bash

homesize ()
{
    date
```

```
    du -h~ | tail -n 1
}

homesize
```

셸 스크립트를 실행하면 정의한 homesize가 호출되어 결과적으로 현재 시간과 홈 디렉터리의 사용량이 출력됩니다.

◉ 실행 예

```
$ ./func-test.sh
2021. 05. 24. (월) 20:34:23 KST
12M     /home/ldk
```

코드에서 **셸 함수는 반드시 호출하기 전에 정의해야 합니다.** 다음과 같이 정의 전에 함수를 호출하면 에러가 발생합니다.

```
#!/bin/bash

homesize      ← 아직 정의되지 않은 함수를 호출하여 에러가 됨

homesize ()
{
    Date
    du -h~ | tail -n 1
}
```

 셸 함수 안에서의 위치 파라미터

셸 함수 안에서도 위치 파라미터 $1, $2...를 사용할 수 있습니다. 이때 위치 파라미터에는 커맨드 라인의 인자가 아니라 함수의 인자 값이 대입됩니다.

다음 셸 스크립트를 통해 동작을 확인해 보겠습니다.

func-parameters.sh

```bash
#!/bin/bash

print_ parameters ()
{
    echo "\$1 = $1"
    echo "\$2 = $2"
    echo "\$3 = $3"
    echo "\$4 = $4"
    echo
    echo "$# arguments"
    echo "script name = $0"
}


print_ parameters aaa bbb ccc     ← 셸 함수에 인자를 지정하여 실행
```

위 셸 스크립트를 실행하면 다음과 같이 출력됩니다.

● 실행 예

```
$ ./func_ parameters.sh
$1 = aaa
$2 = bbb
$3 = ccc
$4 =

3 arguments
script name = ./func_ parameters. sh
```

실행 결과를 보면 커맨드 라인에 아무것도 지정하지 않았지만 함수를 호출할 때 지정한 인자 값이 위치 파라미터에 대입되어 있는 것을 알 수 있습니다.

그림 16-6 셀 함수 안에서의 위치 파라미터

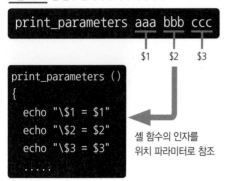

이처럼 **셀 함수 안에서는 함수를 호출할 때 인자가 위치 파라미터에 대입됩니다.** $0에는 함수 이름이 아니라 여전히 셀 스크립트의 이름이 들어 있습니다. 따라서 $0는 위치 파라미터가 아니라 특수 파라미터에 해당합니다.

2 셀 함수의 종료 상태

셀 함수도 종료 상태를 반환합니다. **보통 셀 함수 안에서 마지막으로 실행한 명령어의 종료 상태가 셀 함수의 종료 상태가 됩니다.**

명시적으로 종료 상태의 값을 반환하려면 return 명령어를 사용해야 합니다.

◉ 셀 함수 종료 및 상태 반환

```
return 〈종료 상태〉
```

셀 함수 안에서 return 명령어가 실행되면 셀 함수의 처리가 종료되고 호출한 곳으로 실행 흐름이 돌아갑니다.

다음 예에서 함수 checkparam은 호출할 때 인자를 지정하지 않으면 종료 상태 1을 반환합니다. 이 셀 함수를 호출한 뒤에 $?로 종료 상태를 확인하면 함수가 반환한 종료 상태를 확인할 수 있습니다.

```
checkparam ()
{
    if [ -z "$1" ]; then
        return 1
    fi

    ls "$1"
}
```

마무리 이 장에서는 셸 스크립트의 기본 문법을 전반적으로 살펴봤습니다. 다음 장에서는 이 장에서 배운 내용을 응용하여 좀 더 실용적인 셸 스크립트를 만들어 보겠습니다.

## 17장

셸 스크립트
활용하기

이전 장에서는 셸 스크립트의 기본 문법을 살펴봤습니다. 이 장에서는 좀 더 유용한 셸 스크립트를 만들어 보겠습니다. 또한, 문제를 제시하고 셸 스크립트를 통해 해결하는 과정을 살펴보겠습니다.

이 장을 학습하고 나면 여러분도 자기 자신만의 유용한 셸 스크립트를 직접 만들 수 있을 것입니다.

셸 스크립트는 다양한 상황에서 무척 유용한 도구입니다. 특히 기존 명령어를 조합하여 새로운 명령어를 만들 수 있다는 큰 장점이 있습니다.

파이프라인과 리다이렉션 같은 셸의 기능과 셸 스크립트를 조합하면 다양한 문제를 해결할 수 있습니다. 특히 리눅스의 다양한 필터를 조합하여 문제를 해결하는 것이 셸 스크립트의 철학입니다.

작성한 셸 스크립트는 하나의 명령어로서 다른 셸 스크립트에서 사용할 수 있습니다. 실제 셸 스크립트로 작성된 명령어가 제법 있습니다. 파일 형식을 출력하는 `file` 명령어를 사용하면 셸 스크립트로 작성된 명령어 목록을 확인할 수 있습니다.

◉ 셸 스크립트로 작성된 명령어 확인

```
$ file /usr/bin/* | grep 'shell script'
... 생략 ...
/usr/bin/gunzip:            POSIX shell script, ASCII text executable
/usr/bin/gvfs-cat:          POSIX shell script, ASCII text executable
/usr/bin/gvfs-copy:         POSIX shell script, ASCII text executable
/usr/bin/gvfs-info:         POSIX shell script, ASCII text executable
/usr/bin/gvfs-less:         POSIX shell script, ASCII text executable
/usr/bin/gvfs-ls:           POSIX shell script, ASCII text executable
/usr/bin/gvfs-mime:         POSIX shell script, ASCII text executable
/usr/bin/gvfs-mkdir:        POSIX shell script, ASCII text executable
... 생략 ...
```

이처럼 /usr/bin에 있는 명령어 중에는 셸 스크립트로 작성된 명령어가 제법 있습니다. 7장에서 알아본 Vim의 튜토리얼 명령어인 `vimtutor`도 그중 하나입니다. 셸 스크립트로 작성된 명령어는 `less` 명령어로 그 코드를 확인할 수 있습니다.

1 셸 스크립트의 결점

하지만 셸 스크립트에는 단점도 있습니다. 다음과 같은 상황에서는 셸 스크립트를 사용하지 않는 것이 좋습니다.

대규모 시스템

셸 스크립트에서는 변수 타입이 없으며, 객체 지향 프로그래밍이 불가능해서 여러 명이 참여하는 대규모 개발에는 적합하지 않습니다. 또한, 셸 스크립트를 위한 통합 개발 환경(IDE)의 지원도 부족한 편입니다. 따라서 셸 스크립트는 대규모 시스템에 적합하지 않습니다.

고성능이 필요한 처리

셸 스크립트는 기본적으로 한 행씩 명령어를 실행합니다. 즉, 자식 프로세스를 생성하는 처리(fork)가 동반됩니다. 따라서 다른 스크립트 언어에 비해 속도가 느린 편입니다. 실행 속도가 중요하다면 펄이나 루비 같은 스크립트 언어를 사용하는 것이 좋습니다.

17.2 연습 1: 일기 작성 셸 스크립트 만들기   LINUX FOR EVERYONE

먼저 비교적 간단한 셸 스크립트를 작성해 보겠습니다. 바로 일기를 작성하는 셸 스크립트입니다.

다음 셸 스크립트는 2021-04-25.txt처럼 현재 날짜로 파일 이름을 만들어 Vim을 실행합니다.

diary.sh

```
#!/bin/bash

vim $(date '+%Y-%m-%d').txt
```

이 셸 스크립트를 실행하면 명령어 치환에 의해 date가 실행되어 그 출력 결과(2021-04-25)로 파일 이름을 만들어 Vim을 실행합니다.

위 스크립트는 고작 한 행에 불과하지만 매번 오늘 날짜를 확인하여 입력하는 수고를 덜어줄 뿐만 아니라 실수로 다른 날짜를 입력할 염려도 없습니다. 이것이 바로 셸 스크립트의 자동화 이점입니다.

하지만 위 코드는 일기 파일을 현재 디렉터리에 만듭니다. 이번에는 일기를 모아 두는 전용 디렉터리를 지정해 보겠습니다.

diary.sh

```
#!/bin/bash

# 일기 데이터 보존 디렉터리
directory ="${HOME}/diary"

# 디렉터리가 없으면 생성
if [ ! -d "$directory" ]; then
    mkdir "$directory"
fi

vim "${directory}/$(date '+%Y-%m-%d').txt"
```

홈 디렉터리 아래에 있는 diary라는 디렉터리에 일기 파일이 저장되도록 수정하였습니다. -d 연산자와 ! 연산자(NOT 연산자)를 조합하여 디렉터리가 없으면 생성하는 코드도 추가하였습니다.

이것으로 자동으로 특정 디렉터리에 일기가 저장됩니다. 여기서 한 걸음 더 나아가 그날 처음으로 일기 파일을 열었을 때는 파일의 첫 부분에 날짜를 기록해 보겠습니다.

```
diary.sh
```

```bash
#!/bin/bash

# 일기 데이터 보존 디렉터리
directory ="${HOME}/diary"

# 디렉터리가 없으면 생성
if [ ! -d "$directory" ]; then
    mkdir "$directory"
fi

# 일기 파일의 경로
diaryfile="${directory}/$(date '+%Y-%m-%d').txt"

# 일기 파일이 없으면 날짜 정보를 삽입
if [ ! -e "$diaryfile" ]; then
    date '+%Y/%m/%d' > "$diaryfile"
fi

vim "$diaryfile"
```

이제 일기의 첫 부분에 자동으로 날짜가 삽입됩니다. 이처럼 매번 수행하는 작업을 셸 스크립트로 자동화하면 반복되는 수작업을 줄일 수 있습니다.

17.3 연습 2: 파일 목록 출력하기   LINUX FOR EVERYONE

이번에는 지정한 디렉터리의 모든 파일과 디렉터리를 출력하는 셸 스크립트를 만들어 보겠습니다. 예를 들어 ~를 지정하면 홈 디렉터리의 모든 파일과 서브 디렉터리를 출력하는 스크립트입니다.

find 명령어로도 모든 파일과 디렉터리를 출력할 수 있지만, 여기서 만들 셸 스크립트(tree. sh)는 다음과 같이 들여쓰기하여 좀 더 보기 좋게 출력할 것입니다.

```
$ ./tree.sh ~
ldk
    diary
        2015-01-14.txt
        2015-01-15.txt
    scripts
        diary.sh
        summary.sh
        tree.sh
```

이러한 셸 스크립트가 있다면 디렉터리의 구조를 파악하는 데 도움이 될 것입니다.

 첫 걸음

셸 스크립트를 만들 때는 먼저 작고 간단한 기능부터 만드는 것이 좋습니다. 처음부터 복잡하고 어려운 기능을 모두 다 구현하려기보다는 쉽고 간단한 기능부터 만드는 것입니다. 여기서는 지정한 파일의 이름을 출력하는 것부터 시작해 보겠습니다.

파일 17-4 파일 목록 출력하는 셸 스크립트(tree.sh)

```
#!/bin/bash

list_recursive()
{
    local filepath=$1

    echo "$filepath"
```

```
    if [ -d "$filepath" ]; then
        # 디렉터리면 그 안에 포함된 파일이나 디렉터리 목록을 출력    ─①

    fi
}


list_recursive "$1"
```

위 코드에서는 파일 목록을 출력하는 list_recursive라는 함수를 정의하였습니다. 그리고
커맨드 라인의 첫 번째 인자를 그대로 list_recursive 함수에 전달하여 filepath라는 로
컬 변수에 대입하고 있습니다.

전달받은 인자가 디렉터리인 경우에 대해서는 ①에 일단 주석만 기록해 두었습니다. 이렇게
전체적인 흐름을 먼저 작성한 뒤 조금씩 코드를 구현해 나가는 것도 좋은 접근 방법입니다.
①의 내용을 구현하기 전에 먼저 셸 함수에서의 변수 유효 범위를 알아보도록 하겠습니다.

 ## local: 변수의 유효 범위

앞선 예에서 list_recursive 함수의 첫 부분에 다음과 같은 코드가 있었습니다.

local filepath=$1

이는 셸 변수 filepath를 로컬 변수로 선언하는 코드입니다.

셸 스크립트에서는 한번 선언한 변수를 함수 안팎에서 대입하거나 참조할 수 있습니다. 그
래서 **함수 내부에서 변숫값을 바꾼 것이 의도치 않게 함수의 외부에 영향을 미칠 수 있습니다.**

다음 예를 보면 message라는 변숫값을 셸 함수 func1 안에서 바꾸고 있습니다.

```
globalvar.sh

#!/bin/bash


func1()
{
    echo "func1: message = $message"
    message="Guten tag"     ← 함수 안에서 변숫값을 변경
}


message="Hello"
echo "main(1st): message = $message"
func1
echo "main(2nd): message = $message"
```

위 셸 스크립트를 실행하면 다음과 같이 출력됩니다.

● 셸 함수 내에서 변숫값을 바꾼 경우

```
$ ./globalvar.sh
main(1st): message = Hello
func1: message = Hello
main(2nd): message = Guten tag     ← 변숫값이 바뀌어 있음
```

위 결과를 보면 함수 밖에서 정의된 셸 변숫값을 함수 내에서 참조할 수 있음을 알 수 있습니다. 또한, 함수 안에서 message의 값을 바꾸면 함수 밖에서도 바뀝니다.

이처럼 스크립트 파일 전체에서 유효한 변수를 글로벌 변수라고 합니다. 글로벌 변수는 한 번 값을 잘못 대입되면 그에 대한 부작용의 범위가 광범위하여 되도록 사용하지 않아야 합니다.

변수의 유효 범위는 함수 내로 제한할 수 있습니다. 이러한 변수를 로컬 변수라고 하며 변수 앞에 local이라는 키워드를 붙여서 선언합니다. 다음 예에서는 셸 함수 func1 내에서 변수 message를 로컬 변수로 선언합니다.

localvar.sh

```
#!/bin/bash


func1()
{
    echo "func1: message = $message"
    local message="Guten tag"      ← message는 로컬 변수임
}


message="Hello"
echo "main(1st): message = $message"
func1
echo "main(2nd): message = $message"
```

위 셸 스크립트를 실행하면 다음과 같이 출력됩니다.

● 함수 내에서 로컬 변숫값을 바꾼 경우

```
$ ./locallvar.sh
main(1st): message = Hello
func1: message = Hello
main(2st): message = Hello
```

함수 안에서 message라는 변숫값을 바꾸었지만 이것이 함수 바깥에 있는 변수에는 영향을 미치지 않았습니다. 따라서 전부 Hello가 출력되었습니다.

함수 안에서 로컬 변수가 아닌 글로벌 변수를 사용하다 보면 의도치 않게 동작하는 코드를 작성할 가능성이 높아집니다. 따라서 함수 안에서는 언제나 로컬 변수를 선언해서 사용해야 합니다. 이는 셸 스크립트뿐만 아니라 일반적인 프로그래밍 언어에서도 반드시 지켜야 하는 철칙에 해당합니다.

재귀 호출: 자기 자신 호출하기

변수의 유효 범위와 로컬 변수를 알아봤습니다. 그러면 다시 작성 중이던 셸 스크립트 tree.sh로 돌아오겠습니다. 여기서는 인자로 디렉터리를 전달받은 경우의 처리를 생각해 보겠습니다.

인자가 디렉터리라면 먼저 해당 디렉터리 내의 파일 목록을 취득해야 합니다. for 문과 명령어 치환 기능을 사용하여 각 파일을 출력하는 코드를 tree.sh의 ❶ 부분에 추가하면 다음과 같이 됩니다.

```
tree.sh

... 생략 ...

# 디렉터리인 경우의 처리
if [ -d "$filepath" ]; then
    local fname
    for fname in $(ls "$filepath")
    do
        # 디렉터리 내 파일 출력
        echo "${filepath}/${fname}"      ❷
    done
fi

... 생략 ...
```

이것으로 완성되었을까요? 아닙니다. 디렉터리 안에는 또 다른 디렉터리가 있을 수 있습니다. 따라서 디렉터리를 계속해서 타고 들어가야 합니다.

그림 17-1 디렉터리 안에 디렉터리가 있는 경우

가장 깊이가 깊은 디렉터리까지
처리를 반복

이를 위해 디렉터리 아래에서 또 다른 디렉터리가 나온 경우에는 list_recursive 함수를
호출합니다.

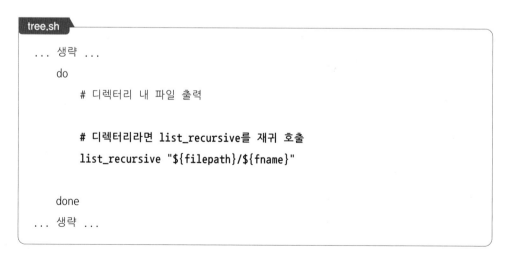

tree.sh

```
... 생략 ...
    do
        # 디렉터리 내 파일 출력


        # 디렉터리라면 list_recursive를 재귀 호출
        list_recursive "${filepath}/${fname}"


    done
... 생략 ...
```

이처럼 **함수 안에서 자기 자신을 호출하는 것을 재귀 호출이라고 합니다.** 프로그래밍에 익숙하지 않은 사람이라면 다소 어려울 수 있지만 프로그래밍의 기본에 해당하므로 익숙해지는 것이 좋습니다.

<u>그림 17-2</u> 재귀 호출

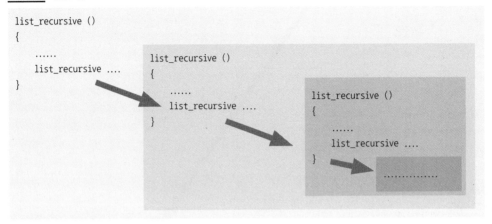

여기까지의 구현으로 지정한 디렉터리 안의 모든 파일과 디렉터리를 출력하는 코드가 완료되었습니다.

◉ 파일 목록을 전부 출력하는 기능 완료

```
$ ./tree.sh /home
/home/ldk
/home/ldk/diary
/home/ldk/diary/2015-01-14.txt
/home/ldk/diary/2015-01-15.txt
/home/ldk/scripts
/home/ldk/scripts/diary.sh
/home/ldk/scripts/summary.sh
/home/ldk/scripts/tree.sh
```

하지만 아직 각 파일이 절대 경로로 출력되며 들여쓰기도 되어 있지 않습니다. 이어서 이 문제를 해결해 보겠습니다.

4 절대 경로에서 파일 이름 추출하기

절대 경로에서 파일 이름만 추출하는 코드를 작성해 보겠습니다. 예를 들어 /home/ldk/
scripts/diary.sh에서 diary.sh를 추출하는 코드입니다.

여러 가지 방법이 있지만 여기서는 셸의 파라미터 확장을 이용해 보겠습니다.

◉ 파라미터 확장으로 경로를 삭제

```
$ filepath=/home/ldk/scripts/diary.sh
$ echo "${filepath##*/}"
diary.sh
```

위 코드에서는 배시의 파라미터 확장 기능을 사용하여 패턴에 해당하는 부분을 제거하였습
니다. 사용법은 다음과 같습니다.

◉ 패턴에 일치하는 부분을 제거

```
${변수명##패턴}
```

이때 패턴에 일치하는 문자열 중 가장 긴 문자열이 제거됩니다. */라는 패턴에 일치하는 문자
열이 여러 개일 때 가장 긴 문자열을 최장 일치, 가장 짧은 문자열을 최단 일치라고 합니다.

그림 17-3 최장 일치, 최단 일치

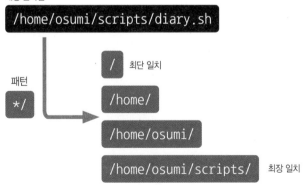

위 예에서는 변수명으로 filepath를 지정했고 패턴으로 */를 지정했습니다. */는 임의의 문자열 뒤에 /가 오는 패턴을 의미합니다. 결과적으로 절대 경로에서 파일 이름을 제외한 앞 부분의 문자열이 지워집니다.

이외에 파라미터 확장으로 지정 가능한 표기법을 표 17-1에 정리했습니다. 더 자세한 사용 법은 배시의 매뉴얼을 참고하기 바랍니다.

표 17-1 배시 파라미터 전개

표기법	의미
${변수명#패턴}	전방 최단 매치로 패턴에 일치하는 부분 제거
${변수명##패턴}	전방 최장 매치로 패턴에 일치하는 부분 제거
${변수명%패턴}	후방 최단 매치로 패턴에 일치하는 부분 제거
${변수명%%패턴}	후방 최장 매치로 패턴에 일치하는 부분 제거

 5 들여쓰기

마지막으로 출력 결과에 들여쓰기를 적용해 보겠습니다.

다음 셸 스크립트 tree.sh는 list_recursive 함수의 두 번째 인자로 들여쓰기를 위한 공백 문자를 전달받아 파일 이름 앞에 출력하도록 수정한 코드입니다. ❹에서는 파라미터 확장인 ${filepath##*/}로 전체 경로에서 파일 이름만 추출하고 있습니다.

```
tree.sh

#!/bin/bash


list_recursive ()
{
    local filepath=$1 ┐
                      ├─ ❸
    local indent=$2   ┘


    # 들여쓰기를 적용하고 파일 이름만 추출하여 출력 ┐
                                              ├─ ❹
    echo "${indent}${filepath##*/}"
```

```
    if [ -d "$filepath" ]; then
        local fname
        for fname in $(ls $filepath")
        do


            # 들여쓰기를 위한 공백을 추가하여 재귀 호출
            list_recursive "${filepath}/${fname}" "  $indent"
        done
    fi
}


list_recursive "$1" ""
```

새롭게 추가한 indent라는 셸 변수(❸)를 주목하세요. list_recursive 함수를 재귀 호출하면 들여쓰기 문자열의 앞부분에 공백이 두 개 추가됩니다(❺). 따라서 디렉터리를 타고 들어갈수록 들여쓰기도 깊어지게 됩니다.

위 셸 스크립트를 실행하면 다음과 같이 요구 사항에 부합하는 결과를 출력합니다.

● 지정한 디렉터리 아래의 모든 파일 목록 출력

```
$ ./tree.sh ~
ldk
    diary
        2015-01-14.txt
        2015-01-15.txt
    scripts
        diary.sh
        summary.sh
        tree.sh
```

IFS: 내부 필드 구분 문자

앞서 구현한 셸 스크립트는 이름에 공백을 포함하는 파일이 있으면 문제가 됩니다.

예를 들어 ~/text 디렉터리 안에 space file.txt라는 이름의 파일이 있다고 해보겠습니다. ls 명령어에 -1 옵션을 지정하여 실행하면 다음과 같이 출력됩니다.

⊙ 파일 이름에 공백이 포함된 경우

```
$ ls -1 ~/text
list.txt
space file.txt
work.txt
```

그런데 우리가 작성한 tree.sh를 실행하면 다음과 같이 표시됩니다.

⊙ 공백을 포함한 파일의 경우 두 행으로 출력됨

```
$ ./tree.sh ~/text
text
    list.txt
    space
    file.txt
    work.txt
```

이는 배시가 **공백을 기준으로 단어를 구분하기 때문입니다.** 배시에는 IFS(Internal Field Separater, 내부 필드 구분 문자)라는 환경 변수가 있어 단어를 구분할 때 사용될 문자가 저장되어 있습니다. IFS의 기본값은 공백, 탭, 개행 세 가지입니다.

배시에서 커맨드 라인 인자나 for 문의 요소를 다룰 때는 **IFS 변수에 저장된 문자를 기준으로 단어를 구분합니다.** 그래서 공백을 포함한 파일이 두 개로 분할된 것입니다.

그림 17-4 파일 이름에 공백이 있으면 요수 두 개로 취급됨

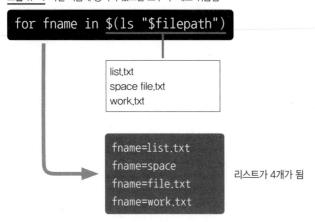

이러한 문제가 발생하지 않도록 하려면 **IFS의 값에서 공백을 없애는 방법이 자주 사용됩니다.** 여기서는 ❻과 같이 for 문 전에 IFS에 개행만 설정해 보겠습니다.

❻은 얼핏 오타로 보이지만 오타가 아닙니다. **작은따옴표 안에 개행을 입력하여 IFS에 설정한 것입니다.**

이것이 보기 좋지 않다면 다음과 같이 $'\n' 같이 입력하는 방법도 있습니다.

IFS=$'\n'

이렇게 설정하면 공백이 포함된 파일도 파일 하나로 취급됩니다.

● 공백을 포함하는 파일에 대해 실행

```
$ ./tree.sh ~/text
text
    list.txt
    space file.txt
    work.txt
```

IFS 백업

IFS 값을 바꾸면 이후 실행하는 다른 명령어에도 영향을 미칩니다. 따라서 환경 변수의 값을 바꾸기 전에 기존 값을 백업해 두고 처리가 끝난 뒤에 원래의 값으로 돌려놓는 것이 좋습니다.

IFS의 값을 백업한 뒤 처리 뒤에 복원

```
 _IFS=$IFS       # IFS의 값 백업
 IFS=$'\n'       # IFS에 개행만 설정


 ...(처리)...    # 필요한 처리 수행


 IFS=$_IFS       # IFS의 값 복원
```

그리고 IFS에 설정된 값을 확인하는 방법은 다음과 같습니다. 문자 코드를 출력하는 od 명령어에 문자의 이름을 출력하는 -a 옵션을 지정하면 됩니다.

● IFS 값을 확인

```
$ echo -n "$IFS" | od -a
0000000 sp ht nl
0000003
```

위 예에서는 echo 명령어에 -n 옵션을 지정하여 개행이 출력되지 않게 했습니다. 그 결과 IFS에는 sp(공백), ht(탭), nl(개행) 등 3개의 문자가 설정된 것을 알 수 있습니다.

ls 명령어 출력 결과의 공백과 개행

tree.sh에 ls를 실행하는 코드에서 무언가 이상함을 느꼈을지도 모르겠습니다. 이 절에서는 ls 명령어의 출력 형식을 설명하겠습니다.

보통 ls 명령어를 실행하면 터미널의 폭에 맞춰 적당히 개행되어 파일 목록이 출력됩니다.

● ls 명령어의 출력 결과는 공백과 개행으로 분리되어 출력됨

```
$ ls
gdk-pixbuf-csource          mcookie       setterm       zipgrep
gdk-pixbuf-pixdata          mcopy         setupcon      zipinfo
gdk-pixbuf-thumbnailer      md5sum        setxkbmap     zipnote
```

즉, ls의 출력에서는 공백과 개행으로 구분되어 파일이 출력됩니다. 이때 개행만으로 구분하여 출력하려면 -1 옵션을 지정합니다.

● ls 명령어로 한 행에 한 파일을 출력

```
$ ls -1
gdk-pixbuf-csource
mcookie
setterm
zipgrep
gdk-pixbuf-pixdata
... 생략 ...
```

하지만 앞서 우리가 작성한 tree.sh에서는 ls 명령어를 사용할 때 -1 옵션을 사용하지 않았습니다. 그래도 문제없이 동작했는데 그 이유는 무엇일까요?

결론부터 말하자면 **ls는 어디에 출력하는지에 따라 자동으로 출력 형식이 바뀌도록 구현되어 있습니다.** 그래서 리다이렉션하거나 명령어 치환으로 사용할 때는 -1 옵션을 붙이지 않아도 한 행에 한 파일만 출력합니다.

◉ ls의 결과를 리다이렉션하면 한 행에 한 파일만 출력된다

```
$ ls > filelist.txt
$ cat filelist.txt
gdk-pixbuf-csource
mcookie
setterm
zipgrep
gdk-pixbuf-pixdata
... 생략 ...
```

따라서 tree.sh에서 ls를 사용할 때 -1을 지정하지 않아도 잘 동작합니다.

17.4 연습 3: 검색 명령어 만들기   *LINUX FOR EVERYONE*

이번에는 많은 파일 속에서 특정 문자열을 검색하는 명령어를 만들어 보겠습니다. 이 명령어는 다음과 같이 '검색 패턴, 검색 시작 디렉터리, 대상 파일 패턴'을 지정하면 대상 파일에서 지정 문자열 패턴을 검색하는 셸 스크립트입니다.

```
$ findgrep.sh ldk . '*.txt'
./doc/list.txt:38:ldk
./doc/memo.txt:7:ldk,sumi
./README.txt:103:[sumi]
```

이 셸 스크립트를 작성하기 전에 먼저 xargs라는 명령어를 알아보겠습니다.

1 xargs 명령어: 표준 입력으로부터 커맨드 라인을 만들어 실행

xargs는 많은 파일에 대해 일괄 처리를 실행하기 위해 자주 사용하는 명령어입니다. 주로

400

find 명령어와 함께 사용되어서 여기서도 find와 함께 사용하는 방법을 예로 설명하겠습니다.

xargs는 지금까지 소개해한 명령어와 조금 다르게 표준 입력으로 인자의 리스트를 받습니다. xargs는 xargs ⟨실행하고 싶은 명령어⟩ 같은 형식으로 실행하며 여기서 ⟨실행하고 싶은 명령어⟩가 표준 입력으로 전달받은 리스트를 인자로 실행됩니다.

그림 17-5 xargs 명령어의 동작

다음과 같이 find 명령어로 파일 목록을 출력해 보겠습니다.

◉ find 명령을 실행하여 txt 파일 목록이 출력됨

```
$ find . -type f -name '*.txt'
./doc/list.txt
./doc/memo.txt
./README.txt
```

여기서 출력된 파일에 대해 ls로 상세 정보를 확인하려면 xargs에 ls -l을 지정하면 됩니다.

◉ find 명령으로 출력된 파일 리스트에 대해 ls -l을 실행

```
$ find . -type f -name '*.txt' | xargs ls -l
```

그러면 xargs 명령어에 의해 다음과 같이 조합되어 커맨드 라인이 실행됩니다.

```
ls -l ./doc/list.txt  ./doc/memo.txt ./README.txt
```

이는 ls 명령에 파일 세 개를 인자로 지정한 경우에 해당합니다. 결과적으로 다음과 같이 파일에 대한 상세 정보가 출력되었습니다.

```
$ find . -type f -name '*.txt' | xargs ls -l
-rw-rw-r-- 1 ldk ldk 0  5월 25 09:40 ./README.txt
-rw-rw-r-- 1 ldk ldk 0  5월 25 09:39 ./doc/list.txt
-rw-rw-r-- 1 ldk ldk 0  5월 25 09:40 ./doc/memo.txt
```

이처럼 **find** 명령과 **xargs**를 함께 사용하면 서브 디렉터리 안의 파일을 포함한 모든 파일에 대해 임의의 명령어(여기서는 **ls**)를 실행할 수 있습니다.

xargs와 grep을 사용

xargs와 find를 잘 조합하면 무척 다양한 처리를 수행할 수 있습니다. 그중에서도 자주 사용되는 방법이 grep 명령어와 조합하여 많은 파일에서 문자열을 검색하는 것입니다.

먼저 grep 명령어의 동작을 복습해 보겠습니다. grep은 인자로 파일 하나만 지정하면 단순히 검색된 행만을 보여줍니다.

```
$ grep ldk list.txt
003,ldk
```

그리고 grep에 복수 개의 파일을 인자로 지정하면 **파일 이름에 이어 검색된 행이 출력됩니다.**

● grep을 실행할 때 복수 개의 파일을 지정하면 검색 결과에 파일 이름이 출력됨

```
$ grep ldk ./doc/list.txt ./doc/memo.txt
./doc/list.txt:003,ldk        ← list.txt에서 검색됨
./doc/memo.txt:ldk, sumi      ← memo.txt에서 검색됨
```

그러면 xargs과 grep 명령어를 조합하여 사용해 보겠습니다.

다음 예에서는 현재 디렉터리 아래의 모든 파일에서 ldk라는 문자열을 검색하고 있습니다. 여러 파일이 지정되어서 검색 결과에는 파일 이름이 함께 표시됩니다.

● 현재 디렉터리 아래의 모든 파일에 대해 grep을 실행

```
$ find . -type f | xargs grep ldk
./doc/list.txt:003,ldk
./doc/memo.txt:ldk,sumi
./README.txt:[Updated] 20150131 by ldk.
```

이는 검색하고 싶은 문자열이 어떤 파일에 있을지 모를 때 편리합니다. 이를 findgrep.sh라는 이름의 셸 스크립트로 만들어 보면 다음과 같습니다.

findgrep.sh

```
#!/bin/bash

pattern=$1
find . -type f | xargs grep "$pattern"
```

위 셸 스크립트는 다음과 같이 검색 패턴을 인자로 지정하면 현재 디렉터리 아래의 모든 파일에서 검색합니다.

● 현재 디렉터리에서 ldk를 검색

```
$ ./findgrep.sh ldk
./doc/list.txt:003,ldk
./doc/memo.txt:ldk,sumi
./README.txt:[Updated] 20150131 by ldk.
```

여기서 조금 더 개선해 보겠습니다.

먼저 검색 결과가 파일의 몇 번째 행에서 발견되었는지 출력하기 위해 grep에 -n 옵션을 추가하겠습니다. grep에 -n 옵션을 추가하면 다음과 같이 발견된 위치를 함께 출력합니다.

● 검색된 행 번호를 출력

```
$ grep -n ldk ./doc/*.txt
./doc/list.txt:3:003,ldk      ←  list.txt의 3번째 행에서 발견
./doc/memo.txt:20:ldk,sumi    ←  memo.txt의 20번째 행에서 발견
```

그리고 findgrep.sh는 find의 검색 결과가 한 개이면 파일 이름이 출력되지 않는다는 문제점이 있습니다. 이를 위해 grep에 -H 옵션을 추가하면 지정한 파일이 하나일 때도 grep이 다음과 같이 파일 이름을 함께 출력합니다.

● 인자로 파일을 하나만 지정해도 결과에 파일 이름을 출력

```
$ grep -H ldk list.txt
list.txt:003,ldk
```

위 개선점을 코드에 적용하면 다음과 같습니다.

findgrep.sh
```
#!/bin/bash

pattern=$1
find . -type f | xargs grep -nH "$pattern"
```

 ## 2 좀 더 실용적으로

지금까지 작성한 findgrep.sh를 좀 더 개선해 보겠습니다.

먼저 find 명령어로 찾을 시작 디렉터리를 지정하겠습니다. 그러면 다음과 같이 실행할 수 있습니다.

```
$ ./findgrep.sh osumi ~/work/myapp
```

그리고 이를 위해 위치 파라미터 $2를 사용할 것입니다. 만약 두 번째 인자가 지정되지 않으

면 현재 디렉터리에서 검색하겠습니다. 즉, 필요할 때만 검색할 디렉터리를 지정하여 사용할 수 있게 만드는 것입니다.

findgrep.sh

```bash
#!/bin/bash

pattern=$1
directory=$2

#두 번째 인자가 빈 문자열이면 기본값으로 현재 디렉터리를 설정
if [ -z "$directory" ]; then
    directory='.'
fi

find "$directory" -type f | xargs grep -nH "$pattern"
```

이어서 이번에는 검색할 파일 패턴을 지정할 수 있게 해보겠습니다. 이를테면 .txt 패턴에 해당하는 파일을 지정할 수 있도록 하는 것입니다. 다음과 같이 세 번째 인자로 파일 패턴을 지정하게 할 것입니다.

⊙ 세 번째 인자로 검색할 파일의 패턴을 지정

```
$ ./findgrep.sh ldk . '*.txt'
```

세 번째 인자를 지정하지 않으면 모든 파일에 대해 검색하도록 '*'을 변수 name에 대입합니다.

findgrep.sh

```bash
#!/bin/bash

pattern=$1
directory=$2
name=$3

```

```bash
# 두 번째 인자가 빈 문자열이면 기본값으로 현재 디렉터리를 설정
if [ -z "$directory" ]; then
    directory='.'
fi

# 세 번째 인자가 빈 문자열이면 기본값으로 '*' 설정
if [ -z "$name" ]; then
    name='*'
fi

find "$directory" -type f -name "$name" | xargs grep -nH "$pattern"
```

③ 도움말 표시

기능을 추가하다 보니 인자 세 개를 지정하게 되어 다소 사용법이 복잡해졌습니다.

셸 스크립트를 만든 직후에는 사용법을 잘 알고 있겠지만, 시간이 지나면 본인이 만든 코드임에도 어떻게 사용했는지 기억나지 않을 수 있습니다. 또한, 여러분이 작성한 셸 스크립트를 다른 사람에게 공유하는 상황도 고려하여 도움말을 제공하는 것이 좋습니다.

일반적인 리눅스 명령어에 --help 옵션을 지정하면 도움말이 출력됩니다. 여기서는 간단하게 아무런 인자도 지정하지 않았을 때 도움말 메시지를 출력하도록 구현해 보겠습니다.

findgrep.sh

```bash
#!/bin/bash

usage()
{
    # 셸 스크립트의 파일 이름을 취득
    local script_name=$(basename "$0")        ──①
```

```
    # 도움말 표시
    cat << END
Usage: $script_name PATTERN [PATH] [NAME_PATTERN]
Find file in current directory recursively, and print lines which match PATTERN.

    PATH    find file in PATH directory, instead of current directory
    NAME_PATTERN specify name pattern to find file

Examples:
 $script_name return
 $script_name return ~'*.txt'
END
}


# 커맨드 라인의 인자 개수가 0인 경우
if [ "$#" -eq 0 ]; then          ← ❸
    usage
    exit 1     # 종료 상태 1로 종료     ← ❹
fi

... 생략 ...
```

먼저 usage라는 도움말을 표시하는 셸 함수를 만들었습니다. 커맨드 라인의 인자 개수를 특
수 파라미터 $#(16장)로 확인하여 0이면 셸 함수 usage를 호출합니다(❸).

도움말을 표시한 뒤에는 exit 명령어로 셸 스크립트를 종료합니다(❹). 이때 종료 상태는
0(정상)이 아니라 1을 지정했습니다. 인자를 지정하지 않은 건 에러에 해당하기 때문에 0 이
외의 값을 지정하였습니다. 그러면 다른 명령어에서 이 스크립트를 호출해도 정상 종료 여
부를 판정할 수 있어 if 문이나 && 등과 조합하여 사용할 수 있게 됩니다.

셸 함수 usage에서는 먼저 basename 명령어를 사용해서 특수 파라미터 $0에서 스크립트의
파일 이름을 추출하고 있습니다(❶). basename은 다음과 같이 경로에서 파일 이름만 반환하
는 명령어입니다.

◉ basename 명령어로 파일 이름 추출

```
$ basename "/home/ldk/bin/findgrep.sh"
findgrep.sh
$ basename "./findgrep.sh"
findgrep.sh
```

도움말을 출력할 때 cat 명령어와 〈〈라는 기호가 사용되었습니다(❷). 이는 히어 도큐먼트 (here document)라고 하여 **여러 행의 텍스트를 셸 스크립트에서 그대로 기술하고 싶을 때 다음과 같은 형식으로 사용합니다.**

◉ 히어 도큐먼트 작성법

```
명령어 〈〈 종료 문자열
     히어 도큐먼트 내용
종료 문자열
```

히어 도큐먼트의 내용은 명령어의 표준 입력으로 그대로 전달됩니다. 여기서는 cat 명령어에 그대로 전달되어 화면에 출력됩니다.

또한, 히어 도큐먼트 안에서도 셸 변수의 확장을 사용할 수 있습니다. 혹시 이를 원하지 않는다면 다음과 같이 종료 문자열을 작은따옴표로 감싸주면 됩니다.

◉ 히어 도큐먼트에서 변수 확장하지 않도록 설정

```
명령어 〈〈 '종료 문자열'
     히어 도큐먼트 내용
종료 문자열
```

 4 **에러 메시지 표시**

마지막으로, 존재하지 않는 디렉터리를 지정했을 때 에러 메시지를 출력하도록 개선해 보겠습니다. 이때는 종료 상태 2를 반환하며 종료할 것입니다. **에러에 따라 서로 다른 종료 상태를 반**

환하도록 하면 나중에 에러의 원인을 파악하기 쉽습니다.

findgrep.sh

```
... 생략 ...

# 검색 디렉터리가 존재하지 않으면 에러 메시지를 출력하고 종료
if [ ! -d "$directory" ]; then
    echo "$0: ${directory}: No such directory" 1>&2
    exit 2
fi

find "$directory" -type f -name "$name" | xargs grep -nH "$pattern"
```

echo 명령어로 에러 메시지를 출력할 때 마지막에 1>&2를 지정했습니다. 이는 표준 출력(1)이 표준 에러 출력(2)에 출력되도록 지정한 것입니다. 즉, echo 명령어의 표준 출력이 표준 에러 출력으로 흘러가도록 만든 것입니다.

보통 리눅스의 명령어는 에러 메시지를 표준 에러 출력에 출력합니다. 마찬가지로 여러분이 작성하는 셸 스크립트에서도 에러 메시지를 표준 에러 출력에 출력하도록 작성해야 합니다. 이는 명령어를 파이프라인으로 연결할 때 무척 중요합니다. 11장에서 살펴본 그림을 다시 한번 살펴보겠습니다.

그림 17-6 표준 에러 출력과 파이프라인

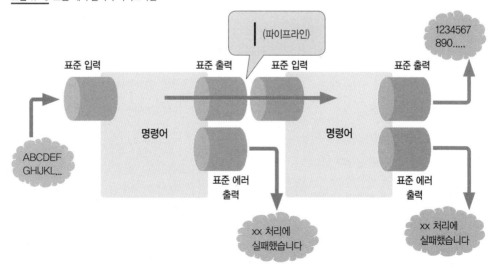

명령어의 정상적인 처리 결과는 표준 출력에 출력하고 에러 메시지는 표준 에러 출력에 출력하도록 해놓으면 파이프라인으로 연결할 때 아무런 문제가 되지 않습니다.

또한, 표준 출력을 파일에 리다이렉션하더라도 표준 에러 출력은 화면에 표시되므로 에러 메시지를 놓치지 않을 수 있습니다. **이러한 표준 출력과 표준 에러 출력의 역할을 잘 이해하고 스크립트를 작성해야 합니다.**

불필요한 메시지는 출력하지 않음

지정한 디렉터리에 파일이 없으면 "파일이 없습니다"라고 메시지를 출력하는 것이 좋지 않을까 생각하는 독자도 있을 것입니다. 하지만 리눅스에서는 이러한 메시지를 출력하지 않는 것이 좋습니다.

리눅스의 명령어는 기본적으로 불필요한 메시지는 출력하지 않습니다. 예를 들어 ls 명령어도 디렉터리에 파일이 하나도 없을 때에는 아무것도 출력하지 않습니다.

```
$ ls
$        ← 파일이 없어 아무것도 출력되지 않음
```

만약 명령어가 "파일이 없습니다", "검색 결과가 없습니다"와 같은 메시지를 출력하면 정상적인 출력 결과와 구별이 어렵게 됩니다. 예를 들어 "파일이 없습니다"라는 파일이 있을 수도 있고, "검색 결과가 없습니다"라는 문자열이 검색 결과일 수도 있습니다.

ls 명령어처럼 아무것도 없는 경우에는 아무것도 출력하지 않으면 파이프라인으로 연결한 후속 명령어에서도 문제가 크게 발생하지 않습니다. 이러한 이유로 리눅스의 명령어는 불필요한 메시지는 기본적으로 출력하지 않습니다.

그리고 셸 스크립트를 만들 때는 기존 리눅스 명령어를 최대한 참고하는 것이 좋습니다. 예를 들어 인자를 지정하는 방법이나 메시지를 출력하는 방식은 최대한 기존 명령어와 비슷하게 작성하는 것이 좋습니다. 그리고 작성한 셸 스크립트를 다른 명령어와 함께 조합할 수 있도록 만드는 것이 중요합니다.

최종적으로 완성된 findgrep.sh의 코드는 다음과 같습니다.

```bash
#!/bin/bash

usage()
{
    # 셸 스크립트의 파일 이름을 취득
    local script_name=$(basename "$0")

    # 도움말 표시
    cat << END
Usage: $script_name PATTERN [PATH] [NAME_PATTERN]
Find file in current directory recursively, and print lines which match PATTERN.

    PATH    find file in PATH directory, instead of current directory
    NAME_PATTERN specify name pattern to find file

Examples:
    $script_name return
    $script_name return ~'*.txt'
END
}

# 커맨드 라인의 인자 개수가 0인 경우
if [ "$#" -eq 0 ]; then
    usage
    exit 1
fi
pattern=$1
directory=$2
name=$3

# 두 번째 인자가 빈 문자열이면 기본값으로 현재 디렉터리를 설정
if [ -z "$directory" ]; then
    directory='.'
```

```
Fi

# 세 번째 인자가 빈 문자열이면 기본값으로 '*' 설정
if [ -z "$name" ]; then
    name='*'
fi

# 검색 디렉터리가 존재하지 않은 경우에는 에러 메시지를 출력하고 종료
if [ ! -d "$directory" ]; then
    echo "$0: ${directory}: No such directory" 1>&2
    exit 2
fi

find "$directory" -type f -name "$name" | xargs grep -nH "$pattern"
```

마무리   15장에서부터 이 장까지 셸 스크립트의 기초 지식과 문법 그리고 구체적인 예제를 살펴봤습니다. 필요한 셸 스크립트를 직접 만들 수 있게 되면 리눅스를 좀 더 편리하게 활용할 수 있게 됩니다. 여러분도 책의 내용을 참고로 하여 다양한 기능의 셸 스크립트를 꼭 만들어 보세요.

bash 셸은 가장 표준적이며 풍부한 기능을 갖춘 셸입니다. 하지만 배시 외에도 다양한 셸이 있는데 그중에서도 편리한 기능을 제공하여 인기가 많은 셸이 zsh입니다.

zsh는 배시와 동일한 기능을 제공하면서 다양한 확장 기능을 제공합니다. 예를 들어 zsh에서는 탭 키를 통해 파일이나 디렉터리의 경로뿐만 아니라 명령어의 옵션이나 man 페이지의 이름도 자동 완성합니다.

```
$ ls -            ← 여기서 Tab 입력
--all         -a -- list entires starting with.
--almost-all  -A -- list all except . and ..
--author         -- print the author of each file
--block-size     -- specify block size
... 생략 ...
```

자동 완성 기능은 옵션명이 길어 입력하기 귀찮거나 외우기 힘들 때 무척 편리합니다. 이외에도 다양한 기능이 있는데 그중 몇 가지를 추려 소개하면 다음과 같습니다.

- 동시에 실행 중인 zsh 셸 간에 커맨드 라인의 이력을 공유할 수 있습니다.
- 파이프라인을 포함하여 명령어 별칭을 설정할 수 있습니다.
- 경로 자동 추론 및 오타 및 명령어를 추천합니다.

zsh는 yum이나 apt-get으로 간단히 설치할 수 있습니다. 꼭 한번 설치해 보기 바랍니다.

MEMO

## 18장

아카이브와 압축

이 장에서는 파일을 모으는 아카이브와 파일을 작게 만드는 압축에 대해 알아보겠습니다.

윈도나 macOS에서 압축할 때 많이 사용하는 zip은 리눅스의 tar이나 gzip처럼 아카이브와 압축을 구별하지 않습니다. 따라서 먼저 아카이브와 압축의 차이점을 알아본 뒤 사용법을 소개하겠습니다.

18.1 아카이브와 압축

LINUX FOR EVERYONE

수많은 파일을 메일로 보내거나 백업할 때는 여러 파일을 하나로 모으는 것이 좋습니다. 이처럼 **여러 개의 파일이나 디렉터리를 모아서 파일 하나로 만드는 것을 아카이브(archive)라고 합니다.**

그리고 파일 크기를 작게 만드는 것이 압축인데 보통 아카이브 파일을 압축하여 전송과 보관 비용을 줄입니다. 대부분의 파일에는 압축할 여지가 있어 데이터의 손실 없이 **파일 크기를 줄이는 것이 가능합니다.**

그림 18-1 아카이브와 압축

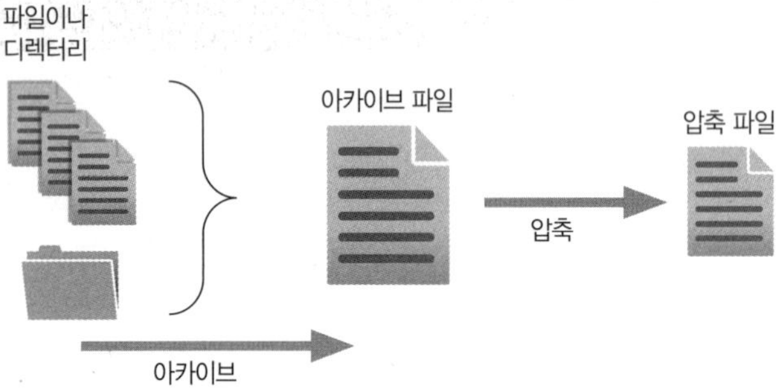

윈도와 macOS에서 자주 사용하는 zip은 아카이브와 압축을 동시에 실행합니다. 하지만 리눅스에서는 아카이브와 압축을 구분하여 다루며, 아카이브할 때는 `tar`, 압축할 때는 `gzip`과 `bzip2`를 사용합니다. 이 장에서는 이들 명령어의 사용법을 알아보겠습니다.

18.2 tar 명령어: 파일 아카이브하기

LINUX FOR EVERYONE

`tar`는 아카이브를 위한 명령어입니다. 복수의 파일이나 디렉터리를 아카이브 파일 하나로 모으거나 반대로 복원하기 위해 사용합니다.

`tar`는 무척 오랜 역사를 가진 명령어로 현재에도 널리 사용되고 있습니다. 옵션을 지정하는

방법은 조금 주의를 기울여 익힐 필요가 있습니다.

 ## 연습용 파일 준비하기

먼저 연습을 위한 파일을 준비하겠습니다. 셸에서 다음 커맨드 라인을 실행합니다.

● 연습용 파일 준비

```
$ mkdir dir1
$ touch dir1/file-{1..5}.txt
```

그러면 dir1이라는 디렉터리에 다음과 같이 파일 5개가 만들어집니다.

● 연습용 파일 생성 확인

```
$ ls dir1
file-1.txt  file-2.txt  file-3.txt  file-4.txt  file-5.txt
```

여기서는 배시의 **괄호 확장**이라는 기능을 사용했습니다. 다음과 같이 기술하면 연속하는 번호의 리스트를 만들 수 있습니다.

● 괄호 확장

```
{<시작 숫자>..<끝 숫자>}
```

즉, 위 예에서는 touch 명령어가 다음과 같이 확장되어 실행된 것입니다.

touch dir1/file-1.txt dir1/file-2.txt dir1/file-3.txt dir1/file-4.txt dir1/file-5.txt

괄호 확장은 문자열에 대해서도 사용할 수 있습니다. 다음은 괄호 확장을 통해 a에서 e까지의 리스트를 생성하고 있습니다.

● 괄호 확장으로 파일 이름 생성

```
$ echo {a..e}.txt
a.txt b.txt c.txt d.txt e.txt
```

또한, 다음과 같이 쉼표를 사용하여 문자열 리스트를 지정할 수도 있습니다. 다음은 같은 이름이지만 확장자가 다른 파일 세 개로 확장되는 예입니다.

● 확장자가 다른 목록 생성

```
$ echo sample.{txt,log,dat}
sample.txt sample.log sample.dat
```

 ## 2 아카이브 파일 만들기

그러면 앞서 작성한 dir1이라는 디렉터리와 그 안에 있는 파일 5개를 아카이브 파일 하나로 묶겠습니다. 관례적으로 tar로 아카이브 파일을 만들 때는 확장자로 .tar을 붙입니다. 여기서도 dir1.tar이라는 이름으로 아카이브 파일을 만들어 보겠습니다.

tar로 아카이브 파일을 만드는 방법은 다음과 같습니다.

● tar로 아카이브하기

```
tar cf 〈아카이브 파일 이름〉 〈아카이브로 묶을 파일 경로〉
```

여기서 c는 create를 의미하며 새로운 아카이브 파일을 만드는 것을 의미합니다.

그리고 f는 file을 의미하며 f 〈아카이브 파일 이름〉 같이 새롭게 만들 아카이브 파일의 이름을 지정할 때 사용합니다. tar 명령어를 사용할 때 파일을 지정하려면 언제나 f 옵션을 사용해야 합니다.

● dir1 디렉터리를 아카이브하기

```
$ tar cf dir1.tar dir1
```

위와 같이 실행하면 dir1과 그 안의 파일이 dir1.tar이라는 아카이브 파일에 묶입니다.

그림 18-2 아카이브 파일 작성

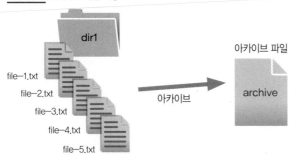

tar의 옵션으로 지정한 c나 f는 역사적인 이유로 인해 하이픈을 붙여도 되고 붙이지 않아도 됩니다. 즉, 다음 두 커맨드 라인은 동일하게 동작합니다.

```
tar cf dir1.tar dir1
tar -cf dir1.tar dir1
```

하지만 **tar에서는 하이픈을 붙이지 않는 것이 일반적**이기 때문에 이 책에서도 붙이지 않겠습니다.

 아카이브 파일의 내용 확인하기

아카이브 파일의 내용을 확인하려면 t 옵션을 사용해야 합니다. 여기서 t는 list의 t입니다.

◉ 아카이브 파일의 내용 확인

```
tar tf <아카이브 파일>
```

t 옵션을 지정하면 아카이브 파일 안에 포함된 파일 목록이 출력됩니다. c로 아카이브 파일을 만들고 t로 확인한다고 외우는 게 좋습니다.

여기서는 앞서 만든 아카이브 파일 dir1.tar의 내용을 확인해 보겠습니다.

● 아카이브 파일의 내용을 확인

```
$ tar tf dir1.tar
dir1/
dir1/file-1.txt
dir1/file-2.txt
dir1/file-4.txt
dir1/file-3.txt
dir1/file-5.txt
```

dir1과 그 안의 파일 5개가 아카이브된 것을 알 수 있습니다.

 4 아카이브 해제하기

아카이브 파일에 묶인 파일과 디렉터리를 원래대로 복원하려면 x 옵션을 사용해야 합니다.

● 아카이브 복원

```
tar xf <아카이브 파일>
```

여기서의 x는 extract의 x입니다.

아카이브 해제를 확인하기 위해 먼저 dir1 디렉터리를 지우고 dir1.tar을 해제해 보겠습니다.

● 아카이브 파일 복원

```
$ rm -rf dir1        ← 원래 디렉터리 삭제
$ tar xf dir1.tar    ← 아카이브 파일 해제
$ ls dir1            ← 확인
file-1.txt  file-2.txt  file-3.txt  file-4.txt  file-5.txt
```

아카이브가 해제되는 곳에 동일한 이름의 파일이 있으면 덮어쓰므로 반드시 미리 확인해야
합니다.

파일 목록을 출력하는 v 옵션

tar 명령어를 사용할 때 v 옵션을 추가하면 대상 파일의 목록이 출력됩니다.

● 아카이브 파일 작성 시 v 옵션으로 대상 파일 목록 출력

```
$ tar cvf dir1.tar dir1
dir1/
dir1/file-1.txt
dir1/file-2.txt
dir1/file-4.txt
dir1/file-3.txt
dir1/file-5.txt
```

그리고 t 옵션으로 아카이브 파일의 내용을 확인할 때 v 옵션을 추가하면 파일 이름뿐만 아니라 권한이나 소유자 등의 상세 정보도 함께 출력할 수 있습니다.

● t 옵션과 v 옵션을 함께 지정하여 아카이브 파일의 상세 정보 출력

```
$ tar tvf dir1.tar
drwxrwxr-x ldk/ldk          0 2021-05-26 22:56 dir1/
-rw-rw-r-- ldk/ldk          0 2021-05-26 22:56 dir1/file-1.txt
-rw-rw-r-- ldk/ldk          0 2021-05-26 22:56 dir1/file-2.txt
-rw-rw-r-- ldk/ldk          0 2021-05-26 22:56 dir1/file-4.txt
-rw-rw-r-- ldk/ldk          0 2021-05-26 22:56 dir1/file-3.txt
-rw-rw-r-- ldk/ldk          0 2021-05-26 22:56 dir1/file-5.txt
```

아카이브를 작성하거나 복원할 때 v 옵션을 사용하는 것에 대해서는 논란의 여지가 있습니다. 에러 메시지를 확인하기 어렵기 때문입니다.

아카이브를 만들거나 복원할 때는 권한 문제 등으로 에러가 발생할 수 있습니다. 이때 대상 파일의 개수가 많으면 에러 메시지가 눈에 띄지 않게 됩니다. 따라서 기본적으로 t 옵션에서만 v 옵션을 사용하는 것이 좋습니다.

또한, 아카이브 파일은 만들어지는 과정에서 파손되는 경우도 있으므로 모든 파일이 제대

로 아카이브되었는지 확인하려면 만들어진 파일에 대해 t 옵션으로 확인하는 것이 더 확실합니다.

 6 **파일 속성 유지하기**

tar는 파일의 권한, 소유자, 타임스탬프 같은 **파일의 속성을 유지한 채로 아카이브합니다.** 따라서 단순히 cp로 파일을 복사하는 것보다 백업에 적합합니다.

하지만 일반 사용자로 tar을 실행한다면 권한 부족으로 파일의 속성을 유지하지 못할 수도 있습니다. 예를 들어 소유자가 root이고 소유자에게만 읽기 권한이 부여된 파일에 대해서는 일반 사용자가 아카이브할 수 없으며 그러한 파일이 포함된 아카이브를 복원하면 속성이 올바로 복원되지 않을 수도 있습니다.

따라서 디렉터리를 온전히 백업하기 위해서는 슈퍼 사용자 권한으로 tar을 실행해야 합니다.

18.3 gzip 명령어: 파일 압축하기 LINUX FOR EVERYONE

gzip은 파일의 압축과 해제를 위해 사용하는 명령어입니다. gzip으로 압축할 때는 보통 .gz라는 확장자를 붙입니다. 요즘에는 gzip보다 압축률이 더 좋은 파일 형식도 나왔지만, gzip이 빠르면서도 호환성이 좋아 아직도 많이 사용됩니다.

● 파일 압축

```
gzip <압축할 파일>
```

여기서는 ps 명령어의 출력 결과를 ps.txt라는 파일에 리다이렉션해서 테스트용 파일을 만들겠습니다.

● 압축용 파일 작성

```
$ ps aux > ps.txt
$ ls -l
합계 16
... 생략 ...
-rw-rw-r-- 1 ldk ldk 16091  5월 26 23:48 ps.txt
... 생략 ...
```

위 예에서 ps.txt의 크기는 16kb입니다. 이를 gzip으로 압축해 보겠습니다.

● gzip 명령어로 압축

```
$ gzip ps.txt
$ ls -l
합계 4
-rw-rw-r-- 1 ldk ldk 3764  5월 26 23:48 ps.txt.gz
... 생략 ...
```

gzip으로 압축하여 3.7kb로 압축되었습니다. 압축된 파일의 이름은 원본 파일의 이름 뒤에 .gz가 붙은 형태이며, 원본 파일은 자동으로 삭제됩니다.

압축한 파일을 복원하려면 -d 옵션을 지정합니다.

● 압축 파일 복원

```
$ gzip -d ps.txt.gz
$ ls -l
합계 16
... 생략 ...
-rw-rw-r-- 1 ldk ldk 16091  5월 26 23:48 ps.txt
... 생략 ...
```

압축을 해제하면 압축 파일이 자동으로 삭제되며 압축 해제된 파일만 남습니다.

gunzip 명령어를 사용해도 압축을 해제할 수 있습니다. gzip -d와 gunzip은 동일한 동작을 수행하므로 선호하는 명령어를 사용하면 됩니다.

```
$ gunzip ps.txt.gz
```

gunzip은 셸 스크립트이며 내부적으로 gzip -d를 실행합니다. 다음과 같이 less 명령어로 gunzip의 소스 코드를 확인할 수 있습니다.

```
$ less $(which gunzip)
```

 ## 표준 출력에 gzip 파일 출력하기

gzip의 -c 옵션을 사용하면 압축 결과를 바이너리 형태로 표준 출력에 출력할 수 있습니다. 그리고 표준 출력을 리다이렉션하면 다음과 같이 임의의 이름으로 압축 파일을 만들 수 있습니다.

● 임의의 이름으로 압축 파일 생성

```
$ gzip -c ps.txt > ps_test.txt.gz
$ ls
ps.txt    ... 생략 ...   ps_test.txt.gz
... 생략 ...
```

-c 옵션을 지정하면 바이너리 데이터가 출력되므로 **직접 터미널에 출력하기보다는 파이프나 리다이렉션 용도로 사용합니다.**

 ## tar와 gzip 조합하기

gzip 명령어는 아카이브 기능이 없으며 파일 하나만 압축할 수 있습니다. 따라서 파일 여러 개를 묶어서 압축하려면 tar로 아카이브한 뒤에 gzip을 사용해야 합니다.

그림 18-3 tar와 gzip으로 여러 파일을 묶어서 압축

이렇게 tar로 아카이브하고 gzip으로 압축한 파일에는 tar.gz나 .tgz라는 확장자가 붙습니다.

최근 tar 명령어에는 gzip의 압축 기능을 포함하고 있어서 gzip을 사용하지 않고도 **tar만으로도 tar + gz 파일을 만들 수 있습니다.** tar 명령어로 아카이브할 때 c 옵션과 함께 z 옵션을 추가하면 압축까지 수행합니다.

● tar 명령어로 tar + gz 형식으로 파일 작성

```
$ tar czf dir1.tar.gz dir1
```

그리고 tar + gz 파일을 복원하려면 다음과 같이 x 옵션과 함께 z 옵션을 지정해야 합니다.

● tar 명령어로 tar + gz 형식의 파일 복원

```
$ tar xzf dir1.tar.gz
```

이처럼 tar 명령어를 사용할 때 z 옵션을 사용하면 tar + gz 형식으로 압축과 아카이브를 함께 수행할 수 있습니다.

파이프와 리다이렉션으로 tar + gz 파일 작성하기

예전에는 tar 명령어에 gzip의 압축 기능이 포함되어 있지 않았습니다. 그래서 tar + gz 파일을 만들려면 tar 명령어와 gzip 명령어를 잘 조합해서 사용해야 했습니다. 그때 사용하던 방법을 한번 살펴보겠습니다.

전통적인 방식으로, dir1 디렉터리에 포함된 파일을 tar로 아카이브한 뒤에 gzip으로 압축

하려면 다음과 같이 파이프라인과 리다이렉션을 함께 사용해야 합니다.

● tar 명령어와 gzip 명령을 조합하여 tar + gz 파일 생성

```
$ tar cf - dir1 | gzip -c > dir1.tar.gz
```

먼저 tar을 실행할 때 cf에 이어 하이픈을 지정하면 아카이브 파일이 표준 출력으로 출력됩니다. 그리고 gzip은 파일을 지정하지 않으면 표준 입력을 읽습니다. 그래서 위 예에서는 tar로 아카이브하고 gzip으로 압축까지 수행하고 있습니다.

또한, 위 예에서는 gzip 명령어에 -c 옵션을 지정하여 dir1.tar.gz로 리다이렉션하고 있습니다. 이로써 최종적으로 dir1.tar.gz라는 tar + gz 형식의 압축 파일이 만들어집니다.

그림 18-4 tar와 gzip의 파이프라인

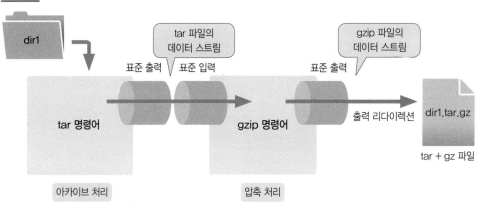

위 방법 대신에 다음과 같이 tar로 임시 아카이브 파일을 만든 뒤에 gzip 명령어로 압축하는 방법도 있습니다.

```
$ tar cf dir1.tar dir1
$ gzip dir1.tar
```

위 방법의 단점은 dir1.tar라는 임시 파일을 만들어야 한다는 점입니다. 만약 dir1의 용량이 크고 디스크에 가용 공간이 부족하다면 임시 파일을 만들 수 없습니다. 그런데 파이프라인을 사용한 방식은 임시 파일을 만들지 않아 이 같은 문제가 발생하지 않습니다.

전통적인 방식으로 tar + gz 형식의 파일을 복원하는 방법은 다음과 같습니다.

⦿ tar.gz 파일 복원

```
$ gzip -d -c dir1.tar.gz | tar xf -
```

gzip 명령어에 -d 옵션을 지정하여 압축을 해제한 결과를 -c 옵션과 파이프라인을 통해 tar 명령어에 전달합니다. tar 명령어의 x 옵션은 지정한 파일이 -이면 표준 입력을 읽어서 아카이브를 해제합니다. 결과적으로 tar + gz 파일을 압축 해제하고 복원합니다.

참고로 여기서 살펴본 tar와 파이프라인을 조합하는 방식은 원격 호스트의 파일을 로컬에 복사할 때 응용되기도 합니다. 다음 예를 살펴보겠습니다. 원격 호스트(serverB)의 dir1 디렉터리를 tar + gz 파일로 전송하는 예입니다.

```
$ ssh osumi@serverB 'tar czf - dir1' | tar xzf -
```

ssh를 사용하면 원격 호스트에서 명령어를 실행할 수 있습니다. 위 에에서는 tar에 czf - 옵션을 지정하여 원격 호스트 상의 dir1 디렉터리를 tar + gz으로 압축하여 표준 출력으로 출력하고 있습니다. 로컬에서는 이 출력을 표준 입력으로 받아들여 tar의 zxf - 옵션으로 복원하고 있습니다.

이때 gzip으로 압축된 결과가 네트워크를 통해 전달되므로 통신량을 줄일 수 있으며 결과적으로 원격 호스트의 dir1이 로컬에 복사됩니다.

18.4 bzip2 명령어: 파일 압축하기   *LINUX FOR EVERYONE*

bzip2는 gzip과 마찬가지로 파일을 압축하고 해제하는 명령어입니다. bzip2는 **gzip보다 압축률이 높아 데이터를 더 작게 만들 수 있습니다.** 하지만 압축과 해제하는 데 걸리는 시간이 gzip보다 더 오래 걸립니다. 따라서 압축하고 해제하는 데 걸리는 시간보다 파일 크기를 줄이는 것이 더 중요한 상황에서 많이 사용됩니다.

bzip2는 gzip과 동일한 옵션으로 동작하도록 설계되었습니다. 따라서 gzip의 사용법을 안다면 bzip2도 어렵지 않게 사용할 수 있습니다.

● bzip2로 파일 압축

```
bzip2 <압축할 파일>
```

● bzip2로 압축 수행

```
$ bzip2 ps.txt
$ ls -l
합계 4
-rw-rw-r-- 1 ldk ldk 3420  5월 26 23:48 ps.txt.bz2
```

bzip2로 압축한 파일에는 bz2라는 확장자가 붙습니다.

압축한 파일을 복원하려면 gzip과 동일하게 -d 옵션을 사용합니다.

● 압축한 파일을 복원

```
$ bzip2 -d ps.txt.bz2
```

bunzip2라는 명령어를 사용해도 압축을 해제할 수 있습니다.

```
$ bunzip2 ps.txt.bz2
```

-c 옵션을 지정하면 압축 결과를 표준 출력에 출력하는 것도 gzip과 동일합니다.

● 다른 이름으로 압축 파일을 생성

```
$ bzip2 -c ps.txt > ps_test.txt.bz2
```

 tar와 bzip2 조합하기

최근에는 tar 명령어에 bzip2 형식의 압축 기능도 포함되었습니다. **tar로 bzip2를 사용하려면 j 옵션을 사용해야 합니다.**

● tar + bz2 형식의 압축 파일 생성

```
$ tar cfj dir1.tar.bz2 dir1
```

tar에서 gzip을 사용할 때 z라는 옵션을 사용했는데 이를 j로 바꾸면 됩니다.

2 그 외 압축 형식

bz2보다 더 압축률이 좋은 형식으로 xz가 있습니다.

xz도 gzip과 동일한 방식으로 옵션을 지정하여 사용합니다. 또한, tar 명령어에서 xz 형식을 사용할 때는 J 옵션을 사용합니다.

● tar + xz 형식으로 압축

```
$ tar cJf dir1.tar.xz dir1
```

xz 압축 형식을 사용하면 압축하는 데 시간이 무척 오래 걸립니다. 하지만 **압축률은 bz2보다 좋기 때문에 높은 압축률이 필요한 상황에 적합합니다.**

참고로 리눅스 커널은 xz 형식으로 압축되어 tar + xz 형식으로 배포됩니다. 흥미가 있는 분은 리눅스 커널 공식 페이지에서 커널의 소스 코드를 내려받아 확인해 보기 바랍니다.

The Linux Kernel Arhicves

URL https://www.kernel.org/

18.5 zip 명령어: 파일 아카이브와 압축하기 LINUX FOR EVERYONE

zip은 tar이나 gzip과 달리 아카이브와 압축을 동시에 수행하는 명령어입니다. 여러 파일과 디렉터리를 파일 하나로 압축할 수 있습니다. 확장자로는 .zip이 붙습니다.

zip은 리눅스에서는 별로 사용되지 않지만 윈도나 macOS에서 많이 사용되고 있어 리눅스에서도 다루는 방법을 알아 두는 것이 좋습니다.

리눅스에서 zip 파일을 다루려면 zip 명령어와 unzip 명령어를 설치해야 합니다. 이들 명령어는 대부분의 배포판에서 표준으로 설치되어 있지 않으니 다음과 같이 별도로 설치해야 합니다.

● zip, unzip 패키지 설치(CentOS)

```
# yum install zip unzip

Is this ok [y/d/N]: y
```

● zip, unzip 패키지 설치(우분투)

```
$ sudo apt-get install zip unzip
```

여기서 등장한 yum이나 apt-get의 사용법에 대해서는 20장을 참고하기 바랍니다.

 zip 파일 작성하기

zip 명령어로 파일이나 디렉터리를 압축하는 방법은 다음과 같습니다.

● zip 파일 작성

```
zip -r 〈압축 결과의 파일 이름〉 〈압축 대상의 경로〉
```

다음은 dir1이라는 디렉터리를 dir1.zip이라는 파일로 압축하고 있습니다.

● dir1 디렉터리를 zip으로 압축

```
$ zip -r dir1.zip dir1
  adding: dir1/ (stored 0%)
  adding: dir1/file-1.txt (stored 0%)
```

```
adding: dir1/file-2.txt (stored 0%)
adding: dir1/file-4.txt (stored 0%)
adding: dir1/file-3.txt (stored 0%)
adding: dir1/file-5.txt (stored 0%)
```

여기서 -r 옵션은 지정한 디렉터리 아래의 모든 파일을 포함하는 옵션입니다. -r 옵션을 지정하지 않으면 디렉터리만 대상이 되어 그 안의 파일은 포함되지 않습니다. 그렇게 압축할 일은 없으므로 zip 파일을 만들 때는 늘 -r 옵션을 지정한다고 생각하면 됩니다.

압축된 zip 파일을 확인하려면 zipinfo라는 명령어를 사용합니다. 이 명령어는 unzip 패키지에 포함되어 있습니다.

◉ zip 파일의 내용 확인

```
$ zipinfo dir1.zip
Archive:  dir1.zip
Zip file size: 950 bytes, number of entries: 6
drwxrwxr-x  3.0 unx        0 bx stor 21-May-27 00:12 dir1/
-rw-rw-r--  3.0 unx        0 bx stor 21-May-26 22:56 dir1/file-1.txt
-rw-rw-r--  3.0 unx        0 bx stor 21-May-26 22:56 dir1/file-2.txt
-rw-rw-r--  3.0 unx        0 bx stor 21-May-26 22:56 dir1/file-4.txt
-rw-rw-r--  3.0 unx        0 bx stor 21-May-26 22:56 dir1/file-3.txt
-rw-rw-r--  3.0 unx        0 bx stor 21-May-26 22:56 dir1/file-5.txt
6 files, 0 bytes uncompressed, 0 bytes compressed:  0.0%
```

그리고 압축한 zip 파일을 복원하려면 unzip 명령어를 사용해야 합니다.

◉ zip 파일 압축 해제

```
$ unzip dir1.zip
 Archive:  dir1.zip
    creating: dir1/
 extracting: dir1/file-1.txt
```

```
  extracting: dir1/file-2.txt
  extracting: dir1/file-4.txt
  extracting: dir1/file-3.txt
  extracting: dir1/file-5.txt
```

zip 명령어의 경우 압축을 수행할 때 대상이 되는 파일 이름이 기본으로 출력됩니다. 파일 개수가 많아 파일 이름을 출력하지 않을 때는 -q 옵션을 지정하면 됩니다.

◉ 대상 파일 이름을 출력하지 않으면서 zip 파일 작성

```
$ zip -rq dir1.zip dir1
```

마찬가지로 unzip 명령어를 사용할 때도 -q 옵션을 지정하면 파일 이름이 출력되지 않습니다.

◉ 대상 파일 이름을 출력하지 않고 unzip 수행

```
$ unzip -q dir1.zip
```

 2 zip 파일에 암호 설정하기

zip 파일을 만들 때는 암호를 설정할 수 있습니다. zip 파일에 암호를 설정하면 암호를 입력해야 복원할 수 있습니다.

암호를 지정하여 zip 파일을 만들려면 -e 옵션을 지정해야 합니다.

◉ 암호를 지정하여 zip 파일 작성

```
$ zip -er dir1.zip dir1
Enter password:
Verify password:
```

```
updating: dir1/ (stored 0%)
updating: dir1/file-1.txt (stored 0%)
updating: dir1/file-2.txt (stored 0%)
updating: dir1/file-4.txt (stored 0%)
updating: dir1/file-3.txt (stored 0%)
updating: dir1/file-5.txt (stored 0%)
```

위와 같이 -e 옵션을 지정하면 먼저 Enter password:라는 프롬프트가 표시됩니다. 여기서 설정하고 싶은 암호를 입력하면 확인을 위해 Verify password:라는 프롬프트가 다시 표시됩니다. 동일한 암호를 입력하면 암호가 걸린 zip 파일이 만들어집니다.

암호가 걸린 zip 파일의 압축을 해제하는 방법은 일반 zip 파일과 마찬가지로 unzip 명령어를 사용하면 됩니다.

◉ 암호가 걸린 zip 파일의 압축 해제

```
$ unzip dir1.zip
Archive:  dir1.zip
   creating: dir1/
[dir1.zip] dir1/file-1.txt password:
 extracting: dir1/file-1.txt
 extracting: dir1/file-2.txt
 extracting: dir1/file-4.txt
 extracting: dir1/file-3.txt
 extracting: dir1/file-5.txt
```

위와 같이 압축을 해제하기 전에 암호를 묻습니다. 여기서 올바른 암호를 입력하면 압축이 해제됩니다.

마무리   이 장에서는 아카이브와 압축을 알아봤습니다. 이 기능을 사용하면 많은 파일을 하나로 묶고 크기를 줄여서 보관하거나 전송할 수 있습니다. 또한, 웹에서 내려받는 파일은 대부분 압축되어 있으니 리눅스에서 압축을 다뤄야 할 때 이 장의 내용이 도움이 될 것입니다.

GNOME와 KDE: 리눅스의 데스크톱 환경   column

이 책은 CLI 기반의 리눅스 입문서이기 때문에 GUI에 대해서는 거의 다루지 않습니다. 하지만 리눅스는 훌륭한 GUI 환경도 갖추고 있습니다.

리눅스의 GUI는 그래픽 환경의 토대가 되는 X Window System, 윈도를 제어하는 윈도 매니저, 패널이나 메뉴와 같은 유틸리티를 제공하는 데스크톱 환경으로 구성됩니다. 윈도 매니저나 데스크톱 환경은 각각 개별 소프트웨어로 제공되고 있어 선호하는 GUI 환경을 선택할 수 있습니다. 이처럼 GUI 환경이 OS와 분리되어 있는 것이 리눅스의 큰 특징입니다. 윈도나 macOS에서는 GUI 환경이 OS와 하나로 묶여 있어 사용자가 커스터마이징할 수 있는 범위가 한정되어 있습니다.

리눅스의 GUI를 사용하려면 윈도 매니저만 사용해도 되지만 편의성을 위해 데스크톱 환경과 그에 맞는 윈도 매니저를 묶어서 사용하는 것이 일반적입니다. 널리 사용되는 데스크톱 환경으로는 GNOME과 KDE가 있습니다. 둘 다 많이 사용되고 있으며 제공하는 기능에는 큰 차이가 없습니다. 개인의 취향에 따라 보기 좋고 사용하기 편리한 GUI를 선택하면 됩니다.

현재는 KDE보다 GNOME이 인기가 더 많습니다. 하지만 GUI 환경은 유행을 타는 경향이 있어서 어느 쪽이 다시 주류가 될지는 알 수 없습니다. 그 외에도 가벼운 GUI를 제공하는 Xfce, GNOME에서 파생한 Unity 데스크톱 환경 사용자가 늘고 있습니다.

19장

버전 관리 시스템

이 장에서는 파일 변경 이력을 관리하는 도구인 깃을 알아
보겠습니다.

깃은 파일의 변경 및 삭제 이력을 자동으로 관리합니다. 따
라서 깃을 사용하면 파일의 백업이나 변경 이력을 수동으
로 관리하지 않아도 됩니다. 깃은 초기 진입 장벽이 높은 편
이기는 하지만, 익숙해진다면 깃이 제공하는 풍부한 기능의
혜택을 누릴 수 있습니다. 현재 전 세계 대다수의 개발자가
깃을 사용하고 있으니 이번 기회에 기초 지식을 확실히 익
히기 바랍니다.

리눅스를 사용하다 보면 다양한 파일을 만들고 변경하게 됩니다. 예를 들어 메모를 기록한 텍스트 파일, 배시의 설정 파일, 셸 스크립트 등은 한 번 작성한 것으로 끝나는 것이 아니라 이후 계속해서 추가나 변경하는 것이 일반적입니다.

파일을 편집할 때 가끔씩 실수로 잘못된 내용을 저장할 수도 있고, 기존에 지운 내용이 다시 필요해지는 경우도 생깁니다. 하지만 파일을 변경한 뒤 특정 과거 시점으로 복원하는 것은 무척 어려운 일입니다.

이를 위해 작업하기 전에 늘 백업을 하는 것도 한 가지 방법입니다. 보통 편집 당시의 날짜를 파일 이름에 붙여서 백업합니다.

```
$ cp file.txt file.txt.20141115
```

하지만 이렇게 백업을 하다 보면 다음처럼 백업 파일이 잔뜩 생겨 버립니다.

```
$ ls
file.txt
file.txt.20141115
file.txt.20141116
file.txt.20141203
file.txt.20141203.bak
file.txt.20141204
file.txt.20141204.old
file.txt.20150106
... 생략 ...
```

이렇게 백업 파일이 많아지면 특정 시점으로 돌아가기 위해 확인해야 할 파일이 많아지게 되고 관리하는 데도 어려움이 따르게 됩니다.

이러한 문제를 해결하기 위해 존재하는 도구가 버전 관리 시스템입니다. 버전 관리 시스템을 사용하면 **수동으로 백업하지 않아도 파일의 변경 이력을 관리할 수 있습니다.** 버전 관리 시스템은 크게 두 가지 기능을 제공합니다.

- 파일을 '언제, 누가, 무슨 목적으로, 어떤 변경을 가했는가'를 기록할 수 있고 확인할 수도 있습니다
- 필요에 따라 과거의 특정 시점으로 파일을 복원할 수 있습니다.

여러 종류의 버전 관리 시스템이 있는데 이 책에서는 깃을 다룹니다. 리눅스 커널을 비롯하여 많은 프로젝트가 깃을 사용하고 있으니 이번 기회에 깃의 사용법을 익혀 두면 크게 도움이 됩니다.

19.2 깃 설치와 초기 설정   *LINUX FOR EVERYONE*

먼저 깃의 설치 여부를 확인하는 방법부터 알아보겠습니다. 다음과 같이 --version 옵션을 붙여서 git 명령어를 실행합니다.

● 설치된 깃의 버전 확인

```
$ git --version
git version 2.25.1
```

명령어가 발견되지 않았다는 에러 메시지가 출력됐다면 git-core라는 패키지를 설치해야 합니다. CentOS에서는 다음과 같이 yum 명령어로 깃을 설치합니다.

● yum으로 깃 설치(CentOS)

```
$ yum install git-core
... 생략 ...
Is this ok [y/d/N]: y     ← y 입력
```

우분투에서는 apt-get을 사용하여 설치합니다.

○ apt-get으로 깃 설치(우분투)

```
$ sudo apt-get install git-core
```

yum과 apt-get에 대한 자세한 설명은 20장을 참고하기 바랍니다.

 깃 초기 설정

깃을 설치한 후에는 먼저 이름과 메일 주소를 설정해야 합니다. 다음과 같이 git config 명령어를 실행합니다.

○ 깃 초기 설정

```
$ git config --global user.name 'ldk'
$ git config --global user.email 'ldk@example.com'
```

이는 깃의 사용자 정보를 등록하는 것으로 파일을 변경한 사용자 정보로 활용됩니다.

이외에도 설정 항목이 여럿 있지만, 여기서는 출력 글자 색을 컬러로 만드는 설정만 소개하겠습니다.

○ 컬러 출력 설정

```
$ git config --global color.ui auto
```

이들 설정은 ~/.gitconfig 파일에 보관되어 다음과 같이 cat 명령어로 확인할 수 있습니다.

○ 깃 설정 확인

```
$ cat ~/.gitconfig
[color]
    ui = auto
[user]
```

```
name = ldk
email = ldk@example.com
```

이제 깃을 본격적으로 사용할 준비가 되었습니다. 깃의 주요 개념과 사용법을 하나씩 살펴
보겠습니다.

 ## 리포지터리 작성하기

여기서는 셸 스크립트 findgrep-19.sh를 만들고 수정하는 이력을 깃으로 관리해 보겠습니다.

먼저 새로운 디렉터리를 만듭니다. 여기서는 findgrep이라는 디렉터리를 만들겠습니다.

◉ 새로운 디렉터리 생성

```
$ mkdir -p ~/git/findgrep
```

해당 디렉터리로 이동하여 `git init` 명령어를 실행합니다.

◉ 디렉터리에서 깃 초기화

```
$ cd ~/git/findgrep
$ git init
/home/ldk/git/findgrep/.git/ 안의 빈 깃 저장소를 다시 초기화했습니다
```

`git init`을 실행하면 초기화되어 .git이라는 디렉터리가 만들어집니다.

● .git 디렉터리가 만들어짐

```
$ ls -a
.  ...  .git
```

.git 디렉터리가 깃 리포지터리의 실체입니다.

리포지터리(repository)란 깃이 관리하는 파일의 이력을 보존하는 공간을 의미합니다. 파일의 수정 이력은 전부 이 리포지터리에 기록됩니다. 또한, 과거 상태로 돌아갈 때도 리포지터리의 내용을 참고하게 됩니다. 따라서 리포지터리는 무척 중요한 디렉터리이므로 실수로 지우지 않도록 주의해야 합니다. 리포지터리에 저장되는 파일을 사용자가 직접 보거나 편집할 일은 없습니다. 깃이 관리하는 파일이라고 보면 됩니다.

이력 관리의 대상이 되는 파일이 놓인 공간을 작업 트리라 합니다. 이번 예에서는 findgrep 디렉터리가 이 프로젝트의 작업 트리에 해당합니다. 작업 트리에서 파일을 추가, 편집, 삭제하면서 작업을 진행하면 됩니다.

표 19-1 깃의 디렉터리 구성 예

디렉터리	역할
~/git/findgrep/.git/	리포지터리
~/git/findgrep/	작업 트리

2 리포지터리에 파일 추가하기

리포지터리가 만들어졌으니 파일을 추가해 보겠습니다. 다음과 같이 셸 스크립트를 만듭니다.

● 버전 관리할 파일 작성

```
$ touch findgrep-19.sh
$ chmod 755 findgrep-19.sh
$ vim findgrep-19.sh
...(편집 작업 수행)...
```

여기서는 findgrep-19.sh의 초기 버전으로 다음 4개 행만 추가합니다.

findgrep-19.sh

```
#!/bin/bash

pattern=$1
find . -type f | xargs grep -nH "$pattern"
```

이 파일을 깃 리포지터리의 이력에 추가해 보겠습니다. 리포지터리에 추가할 때는 `git add`와 `git commit`이라는 두 명령어를 사용합니다.

`git add`는 깃이 관리할 파일을 추가하는 명령어입니다. 지금 시점에서 findgrep-19.sh는 아직 관리 대상에 추가되지 않은 상태입니다. 따라서 다음과 같이 **먼저 `git add`로 추가합니다.**

● 이력에 추가할 파일 지정

```
$ git add findgrep-19.sh
```

이어서 `git commit` 명령어를 실행합니다. **`git commit`은 실제 리포지터리에 변경 이력을 추가하는 명령어**인데, 이때 -m 옵션을 지정하면 이번 변경 사항에 대한 메시지를 입력할 수 있습니다.

● 리포지터리에 변경 이력 추가

```
$ git commit -m 'findgrep-19.sh 신규 등록'
[master (최상위-커밋) 137be16] findgrep-19.sh 신규 등록
 1 file changed, 4 insertions(+)
 create mode 100755 findgrep-19.sh
```

이로써 깃 리포지터리에 변경 이력이 등록되었습니다. 변경 내용은 버전 하나로 리포지터리에 보관됩니다.

이처럼 **어느 시점에서의 프로젝트의 상태를 리비전(revision) 혹은 커밋(commit)이라 합니다.** 그리고 새로운 리비전을 리포지터리에 등록하는 것을 '커밋한다'라고 합니다.

차이 표시 그리고 다시 커밋하기

파일을 수정한 뒤 한 번 더 커밋해 보겠습니다. 먼저 findgrep-19.sh를 에디터로 열어서 다음과 같이 수정합니다.

findgrep-19.sh

```bash
#!/bin/bash

pattern=$1
direcotory=$2
if [ -z "$directory" ]; then
    directory='.'
fi

find "$directory" -type f | xargs grep -nH "$pattern"
```

변경 사항을 커밋하기 전에 여기서 git status와 git diff라는 명령어를 소개하겠습니다. git status는 현재 작업 트리의 상태를 표시해줍니다.

◉ 작업 트리 상태 출력

```
$ git status
현재 브랜치 master
커밋하도록 정하지 않은 변경 사항:
(무엇을 커밋할지 바꾸려면 "git add <파일>..."을 사용하십시오)
  (작업 디렉터리의 변경을 무시하려면 "git restore <file>..."을 사용하시오)
        수정함:         findgrep-19.sh

커밋할 변경 사항을 추가하지 않았습니다 ("git add" 및/또는 "git commit -a"를
사용하십시오)
```

현재 커밋한 뒤 findgrep-19.sh를 다시 수정한 상태이므로 5번째 행에 수정함:이라고 표시되고 있습니다. 변경 사항을 확인하려면 git diff를 사용하면 됩니다.

● 변경 사항 확인

```
$ git diff
diff --git a/findgrep-19.sh b/findgrep-19.sh
index 2e5c91d..2b94f6e 100755
--- a/findgrep-19.sh
+++ b/findgrep-19.sh
@@ -1,4 +1,9 @@
#!/bin/bash

 pattern=$1
-find . -type f | xargs grep -nH "$pattern"
+direcotory=$2
+if [ -z "$directory" ]; then
+   directory='.'
+fi
+
+find "$directory" -type f | xargs grep -nH "$pattern"
```

git diff로 표시되는 차이점은 12장에서 소개한 diff 명령어의 통일 포맷을 따릅니다. git diff를 사용하면 변경 사항을 쉽게 확인할 수 있습니다. 실수로 의도하지 않은 변경을 했을 수 있기 때문에 커밋을 하기 전에는 언제나 변경 사항을 확인하는 것이 좋습니다.

git diff로 차이점을 확인하여 문제가 없다면 두 번째 커밋을 수행합니다. 처음 파일을 추가했을 때와 동일하게 먼저 git add를 실행합니다.

● 파일 추가

```
$ git add findgrep-19.sh
```

이어서 git commit을 수행하는데 이번에는 -m 옵션 없이 실행해 보겠습니다.

● 옵션 없이 커밋

```
$ git commit
```

이처럼 -m 옵션 없이 git commit을 실행하면 로그 메시지를 입력하기 위해 에디터가 실행됩니다. 어떤 에디터를 사용할지 설정하지 않으면 Vim이 실행됩니다. 에디터를 통해 다음과 같이 커밋 로그를 작성합니다.

커밋 로그 메시지

```
파일 검색을 위한 디렉터리를 지정가능하도록 수정

디렉터리를 이동하지 않아도 임의의 디렉터리에서 파일을 검색할 수 있도록 수정
# 변경 사항에 대한 커밋 메시지를 입력하십시오. '#' 문자로 시작하는
# 줄은 무시되고, 메시지를 입력하지 않으면 커밋이 중지됩니다.
#
# 현재 브랜치 master
# 커밋할 변경 사항:
#       수정함:         findgrep-19.sh
#
```

커밋을 위한 로그 메시지는 다음과 같은 규칙을 따릅니다.

- 첫 번째 행: 변경에 대한 요약
- 두 번째 행: 빈 행
- 세 번째 행: 상세 메시지

로그 메시지는 나중에 보더라도 어떤 이유로 변경했는지 쉽게 알 수 있도록 작성해야 합니다. 무엇을 변경했는지는 파일을 비교하여 확인할 수 있지만 왜 변경했는지는 쉽게 파악하기 어렵기 때문입니다.

그리고 #으로 시작하는 행은 주석이니 그대로 놔두어도 무방합니다.

로그 메시지를 작성했으면 에디터를 저장하면서 종료합니다(Vim에서는 :wq 입력). 그러면 리비전 하나가 커밋됩니다.

● 두 번째 커밋

```
$ git commit
[master 68aee44] 파일 검색을 위한 디렉터리를 지정가능하도록 수정
 1 file changed, 6 insertions(+), 1 deletion(-)
```

 4 변경 이력 확인하기

지금까지 두 번 커밋하였습니다. 이 이력은 깃의 리포지터리에 보관되어 언제든지 확인할 수 있습니다. git log 명령어로 변경 이력을 확인합니다.

● 변경 이력 확인

```
$ git log
commit 68aee44e9016adb36e8cd4b9ab9cf980a33113b5 (HEAD -> master)
Author: ldk ldk@example.com
Date:    Thu May 27 10:06:20 2021 +0900

    파일 검색을 위한 디렉터리를 지정가능하도록 수정

    디렉터리를 이동하지 않아도 임의의 디렉터리에서 파일을 검색할 수 있도록 수정

commit 137be164eb4464dbb1f6792dae06ba9276bf327f
Author: ldk ldk@example.com
Date:    Thu May 27 09:59:09 2021 +0900

    Findgrep-19.sh 신규 등록
```

출력되는 내용 중에서 **commit으로 시작하는 행이 커밋 하나에 대한 정보가 시작되는 행입니다.**
commit으로 시작하는 행에는 40글자의 문자열(여기서는 68ae...)이 포함되어 있습니다. 이
는 커밋 오브젝트명으로 커밋 하나를 특정하기 위한 키에 해당합니다. 그리고 그다음 행부
터는 저자(Author), 변경 시점(Date), 커밋 메시지가 표시됩니다.

git log를 실행할 때 -p 옵션을 지정하면 커밋별로 차이점을 함께 표시합니다.

● 변경 이력과 함께 차이점을 표시

```
$ git log -p
ommit 68aee44e9016adb36e8cd4b9ab9cf980a33113b5 (HEAD -> master)
Author: ldk ldk@example.com
Date:    Thu May 27 10:06:20 2021 +0900


    파일 검색을 위한 디렉터리를 지정가능하도록 수정

    디렉터리를 이동하지 않아도 임의의 디렉터리에서 파일을 검색할 수 있도록 수정

diff --git a/findgrep-19.sh b/findgrep-19.sh
index 2e5c91d..2b94f6e 100755
--- a/findgrep-19.sh
+++ b/findgrep-19.sh
@@ -1,4 +1,9 @@
 #!/bin/bash


 pattern=$1
-find . -type f | xargs grep -nH "$pattern"
+direcotory=$2
+if [ -z "$directory" ]; then
+  directory='.'
+fi
+
+find "$directory" -type f | xargs grep -nH "$pattern"

commit 137be164eb4464dbb1f6792dae06ba9276bf327f
Author: ldk ldk@example.com
Date:    Thu May 27 09:59:09 2021 +0900


    Findgrep-19.sh 신규 등록
```

446

```
diff --git a/findgrep-19.sh b/findgrep-19.sh
new file mode 100755
index 0000000..2e5c91d
--- /dev/null
+++ b/findgrep-19.sh
@@ -0,0 +1,4 @@
+#!/bin/bash
+
+pattern=$1
```

커밋 오브젝트명은 특정 커밋을 지정하기 위해 다양한 상황에서 사용됩니다. 예를 들어 git diff 명령어에 이어 커밋 오브젝트명을 지정하면 해당 커밋 이후와 현재 작업 트리의 차이점이 표시됩니다.

● 특정 커밋과 현재의 차이를 표시

```
$ git diff 137be164eb4464dbb1f6792dae06ba9276bf327f
diff --git a/findgrep-19.sh b/findgrep-19.sh
ndex 2e5c91d..2b94f6e 100755

--- a/findgrep-19.sh
+++ b/findgrep-19.sh
@@ -1,4 +1,9 @@
 #!/bin/bash

 pattern=$1
-find . -type f | xargs grep -nH "$pattern"
+direcotory=$2
+if [ -z "$directory" ]; then
+  directory='.'
+fi
+
+find "$directory" -type f | xargs grep -nH "$pattern"
```

커밋 오브젝트명을 지정할 때 커밋 하나를 구별할 수 있다면 40글자를 전부 지정하지 않아도 됩니다. 보통 첫 7글자 정도로 커밋 하나를 지정할 수 있습니다.

● 오브젝트명의 뒷부분은 생략 가능

```
$ git diff 137be16
diff --git a/findgrep-19.sh b/findgrep-19.sh
index 2e5c91d..2b94f6e 100755
--- a/findgrep-19.sh
+++ b/findgrep-19.sh
@@ -1,4 +1,9 @@
... 생략 ...
```

이처럼 깃을 사용하면 '언제, 누가, 무슨 이유로, 어떤 변경을 했는지'가 이력으로 보관되어 확인할 수 있습니다. git add와 git commit로 변경을 가하고 git diff나 git log로 차이점을 확인하는 것이 깃의 가장 기본적인 사용법에 해당합니다.

지금까지 알아본 깃 명령어를 표 19-2에 정리하였습니다.

표 19-2 깃의 기본 명령어

명령어	내용
git init	리포지터리 생성
git add	commit 대상으로 등록
git commit	commit 수행
git status	작업 트리의 상태 출력
git diff	차이 표시
git log	이력 표시

위 명령어는 깃의 기본에 해당하니 충분히 익숙해질 때까지 연습하세요.

지금까지 파일을 커밋할 때 git add와 git commit이라는 명령어를 사용했습니다. 여기서는 이 두 명령어의 의미를 좀 더 자세히 알아보겠습니다.

먼저 깃의 인덱스(index)라는 영역을 알아야 합니다. 깃은 작업 트리에 있는 파일의 변경 사항을 리포지터리에 반영하기 전에 일단 **인덱스라고 불리는 영역에 배치합니다.**

인덱스란 다음 그림과 같이 커밋하기 전에 리포지터리와 작업 트리 사이에 존재하는 공간입니다. 그리고 작업 트리에서 인덱스에 파일을 등록하는 명령어가 바로 git add입니다.

그림 19-1 작업 트리와 인덱스

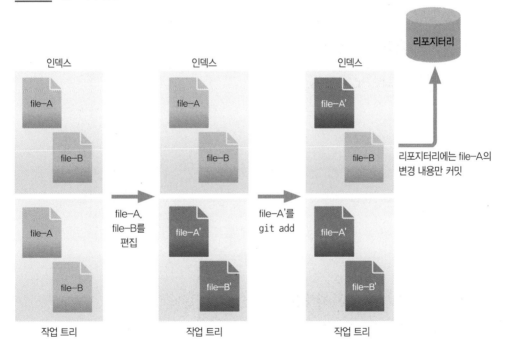

작업 트리와 인덱스는 별도 공간이므로 내용이 일치하지 않을 수 있습니다. 예를 들어 작업 트리에서 파일 두 개를 수정한 뒤 그중 파일 하나만 인덱스에 등록할 수도 있습니다. 그리고 git add로 인덱스에 등록한 뒤에 다시 수정하면 나중에 수정한 부분은 인덱스에 포함되지 않습니다.

git add는 여러 번 실행해도 됩니다. 즉, 한 파일에 대한 작업이 끝날 때마다 인덱스에 등록해도 무방합니다. 그리고 **최종적으로 git commit 명령어를 실행하면 인덱스에 등록된 내용이 리포지터리에 등록됩니다.**

git diff 명령어로 작업 트리, 인덱스, 리포지터리 간의 차이를 확인할 수 있습니다.

먼저 git diff 명령어를 실행할 때 아무것도 지정하지 않으면 작업 트리와 인덱스의 차이를 표시합니다. findgrep-19.sh 파일을 수정하고 다음과 같이 실행합니다.

◉ 작업 트리와 인덱스의 차이를 표시

```
$ git diff
diff --git a/findgrep-19.sh b/findgrep-19.sh
index 2b94f6e..496aeb0 100644
--- a/findgrep-19.sh
+++ b/findgrep-19.sh
@@ -6,4 +6,6 @@ if [ -z "$directory" ]; then
    directory='.'
fi

+# -n : print line number
+# -H : print the file name
 find "$directory" -type f | xargs grep -nH "$pattern"
```

이후 git add를 실행하여 변경 사항을 인덱스에 등록하면 작업 트리와 인덱스가 동일한 상태가 됩니다. 따라서 git diff를 실행해도 차이가 표시되지 않습니다.

◉ git add 직후에는 차이가 없음

```
$ git add findgrep-19.sh
$ git diff
```

하지만 아직 커밋은 하지 않았기 때문에 인덱스와 리포지터리에는 차이가 있습니다. 인덱스와 리포지터리의 차이를 출력하려면 git diff 명령어에 --cached 옵션을 지정합니다.

```
$ git diff --cached
diff --git a/findgrep-19.sh b/findgrep-19.sh
index 2b94f6e..496aeb0 100644
-- a/findgrep-19.sh

+++ b/findgrep-19.sh
@@ -6,4 +6,6 @@ if [ -z "$directory" ]; then
   directory='.'
 Fi

+# -n : print line number
+# -H : print the file name
 find "$directory" -type f | xargs grep -nH "$pattern"
```

git diff --cached를 실행하면 현재 상태에서 git commit을 할 때 리포지터리에 등록될
내용이 표시됩니다. 따라서 git commit을 하기 전에 **실제 커밋될 내용을 확인하기 위해 사용합
니다.**

git add 이후 git commit을 하기 전에 작업 트리의 파일을 편집하면 작업 트리, 인덱스,
리포지터리가 전부 다른 상태가 됩니다. 작업 트리와 리포지터리의 차이는 git diff 명령
어에 HEAD라는 인자를 지정하여 표시할 수 있습니다. 즉, git diff와 git diff --cached
를 합친 차이가 표시됩니다.

● 작업 트리와 리포지터리의 차이 표시

```
$ git diff HEAD
diff --git a/findgrep-19.sh b/findgrep-19.sh
index 2b94f6e..c36563a 100644
--- a/findgrep-19.sh
+++ b/findgrep-19.sh
@@ -3,7 +3,10 @@
 pattern=$1
 direcotory=$2
```

```
  if [ -z "$directory" ]; then
+   # current directory
    directory='.'
  Fi


+# -n : print line number
+# -H : print the file name
  find "$directory" -type f | xargs grep -nH "$pattern"
```

19.5 커밋 단위와 인덱스

이처럼 깃에서 작업 트리와 인덱스 공간이 구분되어 있는 이유는 커밋 하나에 포함할 변경 사항을 선택할 수 있도록 하기 위해서입니다.

커밋 하나에는 한 가지 이슈와 관련된 수정 사항만 포함하는 것이 좋습니다. 예를 들어 '버그 수정'과 '신기능 추가'가 커밋 하나에 포함되어 있으면 나중에 변경 사항을 추적하기 어려워 집니다.

만약 작업 트리에서 이미 '버그 수정'과 '신기능 추가' 작업을 둘 다 진행했다면 커밋할 때는 **두 번에 걸쳐 커밋하면 됩니다.** 먼저 '버그 수정' 관련 파일만 인덱스에 등록하여 커밋하고 이후 '신기능 추가'와 관련 파일을 인덱스에 등록한 뒤 커밋하면 되는 것입니다. 이렇게 커밋에 포 함할 변경 사항을 선택하기 위해 작업 트리와 인덱스가 구분되어 있는 것입니다.

그런데 git add로 파일을 하나씩 등록하는 것은 번거로울 수 있습니다. 이때는 git add에 이어 -u 옵션을 지정하면 깃에 등록된 모든 파일이 인덱스에 등록됩니다.

◉ 변경한 파일을 전부 인덱스에 등록

```
$ git add -u
```

변경한 파일이 많고 전부 인덱스에 등록할 때는 -u 옵션이 편리합니다.

하지만 -u 옵션으로는 새로 작성한 파일이 등록되지 않습니다. 새로 작성한 파일을 포함해 모든 파일을 인덱스에 등록하려면 -A 옵션을 사용합니다.

◉ 모든 파일을 인덱스에 등록

```
$ git add -A
```

그러면 변경한 파일과 새로 작성한 파일들이 전부 인덱스에 등록됩니다.

19.6 실수했을 때 복구하기

버전 관리 시스템을 사용하는 가장 큰 이점은 **예전 상태로 쉽게 복원할 수 있다는 점입니다.** 즉, 실수를 저질러도 예전 상태로 쉽게 복원할 수 있습니다. 이 절에서는 깃에서 실수를 복원하는 방법 두 가지를 소개하겠습니다.

 ## 커밋하지 않은 변경 사항 복구

먼저 작업 트리에서 발생한 실수에서 복구하는 방법을 알아보겠습니다. 작업하다 보면 에디터를 잘못 조작해서 엉뚱한 내용을 저장하거나, 다른 파일에 덮어쓰거나, 파일을 지우는 경우가 생깁니다.

이때 아직 커밋하지 않았다면 작업 트리의 최상위 디렉터리로 이동하여 다음 명령을 실행합니다.

```
$ git checkout HEAD .
```

그러면 파일의 변경 사항이 전부 복원되며 인덱스에 추가한 내용도 전부 사라지게 됩니다.

19장 버전 관리 시스템   **453**

즉, 이전 커밋의 상태로 복원되어 작업 트리와 인덱스가 리포지터리와 동일한 상태가 됩니다.

하지만 아직 커밋하지 않은 작업 내용이 모두 사라지므로 반드시 git diff로 확인한 뒤 수행해야 합니다.

 ## 2 잘못된 커밋으로부터 복구

이번에는 이미 커밋한 내용을 복원하는 방법을 알아보겠습니다.

리포지터리의 이력을 확인하다 과거에 실수로 커밋한 사실을 발견했다면 git revert를 실행하면 됩니다.

◉ 커밋 취소

```
git revert <취소하고 싶은 커밋의 오브젝트명>
```

```
$ git revert 98bba19
```

git revert를 한다고 해서 깃의 커밋 이력에서 해당 커밋이 지워지는 것은 아닙니다. 대신에 해당 커밋의 변경 사항을 복구하는 새로운 커밋이 만들어집니다. 즉, 변경 사항을 수정하여 수동으로 커밋하는 것과 동일한 작업을 수행하는 것입니다.

git revert를 실행하면 일반 커밋을 할 때와 마찬가지로 커밋 로그를 입력하는 에디터가 실행됩니다. 여기서 커밋 로그를 입력하고 에디터를 종료하면 새로운 커밋이 생성됩니다. 수정 사항이 많아서 직접 고치기 힘들 때 무척 편리한 기능입니다.

이처럼 과거 상태로 복원하거나 커밋을 취소하는 방법을 알아 두면 실수에 대한 염려 없이 작업을 진행할 수 있습니다. 복잡한 프로젝트를 진행할 때도 큰 도움이 됩니다.

소프트웨어 개발은 보통 병렬로 진행합니다. 이를테면 새로운 기능을 개발하면서 기존 코드의 버그를 수정하는 일이 동시에 진행되는 것입니다. 이때 서로 관계가 없는 작업을 전혀 다른 공간에서 진행하면 좋을 것입니다.

깃을 포함한 많은 버전 관리 시스템이 리비전 하나에서 복수의 커밋이 파생하는 것을 지원합니다. 다음 그림에서는 커밋의 이력이 두 개로 분기되고 있습니다. 이처럼 **갈라진 이력의 흐름을 브랜치(branch)라고 합니다.**

그림 19-2 깃의 브랜치

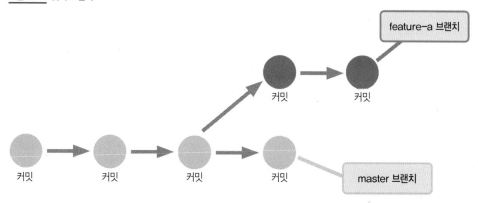

브랜치에는 이름을 붙일 수 있습니다. 위 그림에서는 feature-a와 master가 각 브랜치의 이름에 해당합니다. 좀 더 정확하게 표현하자면 깃의 브랜치란 분기되어 갈라진 이력의 선두에 있는 커밋을 가리키는 라벨(label)입니다.

그러면 브랜치를 직접 사용해 보겠습니다. 사실 이미 여러분은 master라는 브랜치를 사용하고 있습니다. `git branch`를 실행하여 브랜치 목록을 확인해 보죠.

● 브랜치 목록 출력

```
$ git branch
* master
```

위에서 출력된 브랜치 목록 중에서 *가 표시된 브랜치가 현재 사용 중인 브랜치입니다. **master란 깃 리포지터리를 만들 때 자동으로 만들어지는 브랜치입니다.** 보통 master 브랜치가 프로젝트의 기본입니다. 지금까지 별도의 브랜치를 만들지 않아서 모든 커밋은 master 브랜치에 등록되었습니다. 그림으로 표현하면 다음과 같습니다.

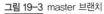
그림 19-3 master 브랜치

그러면 지금까지 작성한 셸 스크립트 findgrep-19.sh에 새로운 기능을 추가하는 경우를 생각해 보겠습니다. 브랜치를 활용하려면 당연히 먼저 브랜치를 만들어야 합니다.

● 새로운 브랜치 생성

```
git branch <브랜치 이름>
```

여기서는 feature-name이라는 이름의 브랜치를 만들겠습니다.

● 새로운 브랜치 생성

```
$ git branch feature-name
```

git branch 명령어로 브랜치 목록을 확인하면 feature-name이라는 브랜치가 추가된 것을 알 수 있습니다.

● feature-name 브랜치가 추가됨

```
$ git branch
feature-name
* master
```

브랜치를 만들었지만 여전히 master 브랜치를 사용하고 있습니다. 이제 git checkout 명령어로 브랜치를 전환합니다.

● 브랜치 전환

```
git checkout <전환할 브랜치>
```

● 브랜치 전환

```
$ git checkout feature-name
'feature-name' 브랜치로 전환합니다
```

여기서 다시 git branch 명령어를 실행하면 현재 브랜치가 바뀐 것을 알 수 있습니다.

● feature-name 브랜치로 전환한 것을 확인

```
$ git branch
* feature-name
  master
```

현재 상태를 그림으로 표현하면 다음과 같습니다. 아직 feature-name 브랜치에 어떤 커밋도 하지 않았기 때문에 feature-name과 master 브랜치가 동일한 커밋을 가리키고 있습니다.

그림 19-4 새로운 브랜치 작성

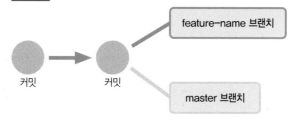

여기서 커밋을 수행하면 현재 브랜치가 새로운 커밋을 가리키게 됩니다. 그림으로 표현하면 다음과 같습니다.

그림 19-5 feature-name 브랜치에 커밋

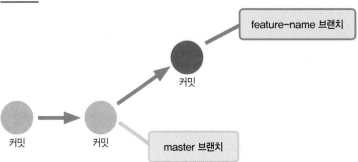

master 브랜치에는 어떠한 변화도 없으며 브랜치가 본격적으로 분기되기 시작한 것을 알 수 있습니다. 이때 다시 master 브랜치로 전환해 보겠습니다.

◉ master 브랜치로 전환

```
$ git checkout master
'master' 브랜치로 전환합니다
```

master 브랜치로 돌아가서 작업 트리의 파일을 확인하면 feature-name 브랜치에서 수정한 내용이 사라진 것을 알 수 있습니다. 이 상태에서 수정한 후 커밋하면 feature-name 브랜치는 그대로 있지만 master 브랜치는 한 단계 앞으로 커밋합니다. 따라서 다음 그림과 같이 됩니다.

그림 19-6 master 브랜치에서 커밋

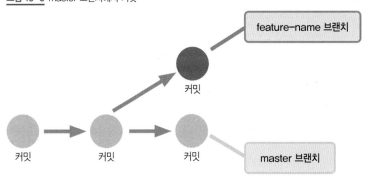

feature-name 브랜치에서 작업한 내용에 대해 단위 테스트 등을 진행하여 문제가 없다고 판단되면 master 브랜치에 반영할 수 있습니다. **한 브랜치의 내용을 다른 브랜치에 반영하는 것을 머지(merge)라고 합니다.**

A 브랜치의 내용을 B 브랜치로 머지하려면 먼저 B 브랜치로 전환해야 합니다. 지금까지 진행한 예에서는 feature-name 브랜치의 내용을 master 브랜치에 반영하고 싶다면 master 브랜치로 전환해야 합니다.

이후 git merge에 이어 반영할 브랜치 이름을 지정해 머지합니다.

◉ 지정한 브랜치의 내용을 현재 브랜치에 머지

```
git merge <머지할 브랜치 이름>
```

◉ feature-name 브랜치를 머지

```
$ git merge feature-name
```

이때 다음과 같이 에디터가 실행될 수 있습니다.

◉ 머지할 때 에디터가 실행되는 경우

```
Merge branch 'feature-name'
# Please enter a commit message to explain why this merge is necessary,
# especially if it merges an updated upstream into a topic branch.
#
# '#로 시작하는 줄은 무시될 것이며 빈 메시지는 커밋을 중단합니다.
```

머지할 때 남기는 커밋 메시지를 머지 메시지라 합니다. 머지 메시지를 기록하고 에디터를 종료하면 feature-name 브랜치의 내용이 master 브랜치에 머지됩니다.

현재 상태를 그림으로 표현하면 다음과 같습니다.

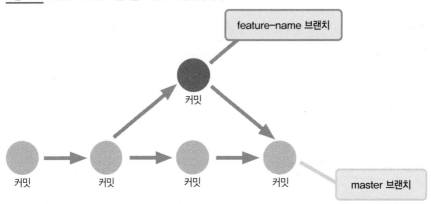

그림 19-7 feature-name 브랜치를 master 브랜치에 머지

feature-name 브랜치의 내용이 master에 머지가 되어서 이제 해당 브랜치를 지워도 무방합니다. 브랜치를 지우는 방법은 다음과 같습니다.

◉ 브랜치 삭제

```
git branch -d <브랜치 이름>
```

◉ 브랜치 삭제

```
$ git branch -d feature-name
feature-name 브랜치 삭제 (과거 32695eb).
```

이처럼 브랜치를 사용하면 서로 다른 작업을 병렬로 진행한 뒤에 머지할 수 있습니다. 이번 예처럼 **한 가지 기능을 추가하기 위해 만든 브랜치를 토픽(topic) 브랜치라 합니다.**

작업을 진행할 때는 언제나 토픽 브랜치를 만들어 진행한 뒤에 master에 머지하는 것이 좋습니다. 그러면 작업을 진행하는 중에도 master 브랜치는 안정적인 상태로 유지할 수 있으며 **언제든지 작업 개시 전의 상태로 돌아갈 수 있습니다.** 그리고 진행 중이던 작업을 취소해야 할 경우에도 브랜치를 지우는 것만으로 쉽게 정리할 수 있습니다.

그런데 브랜치를 지울 때는 해당 브랜치에서 커밋한 모든 내용이 사라지므로 주의해야 합니다. 깃에서는 -d 옵션으로 아직 머지하지 않은 브랜치를 삭제할 수 없습니다.

강제로 삭제하려면 git branch -D <삭제할 브랜치> 같이 -D 옵션을 사용해야 합니다.

디스크가 고장나거나 실수로 리포지터리가 삭제되면 지금까지 작업한 이력을 전부 잃게 됩니다. 따라서 이 절에서는 리포지터리를 백업하는 방법에 대해 알아보겠습니다.

깃에서는 여러 리포지터리를 만들어 이력을 공유하는 것이 가능합니다. 여기서는 백업용 리포지터리를 만들고 지금까지 작업한 이력을 복사해 보겠습니다. 먼저 백업용 리포지터리의 위치를 정해야 합니다. 이번 예에서는 /home/ldk/share/findgrep.git/에 백업용 리포지터리를 만듭니다.

● 백업용 리포지터리 작성

```
$ mkdir -p /home/ldk/share/findgrep.git
$ cd /home/ldk/share/findgrep.git
$ git --bare init
/home/ldk/share/findgrep.git/ 안의 빈 깃 저장소를 다시 초기화했습니다
```

백업용 리포지터리를 만들 때는 `git init` 명령어에 --bare라는 옵션을 지정합니다. 그리고 이때 관례적으로 디렉터리 이름 끝에 .git을 붙입니다.

그러면 백업용 리포지터리에 지금까지 작업한 이력을 전송해 보겠습니다. 작업 중이던 리포지터리의 디렉터리로 이동합니다.

● 작업 중이던 리포지터리로 이동

```
$ cd ~/git/findgrep
```

커밋 이력을 전송할 때는 `git push` 명령어를 사용합니다. 사용법은 다음과 같습니다.

● 변동 이력 전송

```
git push <이력을 전달받을 리포지터리> <이력을 보낼 브랜치>:<이력을 전달받을 브랜치>
```

〈이력을 전달받을 리포지터리〉에는 앞서 작성한 백업용 리포지터리의 경로를 지정합니다. 〈이력을 보낼 브랜치〉에는 현 리포지터리에서 백업하고 싶은 브랜치를 지정하며, 〈이력을 전달받을 브랜치〉에는 백업용 리포지터리의 브랜치 이름을 지정합니다. 보통 두 브랜치는 동일한 이름을 지정합니다. 이번 예에서는 둘 다 master 브랜치를 지정하겠습니다.

```
$ git push /home/ldk/share/findgrep.git master:master
오브젝트 나열하는 중: 18, 완료.
오브젝트 개수 세는 중: 100% (18/18), 완료.
오브젝트 압축하는 중: 100% (12/12), 완료.
오브젝트 쓰는 중: 100% (18/18), 1.64 KiB | 139.00 KiB/s, 완료.
Total 18 (delta 4), reused 0 (delta 0)
To /home/ldk/share/findgrep.git
 * [new branch]      master -> master
```

위 명령어를 실행하면 지금까지 작업한 내용이 백업용 리포지터리에 전달됩니다. 그러면 작업 중이던 리포지터리가 지워지더라도 백업용 리포지터리로부터 복원할 수 있습니다.

백업용 리포지터리에서 이력을 복원하려면 git clone 명령어를 사용합니다.

⊙ 리포지터리 복제

```
git clone 〈복원할 리포지터리〉
```

예를 들어 /home/ldk/work에 복원하고 싶다면 다음과 같이 실행합니다.

⊙ 리포지터리 복제

```
$ mkdir -p /home/ldk/work
$ cd /home/ldk/work

$ git clone /home/ldk/share/findgrep.git
'findgrep'에 복제합니다...
완료.
```

그러면 백업용 리포지터리의 복제본이 만들어집니다.

● 복제된 리포지터리 확인

```
$ ls /home/ldk/work
findgrep

$ ls -a /home/ldk/work/findgrep
. .. .git findgrep-19.sh
```

복제한 리포지터리에는 백업용 리포지터리의 모든 이력이 포함되어 있습니다. 따라서 적절한 타이밍에 git push로 백업용 리포지터리에 이력을 전송하면서 작업하면 설령 작업 중인 리포지터리를 분실하더라도 다시 복원할 수가 있습니다.

● 변경 이력 전송

```
$ git push /home/ldk/share/findgrep.git master:master
```

이때 위 명령어를 좀 더 짧게 줄여서 실행할 수 있습니다.

먼저 master:master와 같이 같은 이름의 브랜치에 전송할 때는 줄여서 master라고 써도 됩니다.

● 브랜치 이름 생략

```
$ git push /home/ldk/share/findgrep.git master
```

그리고 푸시(push)할 리포지터리의 경로는 별명을 설정할 수 있습니다.

● 리포지터리의 경로에 별명 부여

```
git remote add <별명> <리포지터리 경로>
```

예를 들어 다음 명령어를 실행하면 /home/ldk/share/findgrep.git이라는 경로에 origin이라는 별명이 붙여집니다.

◉ 리포지터리의 경로에 별명 부여하기

```
$ git remote add origin /home/ldk/share/findgrep.git
```

별명을 부여할 때는 **보통 origin이라는 이름을 많이 사용합니다.** 리포지터리의 경로에 부여한 별명은 git remote -v 명령으로 확인할 수 있습니다.

◉ 리포지터리 경로의 별명 목록 확인

```
$ git remote -v
origin   /home/ldk/share/findgrep.git (fetch)
origin   /home/ldk/share/findgrep.git (push)
```

별명을 부여한 뒤 origin에 푸시하면 /home/ldk/share/findgrep.git에 전송됩니다. 따라서 다음과 같이 짧게 push 명령을 사용할 수 있습니다.

◉ 리포지터리 경로를 별명으로 지정

```
$ git push origin master
```

여기서 origin과 master를 생략할 수도 있습니다. 하지만 이들을 생략했을 때의 규칙이 다소 복잡하고 깃 버전에 따라 동작이 달라서 이 책에서는 다루지 않겠습니다.

19.9 2인 이상의 작업

LINUX FOR EVERYONE

지금까지는 혼자서 리포지터리를 만들고 작업하는 방법을 알아봤습니다. 하지만 일정 규모 이상의 프로젝트는 여러 사람이 동시에 작업을 진행하는 것이 보통입니다. 이때 버전 관리 시스템을 사용하면 공동 작업을 쉽게 통합할 수 있습니다.

여러 사람이 작업할 때는 먼저 각 사용자가 자신의 리포지터리를 마련하여 작업을 진행합니다. 자신의 리포지터리에 커밋하며 작업하다가 적절한 시점에 커밋 이력을 다른 리포지터리에 전송합니다. 이때 앞서 소개한 git push가 사용됩니다.

이처럼 **독립된 리포지터리 간에 변경 이력을 공유할 수 있는 버전 관리 시스템을 분산형 버전 관리 시스템이라 합니다.** 깃이 대표적인 분산형 버전 관리 시스템입니다.

 공유 리포지터리 작성하기

깃으로 공동 작업을 할 때의 전형적인 리포지터리 구성 방법은 다음과 같습니다.

그림 19-8 공동 작업 시 리포지터리 구성

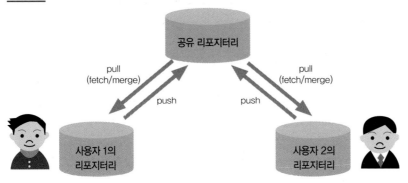

사용자 1의 리포지터리와 사용자 2의 리포지터리는 각 사용자가 작업하기 위한 리포지터리입니다. 그리고 공유 리포지터리는 커밋 이력을 공유하기 위해 존재하는 리포지터리입니다. 각 사용자는 본인의 리포지터리에 커밋하며 작업하다가 적절한 시점에 공유 리포지터리에 커밋 내역을 전송합니다. 그리고 다른 사용자가 전송한 커밋 내역을 자기 자신의 리포지터리에 반영하기도 합니다. 즉, **공유 리포지터리를 통해 사용자 간의 작업 내용을 공유하게 되는 것입니다.**

이 방식은 앞서 백업용 리포지터리를 사용하는 방식과 비슷합니다. 여러 사용자가 하나의 백업용 리포지터리를 공유한다고 볼 수 있습니다.

먼저 백업용 리포지터리를 만드는 것과 동일한 방법으로 공유 리포지터리를 만듭니다. 그리고 사용자 2의 리포지터에 공유 리포지터리를 git clone으로 복제하여 만듭니다. 그러면 해당 시점에서 세 리포지터리가 전부 동일한 커밋 이력을 가지게 됩니다. 그리고 두 리포지터리는 origin으로 공유 리포지터리를 바라보게 됩니다.

여기서부터 각 사용자가 작업하면서 사용자 간에 작업 내용을 공유하는 방법을 알아보겠습니다. 먼저 사용자 1의 리포지터리에서 진행한 작업 내용을 사용자 2가 자기 자신의 리포지터리에 반영하는 방법을 알아보겠습니다. 다음은 사용자 1의 리포지터리에서 파일을 수정하고 커밋하는 예입니다.

```
$ vim findgrep-19.sh
...(파일 수정)...
$ git add findgrep-19.sh
$ git commit -m '주석 추가'
```

그리고 이제 앞서 소개한 git push로 커밋을 공유 리포지터리에 전송합니다.

```
$ git push origin master
```

사용자 2의 리포지터리에서 이 변경 내역을 반영하고자 사용자 2의 리포지터리로 이동합니다.

```
$ cd /home/ldk/work
```

다른 리포지터리의 이력을 받으려면 git fetch와 git merge를 사용해야 합니다.

◉ 다른 리포지터리의 이력 받기

```
git fetch <리포지터리>
```

<리포지터리>에는 git push와 마찬가지로 리포지터리의 경로 혹은 git remote로 등록한 별명을 지정합니다. 다음과 같이 실행하면 공유 리포지터리의 이력을 가져오게 됩니다.

```
$ git fetch origin
```

git fetch로 가져온 이력은 원격 추적 브랜치라 불리는 브랜치에 보관됩니다. 이는 자기 자신이 작성한 브랜치가 아니라 다른 리포지터리의 내용을 내려받기 위한 브랜치입니다. 이와 반대로 처음부터 있는 master 브랜치나 git branch 명령어로 명시적으로 만든 브랜치를 로컬(local) 브랜치라고 합니다. 원격 추적 브랜치는 '원격 이름/브랜치 이름'이라는 이름으로 자동으로 만들어집니다. 원격 추적 브랜치 목록을 확인하고 싶을 때는 git branch 명령어에 -r 옵션을 지정하여 실행하면 됩니다.

```
$ git branch -r
origin/HEAD -> origin/master
    origin/master
```

git fetch 명령어를 실행해도 원격 추적 브랜치가 갱신될 뿐 아직 작업 트리나 로컬 브랜치에는 반영되지 않습니다. 따라서 가져온 이력을 로컬 브랜치에 반영하려면 git merge 명령어를 실행해야 합니다.

origin/master라는 원격 추적 브랜치의 내용을 master 브랜치에 반영하려면 다음과 같이 실행합니다.

```
$ git checkout master     ← master 브랜치로 전환
$ git merge origin/master
```

그러면 사용자 2의 리포지터리에 공유 리포지터리의 커밋 이력이 반영됩니다. 즉, 사용자 1의 작업 내용이 공유 리포지터리를 경유하여 사용자 2의 리포지터리에 반영된 것입니다.

그런데 git fetch와 git merge는 함께 사용되는 경우가 많아서 이를 합친 git pull이라는 명령어가 있습니다. 다음은 git pull 명령어로 이력을 가져오는 예입니다.

```
$ git pull origin master
```

위 git pull 명령어는 다음 두 명령어를 수행한 것과 동일하게 동작합니다.

```
git fetch origin
git merge origin/master
```

즉, origin 리포지터리의 master 브랜치 내용을 현재 리포지터리에서 사용 중인 브랜치에 머지하는 동작이 수행됩니다. git fetch와 git merge의 동작을 이해했다면 git pull 명령어를 사용하는 것이 편리합니다.

지금까지 살펴본 내용을 바탕으로 공유 리포지터리를 통해 협업할 때 각 개인이 작업하는 흐름을 정리하면 다음과 같습니다.

- 일정 간격(1일 1회 정도)으로 git fetch/git merge로 공유 리포지터리의 내용을 자기 자신의 리포지터리에 반영합니다.
- 자기 자신의 리포지터리에 커밋하며 작업합니다.
- 작업 내용을 공개하고 싶은 시점에 git push 명령어로 공유 리포지터리에 자기 자신의 작업 이력을 전송합니다.

이것이 여러 사용자가 공동 작업할 때의 전형적인 워크 플로우입니다. 실제 깃을 운영할 때는 공유 리포지터리에 접근하는 각 사용자들의 읽기/쓰기 권한이 적절히 설정되어야 합니다. 그리고 공유 리포지터리는 보통 HTTP나 SSH와 같이 네트워크를 통해 접근 가능한 곳에 보관합니다. 이때 리포지터리의 경로에 URL을 기재하는 것만 달라질 뿐, 그 외의 조작 방법은 동일합니다.

19.10 충돌 해결

지금까지 몇 번 git merge 명령어를 사용했습니다. merge는 커밋 두 개를 하나로 만드는 작업입니다. 그런데 다음과 같은 경우를 생각해 보겠습니다. 예를 들어 사용자 1이 본인의 리포지터리에서 A라는 파일에 작업하고 있습니다. 그런데 사용자 2가 이미 자신의 리포지터리에서 파일 A를 수정한 뒤 공유 리포지터리에 푸시까지 한 상황입니다. 이때 사용자 1이 공유 리포지터리의 내용을 git fetch/git merge하여 자신의 리포지터리에 반영하려고 하면 어떻게 될까요?

이러한 상황에서 깃은 기본적으로 자동으로 병합합니다. 즉, 사용자 1의 수정 내용과 사용자 2의 수정 내용에 충돌이 없다면 두 변경 사항을 자동으로 합쳐서 새로운 커밋을 만듭니다. 이때 에디터가 작동하여 커밋 메시지를 기록하는 수순을 따릅니다. 이러한 흐름은 리포지터리 내 브랜치 간 머지에서도 마찬가지입니다.

하지만 깃이 자동으로 병합할 수 없는 경우가 있습니다. 예를 들어 같은 파일의 같은 행을 서로 다르게 수정한 경우가 이에 해당합니다. 이때는 git merge 명령어가 자동 병합에 실패한 것을 통지합니다. 그리고 이러한 상황을 **충돌(conflict)이 발생했다**라고 합니다.

```
$ git merge origin/master
자동 병합: findgrep-19.sh
충돌 (내용): findgrep-19.sh에 병합 충돌
자동 병합이 실패했습니다. 충돌을 바로잡고 결과물을 커밋하십시오.
```

충돌이 발생한 경우에 git diff 명령어를 실행하면 충돌이 발생한 파일에 다음과 같이 특별한 기호가 추가됩니다.

```
$ git diff
diff --cc findgrep-19.sh
index 28669f2,e36ee52..0000000
--- a/findgrep-19.sh
+++ b/findgrep-19.sh
@@ -3,7 -3,7 +3,11 @@
usage()
  {
      #셸 스크립트의 파일 이름을 취득
++<<<<<<< HEAD
+     local script_name=$(basename "$0")
++=======
+     local script_name=$(basename $0)
++>>>>>>> origin/master
```

```
      #도움말 표시
      cat << END
```

위 예에서는 ❶이 충돌이 발생한 부분입니다.

에디터를 열어서 해당 부분을 적절히 수정하고 <<<<<<, =======, >>>>>> 같은 기호도 전부 지운 뒤에 git add, git commit을 실행하면 충돌을 해결할 수 있습니다.

```
$ git add findgrep-19.sh
$ git commit -m '도움말 수정'
```

그러면 무사히 머지에 성공할 수 있습니다.

깃에 익숙하지 않을 때 머지하다 충돌이 생기면 당황할 수 있습니다. 이때는 diff로 충돌이 발생한 이유를 파악하여 대응하면 됩니다. 또한, 작업 트리에서 작업을 시작하기 전에 공유 리포지터리의 최신 변경 이력을 반영하는 습관을 들인다면 충돌이 발생하는 빈도를 줄일 수 있습니다.

19.11 깃 매뉴얼

다른 명령어와 마찬가지로 깃에 대해서도 man 페이지가 존재합니다. 더 자세한 깃의 기능을 익히고 싶다면 매뉴얼을 참고하기 바랍니다.

깃에는 commit이나 log처럼 다양한 서브 명령어가 존재하며 이들 서브 명령어별로 매뉴얼이 분리되어 있습니다. 먼저 깃에 대한 매뉴얼은 man git으로 읽을 수 있습니다.

● 깃에 대한 매뉴얼 표시

```
$ man git
```

그리고 서브 명령어별 man 페이지는 man git-〈서브 명령어〉 같이 실행하면 됩니다. 예를 들어 git log와 관련된 man 페이지를 읽으려면 다음과 같이 실행합니다.

● git log에 대한 매뉴얼 표시

```
$ man git-log
```

그리고 git help를 실행하면 도움말이 표시됩니다.

● 깃 도움말 출력

```
$ git help
사용법: git [--version] [--help] [-C <경로>] [-c <이름>=<값>]
           [--exec-path[=<경로>]] [--html-path] [--man-path] [--info-path]
           [-p | --paginate | -P | --no-pager] [--no-replace-objects] [--bare]
           [--git-dir=<경로>] [--work-tree=<경로>] [--namespace=<이름>]
           <명령> [<인자>]
... 생략 ...
```

git help에 이어 서브 명령어의 이름을 지정하면 해당 서브 명령어에 대한 도움말이 표시됩니다. 예를 들어 다음과 같이 git log에 대한 도움말을 확인할 수 있습니다.

● git log에 대한 도움말 표시

```
$ git help log
```

참고로 도움말의 내용은 man git-<서브 명령어>의 출력 결과와 동일합니다.

깃의 기능은 이 책에서 다룬 것 이상으로 무척 많습니다. 기본적인 사용법을 익힌 뒤에는 반드시 매뉴얼을 통해 활용법을 확인하기 바랍니다.

마무리   이 장에서는 버전 관리 시스템인 깃을 알아봤습니다. 깃에는 굉장히 많은 기능이 있는데 모든 기능을 처음부터 다 익힐 필요는 없습니다. 변경 사항을 기록하고 확인하고 복원하는 것과 같은 기본적인 기능을 먼저 사용하면서 점점 활용도를 높여 보세요.

MEMO

20장

소프트웨어 패키지

리눅스 배포판에는 다양한 소프트웨어가 처음부터 설치되어 있습니다. 하지만 리눅스를 사용하다 보면 필요에 따라 새로운 소프트웨어를 설치할 일이 반드시 생기기 마련입니다.

윈도에서는 소프트웨어가 제공하는 인스톨러를 사용해서 설치하는 것이 보통입니다. 반면 리눅스에서 새로운 소프트웨어를 설치하는 방법은 다음과 같이 크게 두 가지가 있습니다.

- 소스 코드를 직접 컴파일하여 지정한 디렉터리에 복사하여 설치하기
- 패키지 관리 시스템을 사용하여 패키지라고 하는 컴파일이 완료된 바이너리 파일의 아카이브를 설치하기

이 장에서는 두 번째 방법인 패키지 관리 시스템을 사용하는 방법을 알아봅니다. 패키지 관리 시스템은 배포판마다 다른데 이 장에서는 CentOS와 우분투의 경우에 대해 알아보겠습니다.

패키지 관리 시스템은 패키지 단위로 소프트웨어를 설치하고 삭제합니다. 여기서 패키지란 소프트웨어의 실행 파일, 도큐먼트 파일, 설정 파일, 스크립트를 아카이브한 파일 하나를 말합니다.

현재 리눅스에서 널리 사용되는 패키지 파일 형식으로 **rpm과 deb가 있습니다**(표 20-1).

표 20-1 패키지 형식 목록

패키지 형식	배포판
Red Hat 형식(.rpm)	Red Hat Enterprise Linux, CentOS, Fedora
Debian 형식(.deb)	Debian GNU/Linux, Ubuntu

패키지 파일을 모아서 배포하는 사이트를 리포지터리(repository)라고 합니다. 여기서의 리포지터리는 19장에서 소개한 깃의 리포지터리와는 달리 단순히 파일을 모아서 배포하는 곳을 의미합니다. 패키지 관리 시스템은 리포지터리에서 패키지 정보와 파일을 가져와 소프트웨어를 설치합니다(그림 20-1).

그림 20-1 CentOS 리포지터리의 예

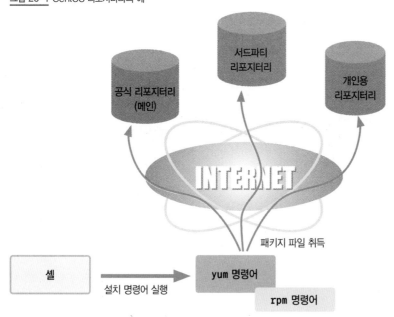

배포판에 처음부터 기본으로 설정된 리포지터리를 공식 리포지터리라고 합니다. 한편 공식 리포지터리 외에도 소프트웨어 개발을 수행하는 프로젝트 등 서드파티가 제공하는 리포지터리도 있습니다. 대표적인 서드파티 리포지터리로는 다음과 같은 것이 있습니다.

표 20-2 서드파티 리포지터리의 예

배포판	리포지터리
CentOS	RepoForge(RPMForge), EPEL, Remi
Ubuntu	PPA, Japanese Team

서드파티의 리포지터리도 공식 리포지터리의 패키지와 함께 통일성 있게 관리할 수 있습니다. 서드파티 리포지터리를 설정하는 방법에 대해서는 각 프로젝트의 웹 사이트를 참고하기 바랍니다.

20.2 yum 명령어: 패키지 관리(CentOS) LINUX FOR EVERYONE

CentOS 같이 레드햇 계열의 리눅스 배포판에서는 rpm이라는 패키지 파일 형식을 사용합니다. rpm 파일을 관리하는 시스템이 RPM(Redhat Package Manager)입니다.

RPM은 CentOS 패키지 관리 시스템의 근간에 해당하지만, rpm 명령어로는 단순한 조작만 가능하여 많이 불편합니다. 그래서 rpm명령어를 쉽게 사용할 수 있도록 만든 yum이 많이 사용되고 있습니다.

따라서 이 책에서는 yum의 사용법을 소개하고 rpm의 사용법은 생략하겠습니다. rpm 명령어의 사용법은 man rpm으로 매뉴얼을 참고하기 바랍니다.

 기본적인 사용법

yum 명령어를 사용하는 방법은 다음과 같습니다.

● yum 명령어

```
yum [옵션] [명령어] [패키지 이름...]
```

yum 명령어는 다양한 기능을 제공하며, 인자 [명령어]에 install 등을 지정하여 실행합니다. 지금부터 자주 사용되는 명령어를 살펴보겠습니다.

yum 명령어를 실행하면 다음과 같이 리포지터리 접속 메시지가 출력됩니다.

● 리포지터리 접속 메시지

```
# yum install httpd
Loaded plugins: fastestmirror, ovl
Determining fastest mirrors
* base: ftp.kaist.ac.kr
* extras: ftp.kaist.ac.kr
* updates: ftp.kaist.ac.kr
```

이어지는 실행 예제에서는 리포지터리 접속 메시지는 생략하겠습니다.

 패키지 설치하기

패키지를 설치할 때는 패키지 이름을 지정하여 install 명령어를 실행합니다.

● 패키지 설치

```
yum install <패캐지 이름>
```

패키지를 설치할 때는 슈퍼 사용자 권한이 필요합니다.

다음은 웹 서버로 널리 사용되는 Apache httpd의 64비트 버전인 httpd.x86_64 패키지를 설치하고 있습니다. 설치하고자 하는 패키지의 이름을 검색하는 방법은 뒤에서 설명하겠습니다.

● httpd.x86_64 패키지 설치

```
# yum install httpd.x86_64
```

패키지 이름에서 아키텍처를 의미하는 .x86_64는 생략할 수도 있습니다.

```
# yum install httpd
```

설치 명령어를 실행하면 다음과 같이 확인 프롬프트가 표시됩니다.

● 설치 전 확인

```
Is this ok[y/d/N]:
```

여기서 y를 누르면 설치가 진행됩니다. 그리고 d를 누르면 패키지를 내려받기만 하고 설치는 진행하지 않습니다. 그리고 설치 명령을 취소하려면 n을 입력해야 합니다.

install 명령어에 -y 옵션을 지정하면 설치 중간에 y/d/N을 입력해야 하는 상황에서 사동으로 y가 입력됩니다.

```
# yum -y install httpd
```

-y 옵션은 스크립트로 설치를 자동화할 때 자주 사용됩니다.

 3 패키지 간 의존성

대부분의 패키지는 다른 패키지가 미리 설치되어 있어야 합니다. 특정 라이브러리가 필요한 프로그램은 해당 라이브러리를 포함하는 패키지가 설치되어 있어야 정상 동작합니다.

이를 다른 패키지에 의존한다라고 표현합니다. yum은 이러한 **패키지 간 의존성을 자동으로 해결합니다.**

다음은 yum install httpd를 실행했을 때 수행되는 패키지 의존성 해결 메시지입니다.

```
# yum install httpd
Resolving Dependencies
--> Running transaction check
---> Package httpd.x86_64 0:2.4.6-97.el7.centos will be installed
--> Processing Dependency: httpd-tools = 2.4.6-97.el7.centos for package:
httpd-2.4.6-
7.el7.centos.x86_64

... 생략 ...

Dependencies Resolved

================================================================================
================================================================================
==========================================
 Package        Arch       Version              Repository      Ize
================================================================================
Installing:
 httpd          x86_64     2.4.6-97.el7.centos  pdates          2.7 M
Installing for dependencies:
 apr            x86_64     1.4.8-7.el7          base            04 k
 apr-util       x86_64     1.5.2-6.el7          base            2 k
 centos-logos   noarch     70.0.6-3.el7.centos  ase             21 M
 httpd-tools    x86_64     2.4.6-97.el7.centos  pdates          93 k
 mailcap        noarch     2.1.41-2.el7         base            1 k
Transaction Summary
================================================================================
================================================================================
Install  1 Package (+5 Dependent packages)

... 생략 ...
```

위 예를 보면 httpd를 위해 필요한 패키지인 apr, apr-util, centos-logos, httpd-tools, mailcap이 함께 설치되고 있습니다. rmp을 사용한다면 이러한 의존 패키지를 직접 설치해야 합니다. 하지만 yum을 사용하면 의존 패키지가 자동으로 설치됩니다.

 4 패키지 삭제하기

설치한 패키지를 삭제할 때는 remove 혹은 erase 명령어를 사용합니다.

◉ 패키지 삭제

```
yum erase / remove <패키지 이름>
```

remove와 erase는 동일한 기능을 수행하므로 어떤 것을 사용해도 무방합니다.

패키지를 지울 때는 해당 패키지에 의존하는 패키지도 함께 지울 수 있습니다. 이것 역시 yum이 자동으로 수행합니다. 예를 들어 httpd 패키지가 의존히는 httpd-tools를 지우면 httpd도 함께 삭제됩니다.

◉ 패키지 삭제 시 의존성 해결

```
# yum erase httpd-tools
Resolving Dependencies
--> Running transaction check
---> Package httpd-tools.x86_64 0:2.4.6-97.el7.centos will be erased
--> Processing Dependency: httpd-tools = 2.4.6-97.el7.centos for package:
httpd-2.4.6-
7.el7.centos.x86_64
--> Running transaction check
---> Package httpd.x86_64 0:2.4.6-97.el7.centos will be erased
--> Finished Dependency Resolution

Dependencies Resolved

================================================================
```

```
============================================================
==============================
 Package        Arch      Version                 Repository   Size
============================================================
============================================================
==============================
Removing:
 httpd-tools   x86_64    2.4.6-97.el7.centos      @updates     168 k
Removing for dependencies:
 httpd         x86_64    2.4.6-97.el7.centos      @updates     9.4 M

Transaction Summary
============================================================
============================================================
==============================
Remove  1 Package (+1 Dependent package)
... 생략 ...
```

yum erase를 할 때도 -y 옵션을 지정하면 y(Yes)가 자동으로 입력됩니다. 이 옵션은 셸 스크립트 등에서 패키지 삭제를 자동화할 때 자주 사용됩니다.

```
# yum -y erase httpd-tools
```

 5 **패키지 검색하기**

종종 패키지 이름과 명령어 이름이 다른 경우가 있습니다. 이런 패키지를 설치하려면 먼저 패키지 이름을 찾아야 합니다. 리포지터리에서 패키지 이름을 검색하는 방법은 다음과 같습니다.

● 패키지 검색

```
yum search ⟨검색 키워드⟩
```

install과 달리 search는 슈퍼 사용자 권한 없이도 실행할 수 있습니다.

여기서는 netcat이라는 명령어가 포함된 패키지를 검색해 보겠습니다.

● netcat 검색

```
$ yum search netcat
=========== N/S matched: netcat ===========
nmap-ncat.x86_64 : Nmap's Netcat replacement
socat.x86_64 : Bidirectional data relay between two data channels ('netcat++')
```

nmap-ncat과 socat이라는 두 패키지가 검색되었습니다. yum search를 실행하면 패키지 이름과 그 요약(summary)을 대상으로 검색합니다. 이때 패키지의 설명(description)까지 검색하고 싶다면 search all을 실행하면 됩니다.

● 패키지 설명문에서 전문 검색 수행

```
$ yum search all netcat
================ Matched: netcat ==================
nmap.x86_64 : Network exploration tool and security scanner
nmap-ncat.x86_64 : Nmap's Netcat replacement
socat.x86_64 : Bidirectional data relay between two data channels ('netcat++')
```

이번에는 nmap이라는 패키지도 검색되었습니다. nmap 패키지의 요약에는 netcat이 나타나지 않고 설명에만 나타나기 때문입니다.

참고로 yum search는 대소문자를 구분하지 않습니다.

 6 패키지 정보 표시하기

패키지 이름 외에 상세 정보를 확인하고 싶은 경우에는 info 명령어를 사용하면 됩니다. info 명령어도 search와 마찬가지로 슈퍼 사용자 권한을 필요로 하지 않습니다.

● 패캐지의 상세 정보 출력

```
yum info <패키지 이름>
```

다음 예에서는 httpd 패키지의 상세 정보를 출력하고 있습니다. 패키지의 버전, 크기, URL 등이 표시됩니다.

◉ 패키지의 정보 표시

```
$ yum info httpd
Name        : httpd
Arch        : x86_64
Version     : 2.4.6
Release     : 97.el7.centos
Size        : 9.4 M
Repo        : installed
From repo   : updates
Summary     : Apache HTTP Server
URL         : http://httpd.apache.org/
License     : ASL 2.0
Description : The Apache HTTP Server is a powerful, efficient, and extensible
            : web server.
```

info 명령어는 패키지에 대한 정보를 리포지터리에서 가져옵니다. 따라서 해당 패키지를 아직 설치하지 않았더라도 정보를 확인할 수 있습니다.

20.3 apt로 패키지 관리(우분투) LINUX FOR EVERYONE

우분투와 같은 데비안(Debian) 계열의 리눅스 배포판에서는 deb이라고 하는 패키지 파일 형식을 사용합니다.

예전부터 deb 파일은 dpkg 명령어를 사용해서 설치했지만 지금은 APT(Advanced Packaging Tool) 계열의 명령어를 사용합니다.

APT 계열의 명령어로는 설치와 삭제를 위한 apt-get과 검색하고 정보를 확인하기 위한

apt-cache가 있습니다. 그리고 이 둘을 통합한 aptitude라는 명령어도 있습니다.

이 절에서는 apt-get과 apt-cache의 사용법에 대해 알아볼 것입니다. dpkg나 aptitude에 대해 알고 싶다면 공식 문서를 참고하기 바랍니다.

 기본적인 사용법

apt-get과 apt-cache를 사용하는 방법은 다음과 같습니다.

◉ apt-cache, apt-get 사용법

```
apt-get [옵션] [명령어] [패키지 이름...]
apt-cache [옵션] [명령어] [패키지 이름...]
```

yum과 비슷하게 APT 계열의 명령어도 인자 [명령어]에 install 등을 지정하여 실행합니다. 자주 사용하는 명령어를 알아보겠습니다.

 패키지 설치하기

apt-get으로 패키지를 설치할 때는 yum과 마찬가지로 install에 이어 패키지 이름을 지정합니다.

◉ 패키지 설치

```
sudo apt-get install <패키지 이름>
```

설치할 때는 슈퍼 사용자 권한이 필요하므로 sudo를 사용해야 합니다.

여기서는 aptitude라는 패키지를 설치해 보겠습니다.

◉ aptitude 패키지 설치

```
$ sudo apt-get install aptitude
```

패키지 이름을 검색하는 방법은 잠시 뒤에 설명하겠습니다.

 3 패키지 간 의존성

yum에서도 설명한 대로 대부분의 패키지는 다른 패키지가 설치되어 있어야 정상적으로 동작합니다. 이를 의존성을 가진다고 표현하며 APT 계열의 명령어도 yum과 마찬가지로 **의존성을 자동으로 해결해줍니다.**

다음은 apt-get으로 aptitude 패키지를 설치할 때 표시되는 메시지입니다.

● 패키지 설치시 의존성 해결

```
$ sudo apt-get install aptitude
패키지 목록을 읽는 중입니다... 완료
의존성 트리를 만드는 중입니다
상태 정보를 읽는 중입니다... 완료
다음의 추가 패키지가 설치될 것입니다 :
aptitude-common libcgi-fast-perl libcgi-pm-perl libclass-accessor-perl
libcwidget4 libfcgi-perl libio-
tring-perl libparse-debianchangelog-perl libsub-name-perl libxapian30
제안하는 패키지:
  aptitude-doc-en | aptitude-doc apt-xapian-index debtags tasksel libcwidget-
dev libhtml-template-perl libxml-simple-perl xapian-tools
다음 새 패키지를 설치할 것입니다:
  aptitude aptitude-common libcgi-fast-perl libcgi-pm-perl libclass-accessor-
perl libcwidget4 libfcgi-perl libio-string-perl libparse-debianchangelog-
perl libsub-name-perl
  libxapian30
0개 업그레이드, 11개 새로 설치, 0개 제거 및 107개 업그레이드 안 함.
4,325 k바이트 아카이브를 받아야 합니다.
이 작업 후 19.9 M바이트의 디스크 공간을 더 사용하게 됩니다.
계속 하시겠습니까? [Y/n]
```

위 예에서 볼 수 있듯이 aptitude를 설치하면 의존 패키지인 aptitude-common, libcgi-fast-perl 등의 패키지가 함께 설치됩니다. dpkg 명령어를 사용한다면 일일이 의존 패키지를 설치해야 하지만 APT 계열의 명령어를 사용하면 자동으로 설치됩니다.

 4 패키지 삭제하기

패키지를 삭제하려면 remove 명령어를 사용해야 합니다.

◉ 패키지 삭제

```
sudo apt-get remove <패키지 이름>
```

yum과 마찬가지로 패키지를 지우면 의존 패키지도 함께 삭제됩니다. 그래서 다음과 같이 aptitude-common 패키지를 지우면 이를 의존하는 패키지인 aptitude도 함께 지워집니다.

◉ 패키지 삭제 시 의존성 해결

```
$ sudo apt-get remove aptitude-common
패키지 목록을 읽는 중입니다... 완료
의존성 트리를 만드는 중입니다
상태 정보를 읽는 중입니다... 완료
다음 패키지가 자동으로 설치되었지만 더 이상 필요하지 않습니다:
libcgi-fast-perl libcgi-pm-perl libclass-accessor-perl libcwidget4 libfcgi-
perl libio-string-perl libparse-debianchangelog-perl libxapian30
'sudo apt autoremove'를 이용하여 제거하십시오.
다음 패키지를 지울 것입니다:
  aptitude aptitude-common
0개 업그레이드, 0개 새로 설치, 2개 제거 및 107개 업그레이드 안 함.
이 작업 후 15.0 M바이트의 디스크 공간이 비워집니다.
계속 하시겠습니까? [Y/n]
(데이터베이스 읽는중 ...현재 191398개의 파일과 디렉터리가 설치되어 있습니다.)
aptitude (0.8.12-1ubuntu4)를 제거합니다...
aptitude-common (0.8.12-1ubuntu4)를 제거합니다...
Processing triggers for man-db (2.9.1-1) ...
```

패키지를 지우기 전에 정말로 지울지를 물어봅니다. 이때 y 를 입력하면 패키지가 지워집니다. 한편 apt-get을 실행할 때 -y 옵션을 지정하면 모든 프롬프트에 대해 y가 자동으로 입력됩니다. 셸 스크립트 등에서 설치를 자동화할 때 사용합니다. 다음은 모든 확인 프롬프트에 대해 전부 y(Yes)를 입력하여 패키지 삭제하는 코드입니다.

● 모든 확인 프롬프트에 대해 전부 y(Yes)를 입력하여 패키지 삭제
```
$ sudo apt-get -y remove aptitude-common
```

한편 remove 명령어로 패키지를 지우면 설정 파일과 같은 일부 파일이 시스템에 남게 됩니다. 설정 파일을 포함하여 전부 제거하려면 remove 대신에 purge를 사용해야 합니다.

● 설정 파일 포함하여 전부 삭제
```
sudo apt-get purge <패키지 이름>
```

 5 패키지 검색하기

패키지를 설치하기 위해서는 패키지 이름을 알아야 합니다. 하지만 패키지 이름과 명령어의 이름이 다른 경우도 많아서 패키지 이름을 검색하는 방법을 알아 두는 것이 좋습니다. 패키지를 검색하는 방법은 다음과 같습니다.

● 패키지 검색
```
apt-cache search <검색 키워드>
```

패키지 검색은 슈퍼 사용자 권한이 필요하지 않기 때문에 sudo를 사용하지 않아도 됩니다. 그리고 apt-get이 아니라 apt-cache를 사용하는 것에 주의합니다. **사용하는 목적에 따라 두 명령어를 구분해야 한다**는 점을 기억하기 바랍니다. 참고로 aptitude를 사용하면 하나의 명령어로 설치와 검색을 수행할 수 있습니다.

예로 netcat이라는 명령어를 포함하는 패키지를 검색해 보겠습니다.

○ netcat 검색

```
$ apt-cache search netcat
netcat-openbsd - TCP/IP 스위스 군용 나이프
socat - multipurpose relay for bidirectional data transfer
netcat - TCP/IP 만능 도구 - 옮겨가는 패키지
netcat-traditional - TCP/IP 스위스 군용 나이프
corkscrew - tunnel TCP connections through HTTP proxies
cryptcat - A lightweight version netcat extended with twofish encryption
forensics-extra - Forensics Environment - extra console components
(metapackage)
kafkacat - generic producer and consumer for Apache Kafka
libexpect-perl - Expect.pm - Perl Expect interface
multimon-ng - digital radio transmission decoder
ncat - NMAP netcat reimplementation
netrw - netcat like tool with nice features to transport files over network
netsed - network packet-altering stream editor
piu-piu - Horizontal scroller game in bash for cli.
```

apt-cache search는 패키지 이름과 설명에서 검색한 결과를 반환합니다. 패키지 이름만
검색하려면 다음과 같이 --names-only 옵션을 지정합니다.

○ 패키지 이름만을 대상으로 검색

```
$ apt-cache search --names-only netcat
netcat-openbsd - TCP/IP 스위스 군용 나이프
netcat - TCP/IP 만능 도구 - 옮겨가는 패키지
netcat-traditional - TCP/IP 스위스 군용 나이프
```

 6 패키지 정보 표시하기

패키지의 상세 정보를 확인하고 싶을 때는 show 명령어를 사용합니다. 이 명령어도 슈퍼 사
용자 권한 없이 실행할 수 있습니다.

다음은 aptitude 패키지의 상세 정보를 출력하고 있습니다.

● 패키지의 상세 정보 표시

```
$ apt-cache show aptitude
 ... 생략 ...
Description-ko: 터미널용 패키지 관리 프로그램
 aptitude는 다음과 같은 유용한 기능을 가지는 패키지 관리자입니다: 유연하게 패키지를
찾을 수 있는 mutt 같은 문법,
 dselect와 같은 사용자 동작 유지, 대부분의 패키지에서 데비안 변경 사항을 가져오고
보여줄 수 있는 기능, 그리고 apt-get과
 비슷한 커맨드 라인 모드.
 .
 또한, aptitude는 Y2K 문제가 없고 무겁지 않으며 깔끔한 소프트웨어입니다.
Description-md5: 6077c8b6794c43d6b34dfc9169fe4ee5
```

한편, search 명령어에 --full 옵션을 지정하면 검색 결과와 함께 패키지의 정보도 출력됩니다. 검색된 패키지에 대한 정보도 함께 보고 싶다면 다음과 같이 실행하면 됩니다.

● 검색 결과와 패키지의 정보를 함께 출력

```
$ apt-cache search --full netcat
```

마무리 패키지 관리 시스템은 매우 많은 기능을 가진 시스템입니다. 이 책에서는 기본적인 내용만 다루었으니 보다 자세한 내용은 각 명령어의 매뉴얼과 공식 문서를 확인하기 바랍니다.

부록

A.1 원격 로그인과 SSH

A.2 info 도큐먼트

A.3 참고 문헌

A.1 원격 로그인과 SSH

이 책은 로컬 머신에 있는 리눅스에 로그인하는 것을 전제로 작성되었습니다. 하지만 네트워크만 연결되어 있다면 다른 머신에 있는 리눅스에 로그인하는 것도 가능합니다. 로컬 머신에서 다른 머신에 로그인하는 것을 원격 로그인이라 합니다.

CLI 환경에서 리눅스에 원격 로그인하는 가장 대표적인 방법이 SSH입니다. 여기서는 SSH로 원격 로그인하는 방법을 알아보겠습니다. 이때 IP 주소와 같은 기본적인 네트워크 용어에 대한 설명은 생략하겠습니다.

 SSH

SSH란 Secure Shell의 약자로 원격 머신과 통신하기 위한 프로토콜입니다. 인증과 암호화 기능을 갖추고 있어 보안을 잘 유지하며 원격 머신과 통신할 수 있습니다. 보통 TCP 22번 포트(22/tcp)를 사용합니다.

SSH는 원격 로그인뿐 아니라 파일을 전송할 때도 사용하는 프로토콜입니다. 그 외에도 다양한 목적으로 사용되지만 여기서는 원격 로그인에 대해서만 알아보겠습니다.

윈도에서 SSH로 원격 로그인하려면 SSH 클라이언트를 별도로 설치해야 합니다. 대표적인 SSH 클라이언트로 PuTTY와 Tera Term이 있습니다. 이들 클라이언트는 엄밀히 말해 SSH를 지원하는 터미널 에뮬레이터이지만 단순히 SSH 클라이언트라고 생각해도 무방합니다. 터미널 에뮬레이터, SSH, 셸의 관계는 10장을 참고하기 바랍니다.

> **PuTTY**
> URL https://www.chiark.greenend.org.uk/~sgtatham/putty/

> **Tera Term**
> URL https://ko.osdn.net/projects/ttssh2/

맥에서는 별도의 SSH 클라이언트를 설치할 필요가 없습니다. 기본으로 설치되어 있는 터미널을 실행한 뒤 다음과 같이 접속할 머신의 IP 주소를 지정하여 ssh 명령어를 실행하면 됩니다.

● ssh 명령어로 원격 로그인

```
ssh <로그인유저명>@<접속할 IP 주소>
```

이때 처음 접속하는 리눅스 머신에 정말로 접속할지를 확인하는 프롬프트가 표시됩니다. 이는 대상 호스트를 등록하기 위한 절차로 yes를 입력합니다. 그러면 로그인하기 위한 암호 입력 프롬프트(다음 예에서는 ldk@192.168.2.67's password:)가 표시됩니다. 여기서 암호를 입력하면 로그인됩니다.

● 처음으로 접속하는 리눅스 머신(192.168.2.67)에 ssh 로그인할 때

```
macmini: ~user1$ ssh ldk@192.168.2.67
The authenticity of host '192.168.2.67(192.168.2.67)' can't be established.
RSA key fingerprint is c3:e3:8d:5e:ea:58:0e:a9:e5:03:34:56:b3:ca:a3:60.
Are you sure you want to continue connecting(yes/no)yes    ← yes 입력
Warning: Permanently added '192.168.2.67' (RSA) to the list of known hosts.
ldk@192.168.2.67's password:                              ← 암호 입력
Last login: Sat Aug 23 18:34:30 2014 from 192.168.2.44
```

보안상의 이유로 사용자 이름과 암호로 로그인할 수 없게 설정한 경우도 있습니다. 이때는 공개키 인증 방법을 사용해야 하는데, 관련 내용은 15장의 컬럼 'ssh와 공개키 인증'을 참고하세요.

② 버추얼박스와 ssh 접속

버추얼박스의 가상 머신에 ssh로 접속하려면 별도의 설정이 필요합니다. 여기서는 버추얼박스의 포트 포워딩 기능을 사용하여 ssh로 접속하는 방법을 소개하겠습니다.

포트 포워딩 설정

버추얼박스로 만들어진 가상 머신의 네트워크 어댑터는 기본적으로 NAT 모드를 사용합니다. 이 상태에서는 가상 머신의 네트워크와 호스트의 네트워크가 분리되어 있어 직접 접속할 수 없습니다. 그래서 포트 포워딩을 사용해야 하는데, 여기서는 호스트의 2222/tcp를 게스트의 22/tcp(ssh)로 연결해 보겠습니다.

그림 A-1 포트 포워딩으로 가상 머신에 연결

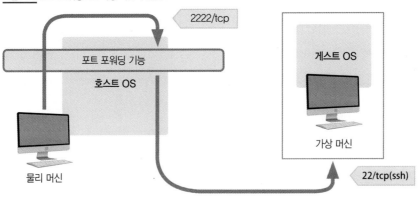

포트 포워딩을 설정하려면 먼저 가상 머신을 정지한 뒤 버추얼박스의 메뉴 **머신 → 설정**을 선택합니다. 그리고 **네트워크**에서 **어댑터 1** 탭의 **고급**을 클릭한 뒤 **포트 포워딩** 버튼을 클릭합니다.

그림 A-2 포트 포워딩 설정

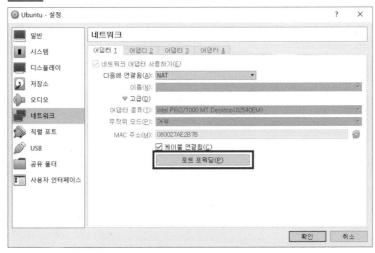

포트 포워딩 설정 화면에서 + 버튼을 클릭하여 룰을 추가합니다. 다음 그림과 같이 **호스트 포트**에 2222를, **게스트 포트**에 22를 설정합니다. 그러면 호스트의 2222/tcp가 게스트의 22/tcp에 연결됩니다.

그림 A-3 포트 포워딩 설정 2

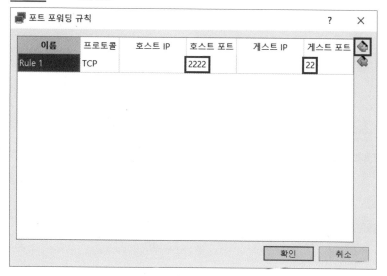

맥의 터미널에서 접속

맥의 터미널에서는 다음과 같이 포트를 지정하여 ssh를 실행합니다.

● 맥에서 가상 머신에 ssh 접속

```
ssh user@localhost -p 2222
```

Tera Term 설정

Tera Term을 사용한다면 다음과 같이 **호스트**에 localhost를 입력하고 TCP **포트#**에는 포트 번호를 2222로 지정하여 접속합니다.

그림 A-4 Term Term에서 가상 머신에 접속 캡처 필요

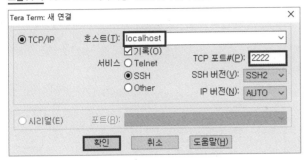

A.2 info 도큐먼트

info는 온라인 매뉴얼을 출력하는 명령어입니다. man의 진보된 형태로 다음과 같은 장점이 있습니다.

- 도큐먼트에 색인이나 계층 구조 설정 가능
- 긴 도큐먼트를 분할하여 여러 페이지로 다룰 수 있음
- 도큐먼트 간 상호 참조 가능

대부분의 명령어에 대해 man보다 info가 더 상세한 내용을 담고 있습니다. 하지만 info 명령어를 다루는 방법은 꽤 복잡합니다. 그래서 아직까지 man이 없어지지 않고 info와 공존하고 있습니다. 하지만 man보다는 info를 참고해야 하는 경우가 많으므로 이번 장에서는 info 명령어의 사용법을 알아보겠습니다.

 ## info 도큐먼트 형식

info 명령어를 사용하는 방법은 다음과 같습니다.

◉ 명령어에 대해 조사

```
info <명령어 이름>
```

예를 들어 find 명령어에 대한 info 도큐먼트를 확인해 보겠습니다.

◉ find 명령어에 대한 info 도큐먼트

```
$ info find
```

그러면 다음과 같이 find에 대한 info 도큐먼트가 표시됩니다. man과는 상당히 다른 형식으로 출력되는 것을 알 수 있습니다.

◉ find 명령어에 대한 info 도큐먼트

```
Next: Invoking locate,  Up: Reference

8.1 Invoking 'find'
===================

    find [-H] [-L] [-P] [-D DEBUGOPTIONS] [-OLEVEL] [FILE...] [EXPRESSION]

  'find' searches the directory tree rooted at each file name FILE by
```

```
evaluating the EXPRESSION on each file it finds in the tree.

    The command line may begin with the '-H', '-L', '-P', '-D' and '-O'
options.  These are followed by a list of files or directories that
should be searched.  If no files to search are specified, the current
directory ('.') is used.

....(이하 생략)....
```

화면을 스크롤할 때는 [Space]를 누르고, 종료하려면 [q]를 입력합니다. 그 외의 조작은 잠시
뒤에 설명하겠습니다.

파일과 노드

info로 출력되는 도큐먼트는 파일과 노드라는 두 요소로 구성됩니다.

그림 A-5 info 도큐먼트의 구성(파일과 노드)

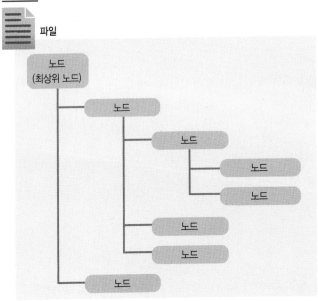

파일은 이름 그대로 텍스트를 담고 있는 물리적인 파일을 의미하며 도큐먼트 하나에 해당합
니다. 앞서 info find로 출력된 find 명령어의 도큐먼트 전체가 파일입니다.

파일은 복수의 노드로 분할되어 있습니다. 노드는 내용에 따라 분할된 논리 단위로 책으로 따지면 장이나 절에 해당합니다.

그리고 노드는 다른 노드에 대한 링크(참조)를 가질 수도 있습니다. 그래서 노드를 읽다가 다른 노드로 이동할 수 있는데 이것이 man과 다른 점입니다.

man에서는 다른 도큐먼트를 읽으려면 일단 man 명령어를 종료하고 다시 실행해야 합니다. 하지만 info에서는 명령어를 종료하지 않고도 다른 도큐먼트로 이동할 수 있습니다. 이는 HTML 페이지를 열람하는 것과 비슷합니다.

노드의 계층 구조

노드는 계층 구조로 구성되어 있습니다. 앞서 살펴본 find 명령어의 info 도큐먼트는 다음과 같은 계층 구조로 이루어져 있습니다.

그림 A-6 info 도큐먼트의 계층 구조

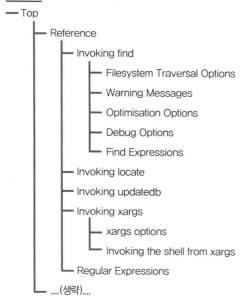

info 도큐먼트의 첫 행에는 다음 노드, 이전 노드, 상위 노드의 정보를 담은 노드 헤더가 표시됩니다.

그림 A-7 info 명령어의 헤더

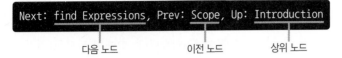

info 도큐먼트의 최상위 노드의 이름은 Top입니다. 현재 위치한 노드에서 [u]를 눌러 상위 노드로 이동하다 보면 Top에 도착하게 됩니다. 혹은 [t]를 입력하면 바로 Top 노드로 이동합니다.

◉ Top 노드로 이동

```
Next: Introduction,  Up: (dir)
```

Top 노드로 이동하면 위와 같은 헤더가 표시됩니다. 여기서 Up을 보면 (dir)이라고 표시되어 있습니다. (dir)은 dir 파일의 Top 노드를 의미하며 모든 info 트리의 꼭대기에 위치한 노드입니다.

다음과 같이 info 명령어를 인자 없이 실행해도 (dir)이 표시됩니다.

◉ 인자 없이 실행하면 (dir)가 표시됨

```
$ info
```

 ## 노드 이동

info에서 다른 노드로 이동하는 방법을 알아보겠습니다.

info로 도큐먼트를 읽다가 [n]을 입력하면 다음 노드로 이동합니다. 그리고 [p]를 입력하면 이전 노드로 이동합니다. info find를 실행하면 처음에 Invoking find라는 노드에 있습니다. 여기서 [n]을 한 번 입력하면 Invoking locate라는 다음 노드로 이동하게 됩니다.

그림 A-8 같은 레벨의 노드 간 이동

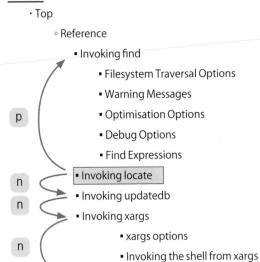

이때 ⓝ과 ⓟ로 이동하면 같은 레벨의 전후 노드로 이동하기 때문에 하위 노드는 건너뛰게 됩니다. 하위 레벨을 포함하여 다음 노드로 이동하려면]를, 이전 노드로 이동하려면 [를 입력합니다.

그림 A-9 하위 레벨을 포함하여 노드 이동

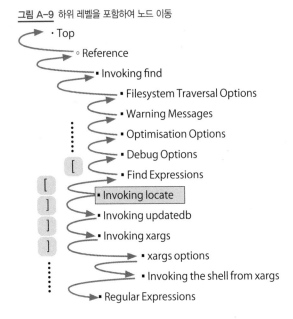

따라서 모든 노드를 차례대로 보려면]를 사용하면 됩니다.

그리고 ⒰를 누르면 상위 노드로 이동합니다. ⒰를 계속 누르다 보면 Top 노드로 가게 되며 한 번 더 누르면 (dir)에 도달합니다.

지금까지 살펴본 조작법을 정리하면 다음과 같습니다.

표 A-1 info에서 다른 노드로 이동하는 방법

단축키	내용
n	동일 계층의 다음 노드로 이동
p	동일 계층의 이전 노드로 이동
]	하위 계층을 포함하여 다음 노드로 이동
[	하위 계층을 포함하여 이전 노드로 이동
u	상위 노드로 이동
t	Top 노드로 이동

 ## 3 스크롤

info 도큐먼트를 읽을 때 Space를 누르면 한 화면 밑으로 스크롤합니다. 노드 끝에서 Space를 누르면]를 누를 때와 마찬가지로 다음 노드로 이동합니다. 따라서 도큐먼트를 처음부터 끝까지 읽고 싶은 경우에는 단순히 Space만을 누르면 됩니다.

반대 방향으로 스크롤하려면 Backspace 또는 Delete를 누릅니다. 노드의 첫 부분에 있다면 [를 누른 것과 같이 이전 노드로 이동합니다.

Ctrl + v를 눌러도 스크롤하지만 노드의 끝에서는 다음 노드로 이동하지 않습니다. 그리고 Meta + v를 입력하면 반대 방향으로 스크롤합니다. 스크롤 관련 조작 방법을 다음 표에 정리하였습니다.

표 A-2 info 스크롤 조작

단축키	내용
Space	한 화면씩 밑으로 스크롤. 노드의 맨 끝에서는 다음 노드로 이동
Backspace 또는 Delete	한 화면씩 위로 스크롤. 노드의 맨 앞에서는 이전 노드로 이동
Ctrl + v	한 화면씩 밑으로 스크롤

커맨드	내용
Meta + v	한 화면씩 위로 스크롤
b , 또는 Meta + 〈	노드의 첫 부분으로 이동
Meta + 〉	노드의 끝 부분으로 이동

행 단위로 커서를 이동하는 방법은 다음과 같습니다.

표 A-3 info에서 커서 이동

커맨드	내용
Ctrl + n	다음 행으로 이동
Ctrl + p	이전 행으로 이동
Ctrl + f	다음 글자로 이동
Ctrl + b	이전 글자로 이동
Ctrl + a	행의 맨 앞으로 이동
Ctrl + e	행의 맨 끝으로 이동

참고로 3장에서 소개한 배시에서 커서를 이동하는 방법과 동일합니다.

 4 링크(참조)

info의 도큐먼트에는 다른 노드로의 링크를 포함할 수 있습니다. 링크를 포함하는 행은 *로 시작합니다.

예를 들어 find.info 파일의 Invoking find 노드 끝에는 다음과 같은 링크 5개가 있습니다.

● info에서의 링크

```
* Filesystem Traversal Options::
* Warning Messages::
* Optimisation Options::
* Debug Options::
* Find Expressions::
```

Ctrl + n 등으로 커서를 링크로 이동하여 Enter를 누르면 해당 노드로 이동합니다. 웹 브라우저에서 마우스로 링크를 클릭하는 것과 비슷합니다.

Ctrl + n으로 링크까지 이동하는 것이 번거로울 수 있는데 Tab을 누르면 바로 다음 링크로 커서가 이동합니다. 그리고 다른 노드로 이동한 뒤에 다시 원래 노드에 돌아가려면 l(L의 소문자)을 누릅니다.

표 A-4 info커맨드의 링크 이동 조작

단축키	내용
Tab	다음 링크로 커서 이동
Meta + Tab	이전 링크로 커서 이동
Enter	링크된 노드로 이동
l	이전 노드로 복귀

도움말과 튜토리얼 표시

info를 실행한 뒤 H를 누르면 화면이 위 아래로 나뉘어지면서 하단에 도움말이 표시됩니다. x를 눌러 이를 닫을 수 있습니다.

표 A-5 info 명령어 도움말 표시

커맨드	내용
H	도움말 화면을 열어 info 명령어 목록 표시
x	도움말 화면을 닫음

이외에도 info의 info를 확인하면 더 자세한 설명을 확인할 수 있습니다.

● info의 info 확인

```
$ info info
```

info의 조작법은 다소 복잡하지만 man에 대한 업데이트가 종료된 명령어도 있기 때문에 반드시 그 사용법을 익혀 두는 것이 좋습니다.

- 『The Linux Command Line: A Complete Introduction』(William E. Jr. Shotts 저, No Starch Press, 2012년)

- 『The UNIX Philosophy』(Mike Gancarz, Digital Press, 1994년)

- 『独習Linux』(小林 準, 翔泳社, 2007년)
  『독학 리눅스』(고바야시 준, 쇼헤이샤, 2007년)

- 『Learning the bash Shell: Unix Shell Programming』(Cameron Newham, Bill Rosenblatt 공저, O'Reilly Media, 2005년)

- 『入門UNIXシェルプログラミング―シェルの基礎から学ぶUNIXの世界』(ブルース・ブリン, ソフトバンククリエイティブ, 2003년)
  『입문 UNIX 셸 프로그래밍–셸 기초로 배우는 UNIX의 세계』(브루스 블린, 소프트뱅크 크리에이티브, 2003년)

- 『たのしいUNIX―UNIXへの招待』(坂本 文, アスキー, 1990년)
  『즐거운 유닉스 – 유닉스에 초대』(사카모토 문, 아스키, 1990년)

- 『sed & awk』(Dale Dougherty, Arnold Robbins 공저, O'Reilly Media, 1997년)

- 『ふつうのLinuxプログラミング Linuxの仕組みから学べるgccプログラミングの王道』(青木峰郎, SBクリエイティブ, 2005년)
  『모두를 위한 리눅스 프로그래밍』(아오키 미네로 저, 이동규 역, 제이펍, 2018년)

- 『UNIXシェルスクリプトハンドブック』(関根 達夫, ソフトバンククリエイティブ, 2004년)
  『UNIX 셸 스크립트 핸드북』(세키네 타츠오, 소프트뱅크 크리에이티브, 2004년)

- 『[改訂新版] シェルスクリプト基本リファレンス』(山森 丈範, 技術評論社, 2011년)
  『[개정 신판] 셸 스크립트 기본 참조』(아마모리 장범, 기술평론사, 2011년)

- 『Art of UNIX Programming』(Eric S. Raymond 저, 김희석 역, 정보문화사, 2004년)

- 『入門Git』(濱野 純(Junio C Hamano), 秀和システム, 2009년)
  『깃 입문』(하마노 준, 슈우와 시스템, 2009년)

- 『Mastering Regular Expressions』(Jeffrey E. F. Friedl, O'Reilly Media, 2006년)

찾아보기

한글

경로 확장	090
공개키	333
글로벌 변수	388
내장 명령어	181
래퍼	350
로컬 변수	388
루트 사용자	202
리비전	441
머지	459
보통 모드	156
부모 디렉터리	085
세컨더리 프롬프트	338
실행	194
쓰기	194
외부 명령어	181
우분투	025, 030
이스케이프	281
읽기	194
입력 리다이렉션	232
입력 모드	156
커맨드 라인	062
커밋	441
터미널 멀티플렉서	209
토픽 브랜치	460
헝크	271

영어

archive	416
background	221
branch	455
commit	441
END	314
foreground	219
GNOME	434
hunk	271
IFS	396
KDE	434
locale	179
merge	459
NF	310
patch	273
path	142
redirection	231
repository	440
revision	441
RPM	475
ssh	333
stderr	230
stdin	230
stdout	230
unified format	271
wrapper	350
zsh	413

기호

!	305
/	305
&&	361
#	203
#!	322
%	305
〉	238
〉〉	238
|	241
||	361